Carl Werner Schmidt-Luchs

FISCH BILDER LEXIKON

BAND 2
MEERESFISCHE

Ein Buch
der Internationalen
Sportfischerzeitschrift
Blinker

Layout und Schutzumschlag: Ingolf Schweigardt.
Satz: Alfred Utesch, Hamburg.
Lithographie und Druck: Brillant Offset GmbH & Co., Hamburg.
Bindung: Ladstetter, Hamburg.
ISBN 3-570-05842-5
Titelfoto: Steinbutt, Carl Werner Schmidt-Luchs

Inhalt

Bildquellennachweis:
Burkel Dr., D. L.: Glattrochen, Heilbutt, Schellfisch · Hansen, J. P.: Blauhai, Dorsch, Gestreifter Katfisch, Leng, Pollack · Howes, B.: Meerbrassen · Jagusch, H.: Aalmutter, Flunder, Seeskorpion · Jahr, A.: Köhler, Thunfisch · Menchi Dr., A: Wolfsbarsch · Millman, M.: Grauer Knurrhahn, Heringshai, Lippfisch, Nagelrochen · Quedens, G.: Hornhecht · Schmidt-Luchs, C.W.: Conger, Dornhai, Großgefleckter Katzenhai, Hering, Hundshai, Kliesche, Meeräsche, Rotbarsch, Scholle, Schwertfisch, Steinbutt, Stöcker, Wittling · Schweigardt, I.: Makrele.

Vorwort

Das Angeln im Meer findet von Jahr zu Jahr immer mehr begeisterte Freunde. Die Flotte der mietbaren Angelboote wächst ständig, das Angebot an nationalen und internationalen Hochsee- und Brandungs-Angelfestivals wird alljährlich größer, und die Zahl der daran teilnehmenden Angler nimmt laufend zu. Der allgemeine Trend zu immer mehr Freizeit und zur aktiven Nutzung dieser Freizeit, verbunden mit dem Auto als günstiges Transportmittel zur Küste, läßt immer mehr Angler ans Meer kommen. Sie entfliehen den oft beengten, von vielen Auflagen und Beschränkungen reglementierten Verhältnissen am Süßwasser. Sie wollen Fische fangen aus reinem, größtenteils noch unverschmutztem Wasser der weiten, offenen See; Fische, die daheim überdies noch eine wertvolle Bereicherung für die Küche werden können.
Aus bescheidenen Anfängen Ende der 50er-Jahre, als entlang der Ostseeküste die ersten kleineren mietbaren Angelboote angeboten wurden, hat sich inzwischen eine Flotte von über 80 Booten entwickelt. Es wird nicht mehr lange dauern und über 10 000 Angler werden an jedem sommerlichen Wochenende in der Ost- und Nordsee vom Boot aus fischen, die zahlreichen Brandungsangler nicht eingerechnet. Auch im Ausland vollzieht sich diese Entwicklung ähnlich sprunghaft, vor allem in den klassischen Ländern der Hochseeangelei, in England, Irland und Norwegen. Die USA melden ein enorm wachsendes Interesse am Hochseeangeln. 1970 fischten etwa 9 Millionen Amerikaner in der See, 1973 waren es allein für einen Teilbereich der Ostküste schon fast 11 Millionen Angler.
Mit der steigenden Nachfrage wachsen auch die Angebote nicht nur an Booten, sondern auch an Serviceleistungen aller Art, an speziellen Hochseeangelgeräten und Zubehör und nicht zuletzt auch an anglerischer Literatur. Auch dieses Buch ist eine Antwort auf die stark gestiegene Frage nach Information über die Fische des Meeres und die speziellen Angeltechniken der Brandungs- und Hochseeangelei. Ich bin der Redaktion und dem Verlag des BLINKER dankbar, daß sie mir die Möglichkeit gaben, nach der Herausgabe meiner ersten Bücher über „Das Angeln im Meer vor westdeutschen Küsten" in den Jahren 1969/74, mich ein weiteres Mal in Buchform an meine Freunde, die Hochseeangler, wenden zu

können. Im Fischbilder-Lexikon habe ich mich nicht nur auf die angelbaren Seefische vor unseren Küsten beschränkt, sondern den Blick auch auf unsere unmittelbaren Nachbarn gerichtet, um den Urlaubsanglern, deren Zahl ebenfalls von Jahr zu Jahr steigt, Hinweise auf die ganz beträchtlich erweiterten Fangmöglichkeiten im Ausland zu geben. Die hier aufgeführten Fischarten umfassen die häufigsten und begehrtesten angelbaren Seefische Westeuropas vom Mittelmeer über die atlantische Küste Portugals bis hinauf nach Nordnorwegen und Island. In diesen Gebieten werden Fische gefangen, die bei uns nie oder nur höchst selten erbeutet werden, weil sie den Flachwasserbezirk der Deutschen Bucht oder die ausgesüßte Ostsee meiden. Während in unseren deutschen Gewässern nur etwa ein Dutzend Fischarten zur ständigen Beute der Angler zählen, sind beispielsweise in der irischen Rekordliste der angelbaren Seefische 56 verschiedene Arten genannt.

Das Lexikon erhebt natürlich keinen Anspruch auf Vollständigkeit, und selten erbeutete Fische wurden hier nicht beschrieben. Auch fehlt hier der Raum, um auf die vielen, oft schwierig feststellbaren Unterscheidungsmerkmale der einzelnen Arten einiger Großfamilien unter den Seefischen einzugehen, so z. B. bei den Rochen, Meerbrassen, Meeräschen und Lippfischen. Ich habe versucht, mich auf die wichtigsten Vertreter dieser Familien zu beschränken und möchte jeden, dem an mehr Information gelegen ist, auf die wissenschaftlich fundierten und auch für Laien gut lesbaren Veröffentlichungen über die europäischen Fische verweisen, insbesondere auf die sehr gründlichen Bearbeitungen von Wheeler für die Atlantikfische und von Bini für die Fische des Mittelmeerraumes. (Siehe auch das Literaturverzeichnis auf der übernächsten Seite). Die Namensgebung wurde einheitlich der von der UNESCO 1973 in Paris herausgegebenen Checkliste der Seefische entlehnt. Dabei wurde bewußt auf Namen, die oft nur im lokalen Bereich des Urlaubsortes Geltung haben, verzichtet und statt dessen die offiziellen nationalen Markthandelsnamen der Seefische genannt. Zahlreiche Rekordgewichtsangaben wurden den sehr gewissenhaft geführten britischen und irischen Rekordlisten entnommen und die dort angegebenen pounds- und ounces-Angaben beibehalten. Zur

Umrechnung sei erwähnt, daß 1 lbs = 453,6 g und 1 oz = 28,5 g betragen. Das Hochseeangeln ist eines der letzten kleinen Abenteuer, die uns im immer enger werdenden Freiheitsraum unserer Welt verblieben sind. Um uns die prickelnde Lust an diesem Abenteuer zu erhalten, möchte ich an das Verantwortungsbewußtsein aller Hochseeangler appellieren und sie auffordern, nur die Fische zu töten, die auch wirklich verwertet werden, die Mindestmaßvorschriften und Laichschongebiete zu respektieren, die Berufsfischer nicht zu behindern und sich in Vereinen und internationalen Vereinigungen für erweiterte Schutz- und Schonmaßnahmen nicht nur für die Fische, sondern für alle Tiere und Pflanzen der See, ja für das Wasser selbst, tatkräftig und verantwortlich einzusetzen. Auf lange Sicht wird es klüger sein, einen laichreifen, 40pfündigen Dorsch, dessen bis zu 8 Millionen Eier über 10 Pfund ausmachen können, nicht zu gaffen, sondern vorsichtig zu keschern, zu wiegen und wieder zurückzusetzen, statt ihn und seinen Laich in der Küche enden zu lassen.

Carl Werner Schmidt-Luchs

Literaturverzeichnis

Andersson, K. A., Fiskar och Fiske i Norden, Stockholm 1954
Bini, G., Atlante dei pesci delle Coste italiane, Band I bis IX, Mailand, 1968–1972
Dietrich, G. und Ulrich, J., Atlas zur Ozeanographie, Mannheim, 1967
Duncker, G. und Ladiges, W., Die Fische der Nordmark, Hamburg, 1960
Ehrenbaum, E., Naturgeschichte und wirtschaftliche Bedeutung der Seefische Nordeuropas, Stuttgart, 1936
Housby, T., The Rubby-Dubby Trail, London, 1972
Hureau, J. C. und Monod, Th., Check-list of the Fishes of the North-Eastern Atlantic and the Mediterrianean (CLOFNAM), Paris, 1973
Jahresberichte der deutschen Fischwirtschaft, Berlin
Lythgoe, J. und G., Meeresfische, München, 1974
McClane, A. J., McClane's Standard Fishing Encyclopedia, New York, 1965
Muus, B. J. und Dahlström, P., Meeresfische in Farben, München, 1965
Schmidt-Luchs, C. W., Das Angeln im Meer vor westdeutschen Küsten, Bd. I und II, Hamburg, 1974/75
Stocker, H., The Modern Sea Angler, London, 1972
Wheat, P., Popular Sea Fishing, London, 1968
Wheeler, A., The Fishes of the British Isles and North-West Europe, London, 1969
Wranglers, A., Sea Angling, Feltham (England), 1968

Dorschfische

Dorsch, Köhler, Leng, Pollack, Schellfisch, Wittling

Diese in unserem Seegebiet zu 6 Familien zusammengefaßte Gruppe der „Weichflosser" ist für die westeuropäischen Angler wegen ihrer Häufigkeit von größter Bedeutung. Die im folgenden Abschnitt beschriebenen Fische gehören alle zur eigentlichen Dorschfamilie (Gadidae), die in unserem Gebiet in 39 Arten wissenschaftlich unterteilt wird. Allen gemeinsam ist der glatte, stachellose Körperbau mit meistens nur sehr winzigen, tief in der Haut sitzenden Schuppen und die mehr oder weniger stark entwickelten Tastorgane in Form von Barteln am Kopf. Charakteristisch für diese hier beschriebenen Fische ist die dreiteilige Rückenflosse; nur der Leng macht mit zwei Rückenflossen eine Ausnahme.

Die Dorschfische sind über alle Ozeane verbreitet. Aber der größte Artenreichtum findet sich im Nordatlantik und hier, wie überall, vor allem in den gemäßigten und kalten Bezirken bis an die Grenze der arktischen Eismassen. Die meisten Arten leben im Bereich der Festlandschelfe; nur wenige finden sich in Tiefen von 1000 Metern und mehr.

Dorschfische bilden Schwärme, die vor allem zur Laichzeit gewaltige Ausmaße annehmen. Besonders Dorsch und Köhler sind unruhige Wanderer, während Leng und Pollack in kleineren Gruppen mehr standorttreu in enger begrenzten Gebieten leben.

Für die westeuropäischen Nationen haben die Dorschfische größte wirtschaftliche Bedeutung erlangt. Von den im Jahr 1973 von deutschen Fischern angelandeten 455.613 t Seefischen betrug der Anteil von nur 3 Dorschfischarten allein 236.898 t (Dorsch = 115.163; Köhler = 90.328 t; Schellfisch = 13.224 t).

Für die Angler Nordwesteuropas ist kaum eine zweite Fischgruppe von gleich großer Bedeutung, denn die dorschartigen Flossenträger gehören zu ihrer häufigsten Beute. Der Fanganteil dürfte im Norden der britischen Inseln gewiß 60 % und vor der norwegischen Küste 90 % ausmachen; in der Ostsee ist allein der Dorsch der absolut wichtigste Fisch für die Angler. Würde er dort fehlen, käme vermutlich die gesamte Hochseeangelei in diesem Raum zum Erliegen.

Dorsch

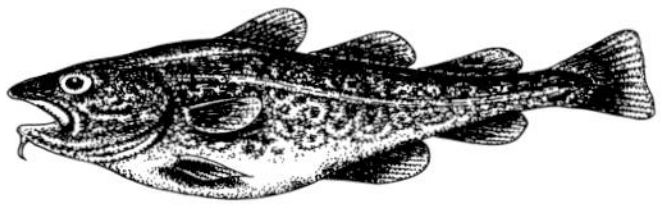

Wissenschaftliche Bezeichnung: Gadus morhua (L.) Weitere deutsche Namen: Kabeljau (bei den Fischern gebräuchlich für die laichreifen großen Exemplare).

Ausländische Namen: Amerik. und engl: cod; dän.: torsk; finn: turska; franz.: morue, cabillaud; holl.: kabeljauw; isl.: thorskur, fiskir; poln.: watlusz; russ.: treska; norw.: torsk, skrei (laichreife D.), gjedd (jüngere D. im Norden); schwed.: torsk, kabeljä.

Erkennungsmerkmale

Entlang der nordatlantischen Küsten kennt jeder Angler diesen bedeutendsten Vertreter der Gadus-Familie. Nur bei den Jugendformen kann es manchmal Verwechslungen mit dem Wittling oder Pollack geben. Charakteristische Merkmale des Dorsches sind ein kräftiger Bartfaden am Unterkiefer, eine über den Unterkiefer vorspringende Schnauze, eine in der Regel hell abgesetzte Seitenlinie und eine am Ende fast gerade abgeschnittene Schwanzflosse. Typisch ist auch die ausgeprägte Marmorierung vor allem der Flanken. Zahlreiche dunklere Flecken sind über die Grundfärbung verstreut. Die Grundfarbe ist außerordentlich verschieden; der Dorsch paßt sich sehr geschickt der Umgebung an. Aus Sandzonen werden hell- bis dunkelgraue, über Seegrasgebieten grau-olive und aus Tangwäldern der Laminaria-Arten oft goldbraune, ja sogar rötliche, kupfern glänzende Fische gefangen.

Lebensraum

Fast das gesamte nordatlantische Schelfgebiet bis hinab zum 45. Breitengrad, das Europäische Nordmeer, die Labrador- und Barents See mit Einschluß des Weißen Meeres werden vom Dorsch bewohnt. Er bevorzugt kaltes Wasser zwischen 2 und 10 Grad als Lebensraum und dringt im Norden über Spitzbergen hinaus bis an die Packeisgrenze vor. Nach Süden wandert er mit der kalten arktischen Unterströmung bisweilen bis an die Küsten Nordportugals. Zu den Hauptfanggebieten zählen die Küsten West- und Ostgrönlands, die Neufundlandbänke, die Gewässer um Island und den Färöern, die Lofoten-Inseln und die Murmanküste.

Standplätze und Lebensweise

Schon der fingerlange, halbjährige Dorsch verläßt die höheren Wasserschichten und beginnt ein grundnahes Leben. Die Abkömmlinge der „seßhaften" Fjord- und Küstendorsche leben dann in Tiefen von 5 bis 200 m, die Abkömmlinge der fischereilich weit wichtigeren umherziehenden Dorschstämme der hohen See leben dann in Tiefen bis zu etwa 600 m. Nach der Geschlechtsreife unternehmen die zuletzt genannten Dorschstämme sehr weite Wanderungen, die sie stets von ihren bevorzugten Jagdgebieten wieder zurück zu ihren Laichgebieten führen. Markierungen haben bewiesen, daß die vor der norwegischen Küste laichenden Dorsche vor allem in die Barentssee und von dort bis nach Spitzbergen wandern, während die isländischen Dorsche teils zu den Färöern, teils zu den grönländischen Küsten ziehen. Die Dorsche vor unserer Ostseeküste gelten als stationäre, also seßhafte Rasse, die nur innerhalb ihres Aufenthaltgebietes kleinere Wanderungen unternimmt und auch dort laicht. In der Regel schwärmen die Dorsche in kleinen Trupps gleicher Körperlänge umher. Vor, während und kurz nach der Laichzeit sind die Dorschschwärme am dichtesten, während der wärmeren Sommermonate zerstreuen sie sich. Bevorzugte Standplätze für den Dorsch gibt es nicht. Der Fisch wird immer dort zu finden sein, wo er seine Nahrung aufspürt. Das kann bei der Verfolgung von Spierlingen über Sandgrund sein oder bei der Jagd auf Krabben und Schnekken über algenbewachsenem, steinigem Grund. Er dringt sogar zeitweilig in Brackwassergebiete vor, wenn das Nahrungsangebot dort entsprechend groß ist (Travemünde, Schleimünde, Cuxhaven).

Nahrung

Der Dorsch ist ein Allesfresser. Er verschmäht weder bis zu apfelgroße Krabben noch Garnelen oder Krebse, die er sämtlich unzerkaut mit dem Panzer hinunterschlingt, noch macht er Halt vor Würmern, Seesternen und Fischen aller Art. Vor allem die massenhaft vorkommenden Arten wie: Heringe, Sprotten und Sandspierlinge (Ammodytes), in arktischen Gewässern die Lodde, (Mallotus villosus) eine Verwandte des Stintes, fallen ihm zum Opfer.

Laichzeit und Fortpflanzung

Die Hauptlaichzeit vor unseren Küsten fällt in die Monate Februar und März. Schon im Spätherbst rotten sich die Dorsche zu Laichschwärmen zusammen und ziehen im Laufe des Winters in Gebiete größerer Tiefe. Der Dorsch gehört mit zu den fruchtbarsten Fischen. Ein ausgewachsener Rogner kann in einem Jahr bis zu 9 Mill. Eier ablaichen. Überdies hat man beobachtet, daß die Dorsche beim Laichen paarweise zusammenschwimmen und mit kräftigen Schwanzschlägen Eier und Sperma durchmischen, was sicherlich zu einer hohen Befruchtungsquote beiträgt. Aus den nahe der Oberfläche schwimmenden Eiern entwickeln sich in 2 bis 4 Wochen (bei ca. 6 Grad Wassertemperatur) die 4 mm langen Larven.

Wachstum, Alter

Bis zur Geschlechtsreife ist der Dorsch schnellwüchsig. Für die Nordsee werden für das Ende des 1. bis 6. Wachstumsjahres folgende Körperlängen angegeben: 18, 36, 55, 68, 78 und 89 cm. Die Dorsche der westlichen Ostsee wachsen etwas langsamer; schon über 40 cm lange Dorsche sind hier geschlechtsreif, während die Nordseedorsche ab 60 cm, die Nordmeer- und Atlantikdorsche erst ab 70 cm reif sind. Dorsche von über 1 m Länge dürften in der Regel über 10 Jahre alt sein; man schätzt das maximale Alter auf 25 Jahre. Solche Fische können Längen bis zu 150 cm und mehr erreichen (Neufundland, Island). Fischereilich zählt der Dorsch neben dem Hering zu den absolut wichtigsten Fischen auf der ganzen Welt. Die Gesamtfangmenge beläuft sich im Nordatlantik auf durchschnittlich 1,5 Mill. Tonnen jährlich. Am Fang sind hauptsächlich die Trawler der Russen, Kanadier, Isländer und Norweger beteiligt.

Biologische Besonderheiten

Mißbildungen des Kopfes und Verkrümmungen der Wirbelsäule kommen verhältnismäßig häufig vor. Das scheint sich aber nicht immer zum Nachteil der Dorsche auszuwirken, denn die mißgebildeten Fische sind oft von erstaunlicher Größe. Beachtenswert ist der lange Totenstarreverlauf, der eine besonders lange Haltbarkeit des Dorschfleisches bedingt. Im Gegensatz zu vielen anderen Seefischen löst sich die Starre bei 17 Grad Außentemperatur nach rund 30 Stunden. Das Fleisch hat erst dann seinen besten geschmacklichen Wert. Deshalb sollte man kellergelagerte Dorsche erst am nächsten Tag, kühlschrankgelagerte Dorsche erst zwei Tage nach dem Fang zubereiten. Als Köder wird Dorschfleisch von fast allen anderen Fischen verschmäht.

Dorsch

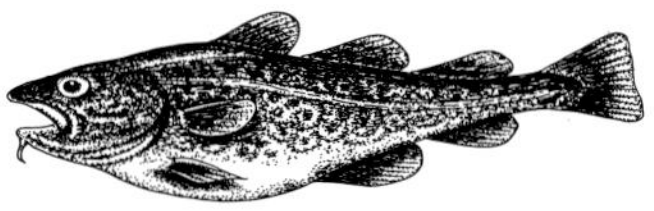

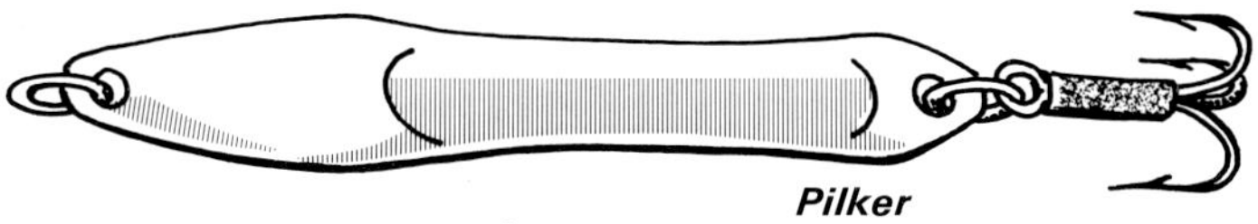

Pilker

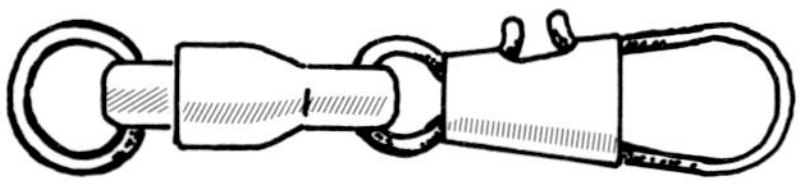

Seewirbel mit Karabiner

Fangzeiten

Dorsche lassen sich das ganze Jahr überlisten. Der Höhepunkt liegt vor unseren Küsten in den Monaten Mai/Juni und Oktober/November, der Tiefpunkt in den Monaten Februar/März, wenn die Fische laichen. Die Witterung hat offenbar kaum Einfluß auf die Beißlust der Fische; es wurden bei rauher und spiegelglatter See, bei Sonnenschein und grauem Himmel Rekordfänge eingebracht. Lediglich bei östlichen Winden und fallendem Luftdruck scheint die Beißlust nachzulassen. Selbst nachts sind die Dorsche unterwegs, sie werden dann hauptsächlich mit Naturködern gefangen. Bei Sonnenschein ist die beste Fangzeit anscheinend vom frühen Morgen bis zur Mittagszeit.

Fangmethoden, Geräte und Köder

Wichtigster Köder für den Dorschfang ist der Pilker. Verchromte und vernickelte Modelle in vereinfachter Fischchenform, finger- bis handlang, haben sich überall durchgesetzt. Zusätzliche rote Bemalungen haben sich bewährt. Vor unserer Ostseeküste benutzt man Pilker in Gewichten zwischen 50 und 250 g, in anderen europäischen Gewässern werden zum Teil Pilker bis zu 500 g benötigt. Das Pilkergewicht richtet sich stets nach der Angeltiefe und der Driftgeschwindigkeit. Man sollte den Pilker stets so leicht wie möglich wählen. Da der Pilker immer in Grundnähe geführt wird, ergibt sich von selbst, daß das Pilkergewicht mit wachsender Tiefe steigen muß. Für die deutschen Gewässer reichen bis zur Wassertiefe von 15 m in der Regel Pilker bis zu 100 g, um Helgoland, im Fehmarnbelt oder bei rauher See und starker Drift können auch Pilker bis zu 250 g erforderlich sein. Die Pilkergröße hat keinen Einfluß auf die Größe der Beute, wohl aber das Pilken selbst. Es hat sich gezeigt, daß beim Nachschleppen eines Pilkers und ständigem Heben und Senken in der Regel die größeren Dorsche zupacken, während beim Vorauswerfen des Pilkers zwar mehr Dorsche gefangen werden, diese aber meistens kleiner sind. Für das Pilken werden relativ steife, ca. 2 m lange Bootsruten benutzt. Schwere oder lange Ruten ermüden die Handgelenke und sind nicht notwendig. In der westlichen Ostsee gehört zur Ausrüstung eine stabile Stationärrolle, bestückt mit ca. 100 m monofiler Schnur von 0,50 mm Stärke. Um Helgoland und in allen übrigen atlantischen Seegebieten wird mit Multirollen geangelt. Sie gestatten ein besseres Anpassen der Schnurlänge an die Unebenheiten des Grundes und einen sicheren Drill kapitaler Fische. Bei großer Hängergefahr (vor allem in Tangfeldern) fischt man mit Schnurstärken ab 0,70 mm und verwendet dünndrähtige Drillinge. Die Verwendung eines Wirbels mit Karabinerhaken zwischen Schnur und Pilker gestattet das schnelle Auswechseln des Pilkers. An manchen Tagen ergeben die Magenuntersuchungen gefangener Dorsche, daß sie nicht Fische, sondern Krabben, Garnelen oder andere Bodentiere fressen. Dann erweisen sich Beihaken als sehr fängig. Sie werden in ca. 30 cm Abstand hinter dem Pilker an die Hauptschnur geknüpft. Kleine Krabben, Asseln, Würmer und Aale aus Weichplastik sind dann genauso erfolgreich wie Einzelhaken, die mit Stanniol oder Federn verkleidet sind. Natürliche Köder sind ein besonderer Leckerbissen für Dorsche, vor allem Watt- und Seeringelwürmer sowie bestimmte Muschelarten. Nicht nur die Angler, sondern auch die Berufsfischer vor den britischen, isländischen und norwegischen Küsten überlisten mit diesen Ködern die Dorsche in Grundnähe, insbesondere während der Laichzeit, wenn die Dorsche nicht recht fressen wollen. Geangelt wird dann mit einem bleibeschwerten Paternoster, das aus mehreren Einzelhaken besteht.

Anhieb, Drill und Landung

Beim Pilken wie auch beim Angeln mit natürlichen Ködern erfolgt der Anbiß eines Dorsches stets mit einem energischen, deutlich fühlbaren Ruck. In fast allen Fällen hat sich der Fisch dann auch schon selbst angeschlagen – vorausgesetzt, daß der Angler straffe Fühlung mit dem Köder hält. Die Freßgier der Fische ist so enorm, daß Dorsche, die aus irgendeinem Grund vom Haken gekommen sind, sich oft sofort wieder auf die vermeintliche Beute stürzen, oder aber ein anderer Fisch aus dem Schwarm schnappt nach dem Köder. Bei einem Fehlbiß sollte man daher stets den Köder wieder absenken – meistens kommt es dann zum Drill eines Fisches, bei Verwendung von mehreren Haken nicht selten zu Dubletten oder Tripletten. Dorsche, die aus mehr als 10 m tiefem Wasser gefangen werden, liefern nur in der Anfangsphase einen kurzen Kampf. Beim Empordrillen weitet sich durch den fallenden Wasserdruck die Schwimmblase und lähmt Atem- und Herztätigkeit des Fisches. Die Tiere kommen auf dem Rücken schwimmend zur Oberfläche. Zu kleine Fische können jedoch unbeschadet wieder zurückgesetzt werden. Fische aus flacherem oder stark strömendem Wasser oder im Mittelwasser jagende Dorsche liefern dagegen eine heftige Gegenwehr. Große Dorsche von über 20 Pfd. verkeilen sich gern Kopf voran am Grund; der ungeübte Angler vermutet dann einen Hänger und schlitzt durch unsachgemäßes, rohes Reißen den Haken aus. Nur gefühlvolles, ständiges Pumpen mit gut eingestellter Rollenbremse bringt solche Dorschveteranen nach längerem Drill achteraus an die Oberfläche. Von außen gehakte Dorsche sind entweder ein Zeichen für die Freßunlust der Dorsche, oder der Pilker wurde zu wild unter Wasser hin- und hergerissen.

Rekordgrößen

Der größte sportlich gefangene Dorsch aus deutschen Gewässern wurde 1970 querab Kellenhusen erbeutet. Er wog 39 Pfd. 300 g. Der dänische Rekorddorsch wog 57 Pfd. und wurde 1974 im Öresund gefangen. Alljährlich werden von den Berufsfischern bei der winterlichen Lofotenfischerei in Nord-Norwegen Dorsche von über 80 Pfd. gefangen. Von amerikanischer Seite wird das unglaubliche Gewicht von rd. 190 Pfd. bei 2 m Länge angegeben (McClane's Standard Fishing Encyclopedia). Das einheitliche Mindestmaß für den Dorsch beträgt in deutschen Gewässern 30 cm.

Die wichtigsten Angelgebiete

In Deutschland sind die Gewässer des Helgoländer Felssockels das beste Dorschangelrevier. Mit einigem Abstand folgen vor unserer Ostseeküste die bekanntesten Fangplätze wie: Sagas Bank querab Dahme, die Ost- und Nordwestküste Fehmarns, das Gabelsflach in der Kieler Außenförde und der Breitgrund nordwestlich von Schleimünde. In Europa sind die ergiebigsten Fangplätze entlang der norwegischen Küste zu suchen; je weiter man hier nach Norden kommt, desto besser sind im Sommer die Fangaussichten. Höhepunkte bilden die winterlichen Dorschansammlungen vor der Insel Smöla bei Kristiansund und vor den Lofoteninseln. Die isländische Süd- und Nordküste (Sommer) und die Färöer-Inseln sind weitere erstklassige Gewässer für die Dorschangelei. Während der warmen Jahreszeit sind die Dorschfänge der britischen Inseln nur im Norden Schottlands erwähnenswert. Auch an der dänischen Kattegatküste ist der wichtigste Sportfisch der Dorsch; Höhepunkt bildet die winterliche Dorschangelei im Öresund zwischen Helsingör und Kopenhagen.

Köhler

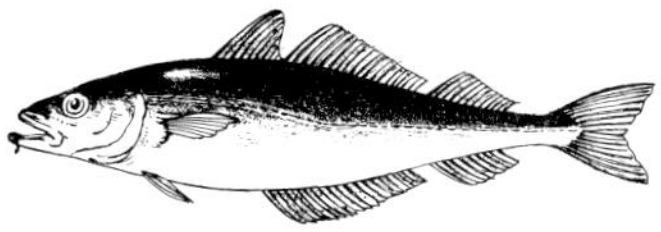

Wissenschaftliche Bezeichnung: Pollachius virens (L.)

Weitere deutsche Namen: Seelachs, Kohlfisch.

Ausländische Namen: Dän.: sej; engl.: saithe, coalfish; franz.: lieu noir, colin; holl.: koolvis; isl.: ufsi; norw.: sei; russ.: saida; schwed.: grasej

Erkennungsmerkmale

Dieser typische Vertreter der im Nordatlantik so artenreich vertretenen Gadusfamilie unterscheidet sich auf den ersten Blick von seinen nächsten Verwandten, dem Pollack und dem Dorsch, durch sein eleganteres Aussehen. Dorsch und Pollack wirken geradezu plump und gedrungen gegen den Köhler, dessen gestreckter Körperbau Geschmeidigkeit und äußerst gewandte Schwimmbewegungen verrät. Von allen Gadusarten ist der Köhler am dunkelsten. Der Rücken ist fast schwarz und von einem schwach-bläulichen, meist mehr dunkel-oliven Schimmer überzogen; die grauen Flanken geben einen guten Kontrast zur sehr hellen, fast gerade verlaufenden Seitenlinie. Die Bauchseite ist weißlich. Die dunkle Rückenfärbung setzt sich bis in die Maulhöhle fort; bei den meisten Tieren ist sie in allen Teilen schwärzlich. Alle Flossen sind grau, Rücken- und Schwanzflosse besitzen einen schwärzlichen Rand. Der typische Bartfaden des Dorsches fehlt dem Köhler ganz oder ist nur im Ansatz vorhanden. Der Unterkiefer ist wie beim Pollack länger als der Oberkiefer. Von diesem unterscheidet sich der Köhler jedoch durch die Stellung des Afters, der sich unter dem hinteren Ende der ersten Rükkenflosse befindet, während beim Pollack der After unter dem vorderen Abschnitt der ersten Rückenflosse zu finden ist.

Lebensraum

Seine Verbreitung gleicht ungefähr der des Dorsches mit dem Unterschied, daß der Köhler nicht so sehr in extrem kalte und ausgesüßte Gewässerabschnitte vordringt. So wandert der Fisch im Norden zwar bis zur Bäreninsel und nach Spitzbergen, wird im Bereich der arktischen Eiskante aber rasch seltener. Südwärts zieht der Köhler nur bis in die Biskaya, fehlt aber schon vor der portugiesischen Küste und im Mittelmeer. Im Westen bevölkern große Schwärme die südliche Grönlandküste, die Neufundlandbänke und die Atlantikküste Kanadas. Hauptverbreitungsgebiet sind die Gewässer um Island und Norwegen. Durch das Skagerrak dringen die Köhler auch ins nördliche Kattegat vor. Vor der dänischen Kattegatküste gehören Köhlerfänge aber schon zu den Ausnahmen. Bei den außerordentlich vereinzelten Köhlerfängen aus der westlichen Ostsee handelt es sich um echte Irrgäste.

Standplätze und Lebensweise

Der laichreife, erwachsene Köhler ist ein Fisch der hohen, offenen See und bevorzugt Gebiete tiefen Wassers mit hohem Salzgehalt und stark gemäßigten Temperaturen. Die Fische leben pelagisch in großen Schwärmen und sind bei der Jagd auf ihre Beutetiere außerordentlich anpassungsfähig. So sind sie auf der Suche nach großen Planktern tagsüber oft in Tiefen von 400 und mehr Metern zu finden, steigen bei der Verfolgung von Fischschwärmen aber auch bis zur Oberfläche empor oder jagen in allen Wasserschichten bis in Küstennähe. Bei der Nahrungssuche unternehmen die Köhler im Sommer weite Wanderungen. Erst mit Beginn der kalten Jahreszeit lassen sie von ihren Beutetieren ab und ziehen zu ihren Laichplätzen. Die bis zu 3jährigen Jugendformen des Köhlers verbleiben im Gegensatz zu den Elterntieren gern in Küstennähe und bevölkern oft zu Tausenden die felsigen Abschnitte vor allem der norwegischen Küste. Größere Köhler werden erst in 5 bis 10 Meilen Abstand von der Küste in 70 bis 120 Meter Tiefe über aus größerer Tiefe aufragenden Bänken mit der Angel gefangen. Einziger sicherer Angelplatz für Köhler ist in deutschen Gewässern das Gebiet um Helgoland.

Nahrung

Sehr rasch stellen sich schon die Jungfische von planktonischer Nahrung auf die Ernährung mit Fischen um. Wichtigste Beute der großen Köhler sind Heringe und im Nordmeer die Lodde. Fast immer treffen die Berufsfischer in der Nähe von Heringsschwärmen auf Ansammlungen von Köhlern, die mit fabelhaft gewandten Schwimmbewegungen in die Schwärme einbrechen und sie furchtbar dezimieren. Zeitweilig ernähren sich Jung- wie Alttiere von den großen planktonischen Lebewesen, namentlich von Euphausiden, so z. B. dem Krill, einem ca. 5 cm langen, der Garnele ähnlichen Tier. Die vertikalen Wanderungen der Plankter, die in der Nacht aus Tiefen von vielen hundert Metern bis nahe zur Oberfläche führen können, werden dabei vom Köhler mitgemacht, so daß es den Fischern früherer Zeiten rätselhaft blieb, wo die Köhlerschwärme, die sie des Nachts in 100 bis 200 m Tiefe fingen, am Tage geblieben waren.

Laichzeit und Fortpflanzung

Die Laichzeit fällt in die Monate Januar bis April. Die Fische suchen dabei seit langem bekannte Laichplätze auf. Es sind Gebiete der offenen See mit einer besonders gleichmäßigen Wassertemperatur von 6 bis 8 Grad und sehr hohem Salzgehalt, so z. B. die Gewässer um die Lofoten, vor der norwegischen Küste, nördlich der Shetland-Inseln und in der nördlichen Nordsee. Bei ihren Laichzügen streifen einige Schwärme im Winter auch die Gewässer nordwestlich von Helgoland. Ein Rogner laicht bis zu 6,5 Millionen Eier von etwa 1,1 mm Durchmesser. Nach 6 bis 12 Tagen schlüpfen die etwa 3,6 mm langen Larven. Die Entwicklung zum Jungfisch ist bei etwa 25 mm Länge abgeschlossen. Die Geschlechtsreife setzt nach 5 Jahren bei einer Durchschnittslänge von etwa 65 cm ein.

Wachstum, Alter und fischereiliche Bedeutung

Köhler sind nach 5 Jahren maximal 70 cm lang und wachsen dann nur noch langsam weiter. Sie wiegen dann etwa 5 kg. Tiere von über 1 Meter Länge wiegen schon weit über 10 kg (115 cm = 14 kg). Der größte, bisher von Berufsfischern erbeutete Köhler war 130 cm lang. Sein Gewicht läßt sich leicht wie das Gewicht aller anderen Köhler aus der Formel: Länge in dcm hoch 3 x 9,3 ausrechnen. Also: 13 x 13 x 13 x 9,3 = rd. 20,5 kg. Dieser Veteran war 27 Jahre alt. Der Seelachsfang hat seit der Jahrhundertwende immer größere Bedeutung erlangt. 1913 betrug der europäische Gesamtfang bereits 80 000 t, Mitte der 60er Jahre stieg er auf durchschnittlich 185 000 t. Deutschland und Norwegen sicherten sich traditionell den Löwenanteil des Fanges; allein 1973 landeten deutsche Fischer über 90 000 t Köhler an. Nur 10 000 t stammten dabei aus der Nordsee, ganze 2 t aus der Ostsee. Der Köhler wird fast nur unter dem Konsumnamen „Seelachs" in den Handel gebracht. Hauptabnehmer sind die Fischbratküchen und die Fischverarbeitungsbetriebe („Seelachs in Öl").

Biologische Besonderheiten

Auffallend ist das zartgraue Fleisch des Köhlers. Es wird auch beim Kochen nicht so weiß, wie man es von anderen Seefischen gewohnt ist. Bei unseren nördlichen Nachbarn gilt das Fleisch vom Seelachs seit altersher als billigste und zugleich nahrhafteste Mahlzeit, enthält 100 g Filet doch 18 g Eiweiß bei nur 0,7 g Fett – eine gute Basis für Schon- und Diätkost.

Fangzeiten

Hauptbeute der Angler sind die unreifen, bis zu 50 cm langen Köhler, die ganzjährig in oft unmittelbarer Küstennähe vagabundieren. Sie lassen sich fast immer fangen, besonders dann, wenn die Fische auf Jagd nach Kleinfischen unterwegs sind. Beste Angelzeiten

Köhler

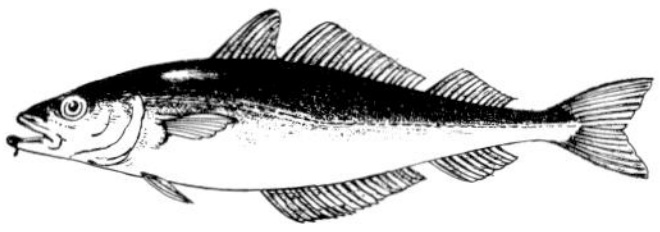

sind der frühe Morgen und der Abend in der warmen Jahreszeit, wenn für die Köhler in Küstennähe der Tisch reich gedeckt ist. Die großen, laichreifen Köhler trifft man am sichersten während der Sommermonate über bestimmten Bänken. Die winterlichen Laichplätze liegen dagegen meistens weit außerhalb der Reichweite von Angelbooten.

Fangmethoden, Geräte und Köder

Die Angelmethoden richten sich nach der Größe der Fische. Beim Küstenangeln vom Ufer oder vom kleinen Boot werden stets nur unreife, bis zu 40 cm große Köhler an den Haken gehen. Kennt man die Standplätze in einem fremden Gewässer nicht, so beginnt man die Köhler mit einer Schleppangel zu suchen. Mit einem Paravan sucht man bei mäßiger Schleppfahrt vor allem die mittleren Wasserschichten ab. An einem 3 bis 4 Meter langen Vorfach schleppt man hinter dem Paravan einen kleinfingerlangen Fischfetzen, einen ebenso großen Spinner oder einen Gummiaal. Hat man den ersten Kontakt zu einem Schwarm, dann angelt man mit einer Bootsrute vom treibenden Boot in der ermittelten Tiefe weiter, benutzt dieselben Köder wie beim Schleppen, montiert jedoch drei bis sechs dieser Köder zu einem Paternoster zusammen und hält das Geschirr in ständiger Auf- und Abbewegung. Oft verraten Möwen, die sich schwarmweise ins Wasser stürzen, die Nähe von raubenden Köhlerschwärmen. Solche Schwärme werden mit dem Boot vorsichtig umrundet und die Würfe mit kleinen, bis zu 25 g schweren Blinkern gezielt an den Rand des Schwarmes gesetzt. Diese Form des Angelns in Kombination mit einer leichten Spinnrute und einer Stationärrolle mit 0,25er Schnur gewährt noch den besten Sport beim Beangeln der „halbstarken", bis zu 700 g schweren Fische. Mit derselben Methode erlebt man auch besten Sport beim Angeln vom Ufer. Entlang der felsigen Küste Irlands, Schottlands, Norwegens oder Islands eignen sich dafür vor allem Meerengen, durch die sich das Wasser bei Ebbe und Flut hindurchzwängen muß. Berühmteste Angelplätze sind der Saltstraumen bei Bodö und der Raftsund der Lofoteninseln, gefolgt von den steil ins Meer abfallenden Felsküsten Nordschottlands am Pentland Firth, den Färöern, Shetland- und Orkney-Inseln. Entlang der norwegischen Küste kann man beinahe an jedem steil ins Meer abfallenden Küstenabschnitt auf einen Korb voll Köhler hoffen. Bei ruhigem Wasser, besonders abends und morgens, kann man die Köhler oft an der Oberfläche beobachten. Mit ruhigen Schwimmbewegungen schlürfen sie schmatzend die an der Oberfläche treibenden planktonischen Krebschen ein. Bei solchen Gelegenheiten zeitigt das Angeln mit künstlichen Fliegen beste Erfolge. Gut bewährt haben sich Haken der Größe 1/0, die mit einer weißen Feder verkleidet und mit roten Wollfäden umwickelt sind (in Schottland = „cuddy fly").
Ganz anders verläuft der Fang der großen, laichreifen Köhler. Sie stehen weit draußen über Bänken, unterseeischen Felsinseln oder Wracks. Kaum einer der wirklich großen Fische wurde je in weniger als 70 Meter Tiefe gefangen. Diese Fische erbeutet man nur beim Hochseeangeln im besten Sinne des Wortes. Eine genaue Kenntnis geeigneter Angelplätze ist unerläßlich. Besonders erfolgreich sind in dieser Hinsicht die Bootsführer vor der südenglischen Küste, die große Köhler in der unmittelbaren Umgebung von Wracks aufspüren oder die norwegischen Angler, die in etwa acht und mehr Meilen Abstand die Bankfischerei vom treibenden Boot ausüben. Oberstes Gebot beim Großköhlerfang ist es, den Köder in ständiger Bewegung zu halten und die Fische ab 10 Meter über dem Grund bis in Höhe des Mittelwassers, in der Regel also in 70 bis 120 Meter Tiefe, zu suchen. Man benötigt eine stabile Bootsrute von etwa 2,1 bis 2,5 Meter Länge mit guter Spitzenaktion, dazu mittelschwere Multirollen mit monofilen Schnüren von 0,50 bis 0,60 mm Stärke. Die einfachste Methode ist das Pilken mit gut im Wasser spielenden Formen. Anders als der Dorsch, durchschaut der Köhler aber oft dieses Täuschungsmanöver und läßt sich von einem Pilker erst überlisten, wenn man in den Drilling zusätzlich einen flatternden und duftenden Fischfetzen einhängt. Andere Köder bringen oft bessere Erfolge, es hängt offenbar immer davon ab, welche Nahrungstiere die Köhler gerade verfolgen. Als sehr fängig erweisen sich an allen Küsten 8 bis 10 cm lange Gummiaale. Zwei, höchstens drei dieser Aalimitationen werden als Paternoster montiert. Die vom verankerten Boot angelnden britischen Wrackangler bevorzugen häufig den Fischfetzenköder, der an einem Einzelhaken der Größe 4/0 angeboten wird. Sie angeln mit nur einem Haken und einer Bleibeschwerung, die an einem „running boom" befestigt wird. Es kommt sehr darauf an, daß die Fischfetzen im Wasser gut spielen; das Köderende wird sehr dünn geschabt, damit es wie eine Fahne in der Tidenströmung flattern kann. Ein zu plumper Fischfetzen wird von den mißtrauischen Köhlern oft genug ignoriert. Das gleiche gilt für die Gummiaale, die sich an einem Wirbel im Wasser drehen sollten und stets in verschiedenen Farben angeboten werden. An manchen Tagen sind nur schwarze, dann wieder nur rote, weiße oder grüne Köder fängig, was bei dem vorherrschenden bläulichen Dämmerlicht dieser Tiefen wirklich schwer erklärbar ist. Für alle Methoden beim Angeln mit Gummiaalen oder Fetzenköder (am besten aus Makrelenfleisch) haben sich extra lange Vorfächer bestens bewährt. Selbst Vorfächer bis zu 6 Meter Länge sind im Gebrauch. Der Vorteil ergibt sich aus dem Beißverhalten der Fische: Sie stürzen sich mit wildem Sprung auf den Köder und rasen mit der Beute davon. Oft genug schwimmen sie dabei in Richtung der Bleibeschwerung und von dort in die Tiefe; das lange Vorfach gewährt ihnen dabei soviel Bewegungsfreiheit, daß sie die Beute verschlingen, ohne mißtrauisch zu werden; erst nach Sekunden des Davonstürmens haken sie sich dann meistens ganz ungestüm selbst.

Anhieb, Drill und Landung

Große wie kleine Köhler sind richtige Energiebündel, die sich mit aller Macht zur Wehr setzen. Der Drill kleiner Küsten-Köhler am feinen Spinngeschirr ist dem Kampf mit einer Forelle nicht unähnlich. Der Kampf mit einem wirklich großen Fisch der 10–20 Pfund-Klasse gehört mit zum spannendsten Drillerlebnis, das man beim Hochseeangeln haben kann. Die meisten Köhler stürmen nach dem Anhieb unaufhaltsam kopfvoran in die Tiefe, und nur eine gute gebremste Schnurtrommel verhindert das Zerreißen der Schnur oder das Ausschlitzen des Hakens. Der Fisch überwindet beim Drill ohne Schwierigkeiten einen großen Tiefenunterschied und wird nicht müde, sich bis zum letzten Meter zu wehren. Wehe, wenn zwischendurch die Schnur lose durchhängt. Der Haken fällt nach längerem Drill leicht aus und schon so mancher Fisch ging dabei verloren. Sicherste Landungsmethode ist ein großer Kescher, denn das Gaffen des wild um sich schlagenden Fisches bereitet meistens große Schwierigkeiten.

Rekordgrößen

Der irische Rekord wird von einem Fisch gehalten, der 24 pounds und 7 oz zur Waage brachte. Der mit etwas über 23 lbs seit 1921 gehaltene britische Rekord wurde erst 1973 beim Wrackangeln vor der englischen Südküste bei Plymouth mit einem sagenhaften Fisch von 30 lbs 12 oz abgelöst. Geradezu winzig nimmt sich dagegen der deutsche Rekordfisch mit seinen 5 Pfunden aus. Er wurde 1968 beim Pilken im Fehmarn-Belt gefangen. Es ist zu erwarten, daß bei weiterer Ausdehnung der Hochseeangelfahrten in schottische und norwegische Gewässer der neue britische Rekordfisch bald überboten wird.

Leng

Wissenschaftliche Bezeichnung: Molva molva (L.)
Weitere deutsche Namen: Lengfisch

Ausländische Namen: Dän.: lange; engl.: ling; franz.: lingue; holl.: leng; isl.: langa; norw.: lange; port.: donzela; russ.: molva; schwed.: länga

Erkennungsmerkmale

Äußerlich mutet der Leng wie eine Kreuzung zwischen Conger und Dorsch an. Der Körper ist beinahe drehrund, der Kopf etwas abgeplattet, der Oberkiefer leicht vorragend – fast eine Congergestalt. Aber der lange, ungegabelte Bartfaden unter dem Kinn erinnert sofort daran, daß der Leng zur Familie der Dorschartigen gehört. Beiderseits der Nasenöffnung findet man noch je einen winzigen Bartfaden. Die am Körper sehr langverlaufende After- und Schwanzflosse bedecken nicht den Schwanzstiel. Der Rücken und die Flanken sind graubraun gefärbt. Bei Alttieren ist der Rücken oft schwarzfleckig marmoriert. Der Bauch ist weiß, im vorderen Drittel schmutzig-grau. Die After-, zweite Rückenflosse und Schwanzflosse sind zum Rand hin besonders schwärzlich gezeichnet; der Flossensaum selbst setzt sich deutlich hell davon ab. Noch zwei weitere Arten leben in unseren europäischen Gewässern. Zunächst ist es der Blauleng (Molva dypterygia dypterygia (Pennant)), der von den Berufsfischern wesentlich häufiger als Molva molva, von den Anglern aber viel seltener erbeutet wird, weil er in Tiefen bis zu 1500 m lebt. Er unterscheidet sich durch einen ziemlich kurzen Bartfaden und viel größere Augen. Die Flanken und die Bauchseite schimmern bläulich, auch die Flossensäume sind blau. Schließlich sei noch auf den Mittelmeerleng (Molva dypterygia macrophthalma (Raf.)) hingewiesen. Es ist der kleinste aller drei Arten und viel schlanker gebaut. Die Bauchflossen dieses Lengfisches reichen deutlich über den Hinterrand der Brustflossen hinaus. Der Bartfaden am Kinn ist gespalten. Dieser Fisch lebt vor allem im gesamten Mittelmeerraum unter Einschluß der Adria und der Ägäis in Tiefen ab 200 Meter.

Lebensraum

Unser Leng ist ein typischer nordatlantischer Fisch. Von der arktischen Kaltwassergrenze der Barents See und Süd-Islands reicht seine Verbreitung rund um die Britischen Inseln bis hinunter nach Gibraltar. Auch das Skagerrak im Bereich der Tiefen Rinne wird bewohnt, dazu auch die nördlichen Ausläufer des Kattegats. Von hier aus gelangen Lengfische durch den Öresund bisweilen als Irrgäste in die westliche Ostsee. Nur zwei sportliche Lengfischfänge sind bisher aus deutschen Ostseegewässern bekannt geworden. In der Nordsee ist der Leng wesentlich häufiger; zwar dringt der Fisch nicht in die Flachwasserbezirke der Deutschen Bucht ein, wohl aber findet er sich regelmäßig in kleinen, bis zu dreijährigen Exemplaren auf dem Helgoländer Felssockel und vereinzelt weiter draußen in den Tiefen nordwestlich der Insel. Immerhin brachten unsere Küstenfischer 1973 über 71 t dieser Fische aus diesem Bereich mit.

Standplätze und Lebensweise

Felsinseln oder Wracks inmitten weiter, sandiger Bodenformationen werden von Lengfischen immer wieder aufgesucht. Die Fische sind ziemlich standorttreu und verlassen diese Verstecke nur, um zu Laichen. 1975 entdeckten Hochseeangler im Öresund ein altes Wrack in über 40 Meter Tiefe und fingen innerhalb von 3 Tagen im unmittelbaren Bereich des rund 30 Meter langen Wracks 114 Lengfische; der schwerste wog 28 Pfund. Offenbar werden solche Wracks immer wieder von jungen Lengfischen beim Übergang vom pelagischen zum bodennahen Leben aufgesucht. Hier entwickeln sie sich innerhalb weniger Jahre zu über 1 Meter langen Fischen mit über 10 kg Gewicht. Die Vorliebe des Lengs für großräumige Verstecke, unter deren Überhängen er sich auf die Lauer legen kann, ist seit langem bekannt. Berühmte Angelstellen sind rings um das Lusitania-Wrack südlich von Kinsale/Irland und über den Wracks der englischen Südküste zu finden. Es ist zu vermuten, daß auch die zahlreichen Wracks der Deutschen Bucht viele gute Lengfische beherbergen. Der Leng bevorzugt ganz allgemein felsigen Grund mit tiefem Wasser zwischen 100 und 600 Metern. Je tiefer das Wasser ist, desto größer werden die Fische.

Nahrung

Der Leng ist ein reiner Raubfisch, der sich vor allem von Fischen seines Tiefengebietes ernährt, z. B. von Seehechten, Köhlern, Stintdorschen, Wittlingen und auch von seiner eigenen Art. Daneben werden Seesterne, Hummer, Kraken und große Krebse gefressen.

Laichzeit und Fortpflanzung

Die Laichzeit zieht sich vom April bis in den Juli hinein. Ein erwachsener Rogner ist in der Lage, 20 Millionen Eier abzulaichen und zählt damit zu den fruchtbarsten Fischen überhaupt. Die ungefähr 1 mm großen Eier werden an seit langem bekannten Laichplätzen bei Südisland und offenbar ziemlich genau entlang der 200-Meter-Tiefenlinie, die sich zwischen Norwegen und den Färöern rund um Irland bis in die Biskaya hineinziehen läßt, abgelaicht. Sie treiben und verdriften an der Oberfläche. Aus den 3,2 mm langen Larven entwickeln sich auffallend rasch die jungen Lengfische, die schon mit 20 mm Länge in Tiefen bis zu 100 Metern zu finden sind. Gegen Ende des ersten Lebensjahres geben die Lengfische das pelagische Leben auf und wandeln sich zum Grundfisch, der nur selten, beispielsweise bei der Verfolgung von Heringsschwärmen, im Mittel- oder Oberflächenwasser jagt. Mit wachsendem Alter ziehen die Fische immer tiefer.

Wachstum, Alter und fischereiliche Bedeutung

Lengfische wachsen sehr schnell. Schon am Ende des ersten Jahres beträgt die Länge 18 bis 24 cm, und bei gutem Nahrungsangebot können die Fische am Ende des zweiten Lebensjahres 50 cm lang sein! Das maximale Alter ist unbekannt; Fische von 18 Jahren sind etwa 1,8 Meter lang und wiegen 60 Pfund. Der europäische Gesamtfang beträgt etwa 36 000 t. Davon entfielen auf Deutschland im Jahre 1973 rund 4820 t. Allerdings betrug der Anteil am Blauleng davon 3966 t. Der Leng gilt als preiswerter Konsumfisch mit etwas grobem Fleisch, das meistens als Filet in den Handel kommt und sich zum Braten gut eignet. Unsere Nachbarn salzen die Fische und trocknen sie, um sie als Klippfisch in südliche Länder zu exportieren.

Biologische Besonderheiten

Lengfische sind oft von Schmarotzern befallen, besonders von Fadenwürmern, die vor allem in der Leibeshöhle gefunden werden. Die Schmarotzer stellen aber keine Gefahr für den Menschen dar.

Fangzeiten

Lengfische lassen sich eigentlich immer fangen. Allerdings sind die sonst aussichtsreichen Wrack- und Felsplätze während der Laichzeit bis in den Juli verwaist; nur unreife, kleinere Stücke werden dann noch gefangen. Wer in dieser Zeit das Glück haben sollte, entlang der 200-Meter-Tiefenlinie einmal auf einen Laichschwarm zu stoßen, wird dann grandioses Hochseeangeln erleben können. Sicherste Fangzeit ist der Herbst und Winter, wenn die Fische wieder zu ihren Unterständen zurückgekehrt sind und nach dem Ablaichen einen rasenden Appetit entwickeln. Beim Wrackangeln ist aufgefallen, daß der Leng ganz besonders aktiv wird, wenn die Wasserströmung mit der Flut voll eingesetzt hat. Je stärker die Strömung aufläuft, desto größer wird die Beißlust.

Leng

Fangmethoden, Geräte und Köder

Aus allem bisher Gesagtem geht hervor, daß der Fang großer Lengfische ein rauhes Geschäft ist. Wer Rekordfische fangen will, muß sich mit der im Herbst und Winter immer rauheren See herumplagen, muß mit schweren Bleigewichten in großen Tiefen bis zu 200 Meter fischen und dabei noch mit heftigem Flutstrom kämpfen. Überdies benötigt man einen sehr erfahrenen Bootsführer, der die Standplätze der Fische kennt. Klare Sicht, um die Peilmarken an der Küste zu erkennen, oder ein Decca-Gerät sind unerläßliche Voraussetzungen für den erfolgreichen Lengfischfang. Mit System wird dies seit geraumer Zeit von den Anglern und Bootsführern an der Südküste von Cornwall in Südengland betrieben. Prompt gelang es ihnen 1974, den 62 Jahre alten britischen Rekord für Lengfische zu brechen. Für das Lengfischangeln haben sich zwei Geschirrzusammenstellungen bewährt. Das P a t e r n o s t e r g e s c h i r r wird vor allem dann verwendet, wenn vom verankerten Boot bei ruhiger See geangelt werden kann. Dazu gehören eine mittelschwere Bootsrute von etwa 2,2 bis 2,5 Meter Länge, ein Gimpel (Rutenhalter) und ein Rollenhaltegurt. Eine Rolle mit Ösen für das Einhaken in den Rollenhaltegurt ist vorteilhaft, z. B. die Rollen Penn 6/0 oder ABU-Ambassadeur 30 lbs-Seerolle eignen sich dafür. Die Rollenschnur sollte eine Tragkraft von rund 36 lbs haben, z. B. monofiles Nylon von 0,60 mm Stärke. Monofile Schnüre sind beim Angeln in großen Tiefen vorteilhafter, weil sie der Wasserströmung weniger Widerstand bieten. Für extreme Tiefen verwenden Spezialisten sogar einfädigen Stahldraht auf Spezialrollen; dieser Draht schneidet butterweich durch das strömende Wasser. Ans Ende der Rollenschnur knüpft man einen Wirbel mit Karabinerhaken. Das Paternoster ist etwa 90 cm lang. Knapp vor dem oberen Ende und 40 cm vor dem unteren Ende werden die Mundschnüre eingeschlauft. Mundschnüre und Paternoster verfertigt man am besten aus monofiler, steifer Schnur der Stärke 0,80 mm. Diese Stärke widersteht den scharfen Lengzähnen und erlaubt auch die sichere Landung eines nicht selten beim Lengangeln mitgefangenen kleineren Congers. Überdies verdrehen sich die steifen, ca. 25 cm langen Mundschnüre nicht so leicht untereinander. Ans Ende dieses Paternosters befestigt man wieder einen Wirbel. Zwischen das Endblei und den Endwirbel knüpft man eine nur wenige Zentimeter lange Schnur, die dünner ist, als das Paternoster. Sie ist als Sollbruchstelle vorgesehen, wenn sich das Blei in Fels- oder Wrackspalten verklemmt hat. Die meisten Hänger werden erfahrungsgemäß vom Blei und nicht von den Haken verursacht, und es ist besser, nur das Blei und nicht das ganze Paternoster zu verlieren. Vom treibenden Boot benutzt man das Einhakengeschirr mit running boom. Rute, Rolle, Harness und Rollenschnur bleiben die selben wie beim Paternoster-Angeln. Auf die Rollenschnur kommt ein running boom (siehe Skizze Steinbutt). Das Blei wird nicht direkt in den Haltearm eingehängt, sondern auch hier wieder durch eine Sollbruchleine von wenigen Zentimetern Länge mit dem running boom verbunden. An das Ende der Hauptschnur hängt man zwei Wirbel und knüpft daran das Vorfach. Es sollte, wie beim Paternostergeschirr, aus sehr dicker und steifer Nylonleine sein, etwa 1 bis 1,5 Meter lang. Manche Angler bevorzugen auch monofilen Stahldraht als Vorfach, weil dieser etwas dünner gewählt werden kann. Die beiden Wirbel zwischen dem Haken und dem running boom haben den zusätzlichen Vorteil, daß beim Beifang eines Congers die bekannten rasenden Drehbewegungen des wilden Meeraales aufgefangen werden können. Bei allen Systemen verwendet man gut geschärfte Stahlhaken der Größe 6/0. Das Gewicht der Bleie richtet sich nach der Tiefe und der Driftgeschwindigkeit; selten wird man beim Lengfang 200 g unterschreiten können, meistens werden weit höhere Gewichte bis zu 1 kg benötigt. Deshalb ist auch die Verwendung eines Gimpels und eines Rollenhaltegurtes sehr zweckmäßig – die Arme würden bei 1 kg Beschwerung sonst zu schnell erlahmen. Als Köder verwendet man bei beiden Angelmethoden ganze Filets von Makrelen, oder mehrere Filets aus den Flanken von Heringen oder kleinen Makrelen. Das dickere Ende wird am Haken befestigt, das dünnere Ende sehr flach und dünn geschabt, damit sich der Fischfetzen gut im Wasser bewegt. Lengfische reagieren ungemein auf bewegte Köder; plump und bewegungslos im Wasser hängende Fischbrocken lassen die Fische meistens kalt. Ein gelegentliches kurzes Aufziehen des Köders bringt oft nach langem vergeblichem Warten den ersehnten Biß. Geangelt wird stets in unmittelbarer Grundnähe oder an den Flanken eines Wracks, nicht über dem Wrack. Beim Angeln mit dem Paternoster zieht man nach der Grundberührung das Blei um eine Pasternosterlänge empor; beim Fischen mit dem Einhakengeschirr benötigt man nach der Berührung etwa zwei Paternosterlängen. Es ist klar, daß insbesondere bei sehr unebenem Gelände die Verwendung von Multirollen unbedingt von Vorteil ist, denn die Tiefe läßt sich damit jederzeit am schnellsten korrigieren.

Anhieb, Drill und Landung

Lengfische sind nicht zimperlich; der Anbiß erfolgt meistens ungestüm und so kräftig, daß sich die Fische bei gut geschärften Haken selbst verhängen. Geht ein Leng nach dem ersten Anbiß oder nach kurzem Drill verloren, so sollte man den Köder sofort wieder auf den Grund hinablassen – meistens beißt der verloren gegangene Fisch sofort wieder an. Sofort nach dem Anhieb stürmen die Fische in Richtung ihrer schützenden Verstecke. Gelingt es ihnen erst einmal, unter überhängenden Felsen oder alten Decksplanken Schutz zu finden, dann ist der Fisch samt Geschirr meist verloren. Dasselbe gilt auch für die meistens mitgefangenen Conger. Daraus folgt, daß der Angler den gehakten Fisch zu Beginn mit aller Macht am Schnurabziehen hindern muß. Sind die ersten 5 bis 10 Meter Schnur gewonnen, dann kann sich der Fisch im Freiwasser ruhig austoben. Lengfische kommen im weiteren Verlauf des Drilles bald außer Atem, denn beim Heraufziehen läßt der Wasserdruck nach, die Schwimmblase dehnt sich aus und lähmt das Nervensystem sowie die Durchblutung des Fisches. An der Oberfläche erscheinen die meisten Fische bauchvoran und ermattet.

Rekordgrößen

Der irische Rekord steht bei 46 lbs 8 oz. Der britische Rekord von 1912 wurde von den Wrackanglern in Plymouth nach 62 Jahren gebrochen: 1974 bezwangen sie einen Leng, der 50½ lbs zur Waage brachte. Der Lengrekord wird bei weiterer Verfeinerung des Hochseeangelns sicher bald wieder überboten werden. Berufsfischer haben schon Fische an Legangeln gefangen, die bis zu 150 Pfund zur Waage brachten.

Pollack

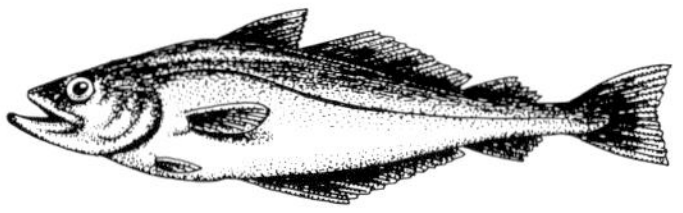

Wissenschaftliche Bezeichnung: Pollack
Pollachius pollachius (L.)

Weitere deutsche Namen:
Wrackfisch, Steinköhler, Heller Seelachs.

Ausländische Namen:
dän: lubbe; engl: pollack; franz: lieu jaune; holl: witte koolvis; norw: lyr; port: abadejo; schwed: lyrtorsk, bleka.

Erkennungsmerkmale

Schon die weiteren deutschen und auch einige der ausländischen Namen deuten darauf hin, daß der Pollack oft mit dem Dorsch, vor allem aber mit dem Köhler verwechselt wird. Vom Dorsch unterscheidet sich der Pollack durch den fehlenden Bartfaden am Unterkiefer. Vom weit ähnlicheren Köhler unterscheidet sich der Pollack vor allem durch die braune Grundfärbung, durch eine deutlich dunkel abgesetzte Seitenlinie, die überdies auch nicht gerade verläuft, sondern über der Brustflosse zum Rücken hin gebogen ist. Die Mundhöhle ist nicht schwarz. Der After liegt unter der vorderen Hälfte der ersten Rükkenflosse. Der Rücken ist braun bis dunkelbraun, die hellen Flanken sind oft von goldglänzenden Flekken übersät, und die Rückenflossen besitzen oft schräg verlaufende, bronzefarbene Bänder.

Standplätze und Lebensweise

Von allen dorschartigen Fischen hat sich der Pollack am meisten auf das Leben im Küstenraum spezialisiert. Wie kein anderer unter den Dorschartigen bevorzugt er die von den Gezeiten durchspülte Saumzone, die unmittelbar an das offene Meer grenzt. Selten wandert er tief in die Fjorde ein oder schwimmt zwischen Schären und Inseln umher. Er liebt es, das weite, offene Wasser hinter sich zu wissen. An der Küste steht der Pollack stets inmitten dichtester Tang- und Braunalgenfelder; ganz besonders schätzt er die meterlangen Verzweigungen des Zuckertangs (Laminaria saccharina L.) und Fingertangs (Laminaria digitata Lamour.) Überall, wo diese braunen Laminaria-Arten bei Ebbe aus dem Wasser ragen, kann man mit Pollacks rechnen. Dabei wird es selten bei Einzelfängen bleiben, denn der Pollack schwimmt stets in Gesellschaft mit einigen Artgenossen, allerdings nie in großen Schwärmen. Die steil abfallenden felsigen Küstenabschnitte abseits der Süßwassereinläufe in Norwegen, Irland und Cornwall sind berühmt für ihre Pollackbestände. Auch auf dem Helgoländer Felssockel werden regelmäßig Pollacks erbeutet. Die Fische halten sich meistens in der felsigen Grundnähe auf und streifen auf engstem Raum in ihrem Revier auf der Suche nach Nahrung umher. Fast nie jagen sie an der Oberfläche und nur selten verlassen sie die schützenden Tangwälder, um auf angrenzenden Bänken Spierlinge (Anmodytes) zu jagen oder in entfernteren Gebieten zu laichen. Die alten, über 80 cm großen Pollacks haben eine ganz besondere Vorliebe für unterseeische, stark bewachsene und felsige Bänke. Besonders Wracks mit dichtem Bewuchs und zahlreichen Höhlungen haben es ihnen angetan (‚Wrackfisch'!). Wracks und steil aufragende, unter Wasser liegende Felswände werden von auffallend großen Pollacks bewohnt, auch wenn solche Punkte weit von der Küste entfernt liegen. Die Fische sind derartig standorttreu, daß man mit Sicherheit dort, wo man einmal Pollacks erbeutet hat, stets wieder mit neuen Fängen rechnen kann. Der küstennahe Standort, das Vorkommen in oft schweren Exemplaren in unmittelbarer Ufernähe und die ausgezeichneten kämpferischen Eigenschaften haben dem Pollack in der Skala der am meisten beim Brandungs- und Küstenangeln begehrten Seefische gleich hinter dem Wolfsbarsch (Roccus labrax L.) den zweiten Platz gesichert.

Lebensraum

Während der nahe verwandte Köhler mit zunehmendem Alter tiefe Gewässer der hohen See bevorzugt, bleibt der Pollack sein Leben lang ein Bewohner der Küstenzone bis hinab zu einer Tiefe von höchstens 200 Metern. Der Fisch liebt gleich dem Dorsch die Grundnähe und bewohnt die norwegische Küste vom Varanger Fjord herab bis zum Skagerrak, breitet sich über die Nordsee um die Britischen Inseln aus und lebt sowohl an der irischen, wie auch im Süden an der portugiesischen Küste und in der Biskaya. Auch das Kattegat wird in allen Teilen bewohnt. In der Ostsee ist der Pollack nur im Westteil ein vereinzelt auftretender Irrgast; nach Osten stellt Bornholm seine äußerste Verbreitungsgrenze dar. Das eigentliche Hauptwohngebiet sind die norwegische Süd- und Westküste sowie die englische und irische West- und Südküste. Der Pollack reagiert empfindlich auf Aussüßungen des Wassers; in der Nähe von Süßwassereinläufen wird er nicht zu finden sein.

Laichzeit und Fortpflanzung

Die Pollacks sind wenig wanderlustig. Auch das Laichgeschäft treibt sie nie sehr weit von ihren Weidegründen fort. Bekannte, küstennahe Laichplätze liegen östlich und südlich der Britischen Insel, im Westabschnitt des Kanals, bei den Hebriden und in der nördlichen Nordsee. Die etwas über 1 mm großen Eier treiben frei im Wasser. Aus den Larven entwickeln sich bei etwa 20 mm Länge die Jungfische, die bis zu einer Länge von 50 mm in den oberen Wasserschichten mit und vom Plankton leben und dabei weit verdriftet werden. Schon in diesem Jugendstadium ist die Vorliebe der kleinen Pollacks für treibende Tang- oder Seegrasbüschel auffallend. Die Hauptlaichzeit fällt in die Monate Februar bis April. Die beim Laichen bevorzugte Wassertemperatur beträgt 8 bis 10 Grad in einem Gebiet von höchstens 100 Metern Tiefe.

Nahrung

Sobald die kleinen Pollacks über 50 mm groß sind, suchen sie die ihnen zusagenden küstennahen Zonen auf, um dort zwischen Tangen und Algen am Grund den Tisch reich gedeckt vorzufinden. Sowohl Würmer als auch Garnelen und Krabben werden ein Opfer der umherstreifenden Fische, dazu auch Kleinfische aller Art. Mit zunehmendem Alter stellt sich der Pollack immer mehr auf Fischnahrung um. Klippenbarsche, Lippfische, Schlangennadeln, Seeskorpione und Stichlinge gehören ebenso zu seiner Beute wie die im Freiwasser lebenden Schwarmfische, wenn diese in die Nähe seiner Wohngebiete geraten.

Wachstum, Alter und fischereiliche Bedeutung

Pollacks können über 15 Jahre alt werden und dabei eine Länge von 1,20 m erreichen. Solche Fische wiegen dann schon über 10 kg; das Durchschnittsgewicht des Pollacks liegt aber bei 5 bis 6 Pfund. Die Bedeutung für die Berufsfischer ist ziemlich gering, entzieht sich der Fisch zwischen Tangen und Felsen doch den meisten Fangmethoden. Nur während des Laichens erwischen die Berufsfischer den Pollack in größeren Mengen und landen in Europa etwa 5.000 t pro Jahr an.

Biologische Besonderheiten

Das Fleisch des Pollacks ist im Gegensatz zum Köhler rein weiß. Im frischen Zustand ist es von annehmbarem Geschmack; längere Lagerzeiten, auch im tiefgefrorenen Zustand, vermindern jedoch rasch die Qualität.

Fangzeiten

Die beste Pollackangelzeit beginnt nach dem Laichen im Mai. Die fortschreitende Erwärmung des Wassers bringt die Fische immer näher ans Ufer. Erst mit dem Einsetzen der ersten schweren Herbststürme verziehen sich die Fische allmählich wieder in etwas tieferes Wasser. An der irischen Westküste soll es jedoch eine Zeit zwischen Oktober bis Weihnachten geben (mit dem Höhepunkt im November), in der die ganz großen ‚Wrack-Pollacks' sehr nah an die Küste kommen. Während der sommerlichen Hauptfangzeit stehen die Pollacks am Tage versteckt zwischen den Tangen und beißen erst bei einsetzender Flut. Bei mittlerem Hochwasser verlassen die Fische oft ihre Verstecke und jagen rings um ihre Tangreviere. Das gilt besonders für dunkle Tage ohne Sonnenschein und ganz besonders für die Dämmerungszeiten. Pollacks sind scheu und schlau.

Pollack

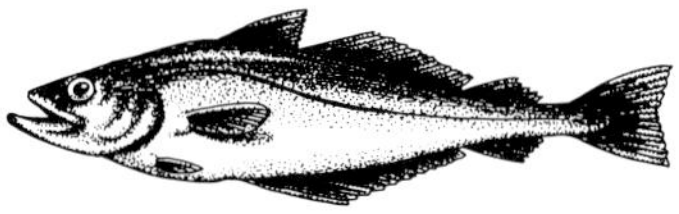

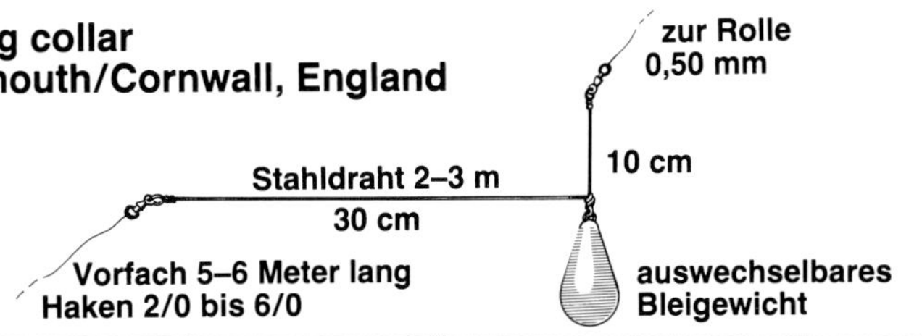

Fangmethoden, Geräte und Köder

Die meisten bis zu 8 Pfd. schweren Pollacks werden direkt vom Ufer beim Brandungsangeln gefangen. Dichtbewachsene, felsige, steil aber treppenförmig in die Tiefe abfallende Uferpartien eignen sich ganz besonders für die verschiedenen Fangmethoden der vom Ufer aus fischenden Angler. Wenn die Beißzeit bei ablaufendem Wasser und bei Dämmerung ihren Höhepunkt erreicht hat, gelingt es, Pollacks mit der **Spinnangel** zu erbeuten. Man verwendet eigenschwere, bis zu 30 g wiegende, silber-, kupfer- oder bronzefarbene Spinner und läßt den Köder nach dem Einwurf so nah wie möglich an die Tangzonen herantaumeln. Dann beginnt man mit dem raschen Einholen des Spinners, je schneller, desto unwiderstehlicher ist es für den Pollack. Kommt der Spinner dabei zu weit an die Oberfläche, so läßt man ihn wieder zurücktaumeln und beginnt wieder mit dem möglichst schnellen Einholen. Will an einem günstig erscheinenden Angelplatz kein Pollack auf diese Methode hereinfallen, dann wechsele man möglichst oft den Köder. Schon eine andere Form oder Farbe kann Wunder wirken. Hilft auch das nicht, bringt ein kleiner, in den Schwanzdrilling eingehängter Fischfetzen plötzlich die mißtrauischen Räuber zum Anbiß. Das sei das Signal zur Anwendung eines ganz anderen Spinngeschirres: Am Ende der Hauptleine wird mit einem Wirbel eine ca.30 g schwere Bleikugel gestoppt; in den Wirbel wird ein ca. 60 cm langes Vorfach mit einem Haken der Größe 2/0 bis 6/0 (bemessen nach der Größe der vorkommenden Fische) gehängt und dieser mit einem mittelfingerlangen Fischfetzen besteckt. Einzelhaken und Bleikugel verhängen sich weit weniger leicht im Tanggestrüpp und werden mit raschen Kurbeldrehungen nach dem Auswerfen zurückgeholt. Verbreitet der möglichst frische Fischfetzen noch eine Duftspur im Wasser, dann ist diese Methode sehr oft der Angelmethode mit künstlichen Ködern überlegen. Kommt es trotzdem zu ständigen Hängern und Geräteverlusten, so bietet sich als weitere Angelmethode das Angeln mit dem **Gleitfloß** an. Man fischt im Prinzip mit dem gleichen, zuletzt beschriebenen Geschirr mit der Bleikugel, ergänzt es aber durch eine Gleitpose, die auf der Schnur so gestoppt wird, daß der Köder knapp zwischen oder über den hin- und herwogenden Tangen schwimmt. Mit dieser Methode gibt es zwar weniger Hänger, aber auch weit weniger Bisse, wenn man der Köderfrage nicht genügend Aufmerksamkeit widmet.

Pollacks reagieren nur auf lebendige, scheinbar flüchtende Beutetiere. Ein schlaff im Wasser hängender Fischfetzen wird daher kaum von einem der braunen Gesellen beachtet. Am Ende gut dünn geschabte, im Wasser leicht ‚flatternde Fischfetzen bringen nur Pollacks an den Haken, wenn starker Seegang den Köder ständig in Bewegung hält oder das Geschirr ständig auf und abbewegt wird. Anders ist es natürlich, wenn man lebende Köder zur Hand hat. Vor allem Fische aus der Tangregion, aber auch Sandspierlinge eignen sich vorzüglich. Da sie aber nur selten zur Verfügung stehen, sei auf einen Köder verwiesen, den der Pollack bis hin ins ‚Opaalter' ganz besonders gern frißt: Es ist der Seeringelwurm (Neréis-Arten), der fast überall bei Ebbe zwischen Steinen, Tangen und Geröll gesammelt werden kann. Im Gegensatz zum Wattwurm bleibt dieses Tier sehr lange am Haken lebendig und reizt den Pollack mächtig zum Anbiß. Aber auch lebendige Garnelen, kleine Aale und kleine Krabben sind gut als Köder geeignet. Die Bootsangelei auf Pollacks ab 20 Meter Tiefe bringt oft die größten Fische an den Haken. Wie schon beschrieben, stehen die Veteranen dieser Art an ganz genau bestimmten Stellen, z. B. rings um Wracks. Das Bootsangeln wird deshalb in erster Linie vom verankerten Boot betrieben und das Schiff vorsichtig mit der Drift an den Angelplatz herangefiert. Beim Angeln gilt es, den Köder so nah wie möglich an die Bewuchsstelle heranzubringen, um die Wegelagerer aus dem schützenden Pflanzendickicht herauszulocken. Die englischen Wrackangler haben vor ihrer Südküste das **‚flying collar'** entwickelt, ein ganz simples, aber sehr bewährtes Geschirr zum Fang der übervorsichtigen, schlauen und großen Pollacks. Der Clou ist ein bis zu 30 cm langer Haltearm aus Draht, an dessen einem, gewinkelten Ende das auswechselbare Bleigewicht, am anderen Ende ein Wirbel für das Einhängen des Vorfaches montiert ist. Dieser überlange Arm aus federndem Stahl von etwa Fahrradspeichenstärke soll verhindern, daß sich das ganz ungewöhnlich lange Vorfach von 5 bis 6 Metern in der Hauptleine verfängt. (Siehe Skizze). Der Einzelhaken der Größe 2/0 bis 6/0 wird entweder mit Seeringelwürmern oder mit dem Filet einer Makrele (bis zu 15 cm lang) bestückt. Während der Wurmköder fast immer erfolgreich ist, fängt man mit dem Makrelenfilet nur bei starker Tidenströmung. Das ganz ungewöhnlich lange Vorfach ist wichtig, denn es hat sich gezeigt, daß sich die Pollacks sonst kaum zum Anbiß überwinden können. Das flying collar-Geschirr hat sich ganz außerordentlich bewährt. An einer Pollackstelle par exellence vor der englischen Südküste bei Plymouth, genannt ‚The Ledges', einem im Kriege gesunkenen Zerstörer, wurden schon des öfteren von 6 bis 8 Anglern in nur 4 Stunden über 5oo Pfd. Pollacks geangelt. Fischt man in Gebieten mit sehr geringer Strömung auf Pollack, dann lohnen sich auch Versuche mit einem **Paternostergeschirr,** das aus einer Kombination von Kunstködern besteht. Am beliebtesten sind Gummiaale (besonders rote), weiße Federn an 4/0-Haken gebunden und kleine, bis zu 4 cm lange verchromte Löffel mit Einzelhaken. Bis zu drei dieser Köder knüpft man mit kurzen, steifen Mundschnüren an die Hauptleine, hängt ans Ende ein genügend schweres Gewicht und fischt damit vom treibenden Boot den Grund ab. Wichtig ist dabei das dauernde Auf- und Abbewegen des Köders.

Anhieb, Drill und Landung

Pollacks schießen aus ihren Verstecken hervor, packen und verschlingen den Köder blitzschnell. Der Anhieb sollte deshalb stets ohne lange Umschweife erfolgen, ganz gleich, mit welcher Methode man angelt. Der Anhieb wird vom Pollack mit einer unerhört wilden Flucht quittiert. Der Fisch versteht es, sich mit jeder Faser seines Körpers zur Wehr zu setzen und ähnelt mit seinem Ungestüm sehr dem Köhler. Sein ganzes Bestreben ist darauf gerichtet, in die schützenden Tange zu flüchten, und es bedarf großer Umsicht und einer ziemlich stark gebremsten Schnurtrommel, um den Fisch an seinem Vorhaben zu hindern. Besonders beim Angeln vom Ufer, wo ein Ausdrillen kaum möglich ist, empfiehlt sich sehr das forcierte Heranholen des Fisches. Entsprechende Schnurstärken sind notwendig. Beim Bootsangeln wird man feststellen, daß sich die Fische bis zum letzten Meter tapfer wehren und oft genug noch beim Gaffversuch verlorengehen. Ein Landungsnetz ist sehr zu empfehlen.

Rekordgrößen

In deutschen Rekordlisten wird der Pollack bisher nicht aufgeführt, obwohl nachweislich alle Jahre beim Bootsangeln im Nordabschnitt unserer Ostseeküste vereinzelt Pollacks erbeutet werden. Dasselbe gilt auch für Helgoland, wo der Fisch regelmäßig vorkommt. Der irische Rekordfisch wog immerhin 19 lbs. 3 oz., also über 17 Pfund. Der größte Pollack aus britischen Gewässern wog 23 lbs 8 oz. und wurde 1957 erbeutet. Vor der britischen Südküste wurden in den letzten Jahren von Wrackanglern viele Fische mit fast gleich hohem Gewicht erbeutet.

Schellfisch

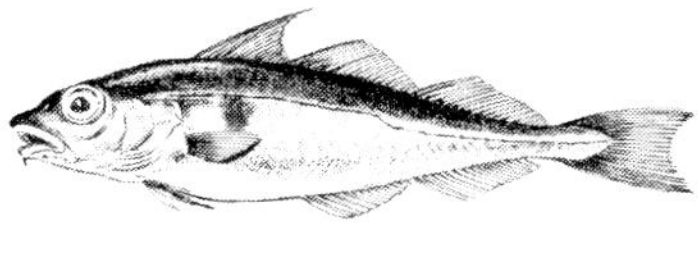

Wissenschaftliche Bezeichnung: Melanogrammus aeglefinus (L.)

Ausländische Namen: Dän.: kuller; engl.: haddock; franz.: eglefin; holl.: kuller; isl.: ysa; norw.: hyse; russ.: piksha; schwed.: kolja

Erkennungsmerkmale

Zusammen mit Dorsch und Köhler gehört der Schellfisch zu den fischereilich wichtigsten dorschartigen Fischen. Auch sein Äußeres mit der typischen, dreigeteilten Rückenflosse und der, allerdings sehr kleinen Kinnbartel, erinnert sofort an die Verwandtschaft mit dem Dorsch. Das wichtigste Unterscheidungsmerkmal ist ein großer schwarzer Fleck, den der Schellfisch exakt unter der Seitenlinie und unter der ersten Rückenflossenbasis besitzt. Die dunkle Seitenlinie hebt sich bei diesem Fisch sehr deutlich von den aluminiumfarbenen Flanken ab. Der Bauch ist weißlich, der Rücken meistens mehr oder weniger dunkelgraugrün, oft mit brauner Beimengung. Zappelfrisch aus dem Wasser sind die Flanken häufig mit einem zarten, violetten Perlmuttschimmer überzogen. Die erste Rückenflosse ist übrigens zugespitzt, alle anderen Rückenflossen sind abgerundet.

Lebensraum

Der Lebensraum des Schellfisches gleicht ungefähr der Ausbreitung des Dorsches (siehe dort). Insgesamt gesehen kann man sagen, daß sich der Schellfisch zögernder ausbreitet, lange nicht soweit nördlich geht, auch nicht ganz soweit südlich vorkommt und ausgesüßte Gebiete im allgemeinen meidet. Das Zentrum seines Vorkommens befindet sich offenbar auf dem Island-Färöer-Rücken, und von dort breitet er sich nach Island, Schottland und der nördlichen Nordsee aus. Auch auf der amerikanisch-kanadischen Seite des Atlantiks werden die subarktischen Gewässer bewohnt. In der Nordsee ist der Schellfisch häufig, im Skagerrak und Kattegat dagegen weit weniger vertreten. In der Ostsee kommt er nur als Irrgast vor, in Jahren mit extremer Westwindlage werden bisweilen auch größere Larvenmengen in die Ostsee vertrieben und wachsen hier ab. So wurden allein in den Jahren 1925–1927 von dänischen Fischern über 500 000 kg Schellfisch aus dem Arkonabecken gefischt.

Standplätze und Lebensweise

Tiefen zwischen 40 und 300 Meter werden von diesem Fisch bevorzugt, und stets findet man ihn in Gebieten mit weitläufig muddigem oder sandig-muddigem Grund. Der Schellfisch lebt weit küstenferner als der Dorsch und bevorzugt Wassertemperaturen zwischen 4 und 10 Grad. Angler finden den Schellfisch in Küstennähe nur dort, wo das Wasser kalt, tief und der Grund schlammig ist. Bekannte Angelstellen sind vor der schottischen Nordküste, in den ruhigen, schlammigen Buchten der Shetlands und Färöer sowie entlang der norwegischen Küste in den weniger ausgesüßten Außenbezirken der tiefen Fjorde. Auch die irische West- und Nordwestküste ist für gute Schellfischbestände bekannt.

Nahrung

Viele Weichtiere, vor allem Haar- und Schlangensterne, Würmer und Muscheln aber auch Jungfische aller Art gehören zur Hauptnahrung der Schellfische. Unter den Fischen sind Lodde, Hering und Sandaal die wichtigste Beute. In manchen Gebieten fressen Schellfische mit Vorliebe den Laich von Heringen und sind damit oft prall gefüllt („spawny haddocks"). Britischen Forschern ist es auf diese Weise gelungen, neue Heringslaichplätze zu lokalisieren.

Laichzeit und Fortpflanzung

Je nach Wassertemperatur werden die Schellfische vom 3. bis zum 8. Lebensjahr geschlechtsreif. Von Januar bis Ende Mai laichen die Fische im 5 bis 7 Grad warmen und stark salzhaltigen Wasser bis zu 1 Million Eier pro Rogner ab. Die Eier verdriften im freien Wasser über weite Strecken, ebenso die 4 bis 5 mm langen Larven, die bereits bei 30 bis 40 mm Länge die Wasseroberfläche verlassen und ins Mittelwasser ziehen. Dort leben sie bis zur Größe von 11 cm oft in Gesellschaft mit großen Nesselquallen, genau wie die jungen Wittlinge oder Stöcker (siehe dort).

Wachstum, Alter und fischereiliche Bedeutung

Die Wachstumsgeschwindigkeit ist, wie bei den meisten Fischarten, sehr von der Wassertemperatur und dem Nahrungsangebot abhängig. Die Untersuchungen haben ergeben, daß Schellfische im 1. Jahr bis 18 cm, im 2. Jahr bis 30 cm, im 3. Jahr bis 36 cm und im 4. Jahr bis 47 cm wachsen. Ein 10jähriger Schellfisch kann 80 cm lang sein, ein 100 cm langes Tier bildet schon eine Ausnahme und bringt bis zu 30 Pfund Gewicht auf die Waage. Der Schellfisch gehört mit zu den wichtigsten Nutzfischen unseres Betrachtungsbereiches. Der europäische Jahresfang kann bis zu 350 000 t betragen. Auf der amerikanisch-kanadischen Seite werden pro Jahr rund 100 000 t erbeutet. Die wichtigsten Fanggründe der europäischen Fischer sind die nördliche Nordsee, die Barents See und die isländische Süd- und Ostküste. Man fängt die Fische hauptsächlich mit dem Schleppnetz, aber auch mit Langleinen. Der mit Haken an Langleinen gefangene Fisch wird als „Angelschellfisch" verkauft und erzielt weit bessere Marktpreise, weil er wegen der schonenderen Behandlung wesentlich besser erhalten in die Küchen gelangt. Der Fisch eignet sich sehr gut für alle Zubereitungsarten, auch zum Braten und in Marinade eingelegt. Die Krone des Wohlgeschmacks soll geräucherter Schellfisch sein, der vor dem Essen in warme Milch gelegt wird.

Biologische Besonderheiten

Die Fischer und die Biologen machen sich schon seit Jahrzehnten Sorgen wegen der Erhaltung des Schellfischbestandes. Es hat sich gezeigt, daß die Brut dieser wichtigen Nutzfischart ganz besonders von der Witterung abhängig ist. Auf Jahre mit günstigem Witterungsverlauf, in denen sich planktonisches Leben und dazu parallel auch die jungen Schellfische gut entwickeln konnten, folgten stets fischereilich sehr ergiebige Jahrgänge. Schlägt die Wassertemperatur um und stirbt das Plankton ab, dann sterben auch die Fischlarven und ganze Jahrgänge kümmern dahin. So kommt es vor, daß manchmal in vielen aufeinanderfolgenden Jahren immer nur ein und derselbe Jahrgang befischt wird, und im ungünstigsten Fall die Nachwuchsrate selbst in einem guten Brutjahr dadurch klein bleibt. In diesem Zusammenhang ist ein Ereignis aus dem Jahre 1923 bemerkenswert, als aufgrund einer bestimmten Witterungslage große Mengen Eier und Larven des Schellfisches durch Sunde und Belte in die Ostsee strömten. In den Folgejahren entwickelten sich daraus sehr gut abgewachsene, große Schellfische, die noch bis 1930 hauptsächlich im Arkonabecken gefangen werden konnten. Ist das eine Zukunftsvision für die künftige Aufzucht von bestimmten Fischarten in der Ostsee?

Fangzeiten

Nach der Laichzeit, spätestens ab Juli, nähern sich die Schellfische allmählich wieder Weideplätzen, die den Küsten näherliegen und werden dann von Anglern bis in den Spätherbst erbeutet. In den Fanggebieten scheinen Tide und Witterung kaum die Beißlust der Fische zu beeinflussen.

Fangmethoden, Geräte und Köder

Wohl der sensationellste Schellfischfang in der jungen Geschichte des Hochseeangelsportes gelang dem Touristchef Ted Simon von Caithness, der Landschaft im äußersten Norden Schottlands. Bei

Schellfisch

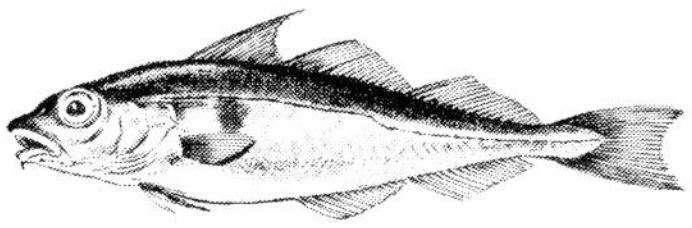

der Europameisterschaft der Hochseeangler im Jahre 1971 fing er genau 239 kg Schellfische und wurde damit Meister. Ted fischte in den schellfischreichen Gewässern seines Bezirkes am Ostausgang des Pentland Firth. Er benutzte ein Paternostergeschirr. Es bestand aus einer monofilen Rollenschnur von 0,55 mm Stärke. Ans Ende knüpfte er einen Wirbel und daran das Paternoster. Es war 1,5 Meter lang. Alle halbe Meter hatte er eine 40 cm lange Mundschnur mit einem Einzelhaken der Größe 2/0 eingeschlauft. Ans Ende wurde ein Blei mit einem Wirbel befestigt. Mit dieser Ausrüstung fischte er im 40 bis 60 Meter tiefen Wasser vom driftenden Boot. Ted's Technik bestand darin, das Geschirr bis zum Grund hinabzulassen und nicht sofort beim ersten Zupfer anzuhauen, sondern solange bei strammgehaltener Leine zu warten, bis er sicher sein konnte, daß an jedem Haken ein Schellfisch saß. Fast mit jedem Zug brachte er 3 Fische an die Oberfläche. Als Köder benutzte er Stückchen von Heringen. Die Erfahrung des Europameisters von 1971 bestätigt, daß man stets dort, wo man einen Schellfisch in der offenen See erbeutet hat, auf viele andere hoffen kann. Die Fische schwimmen stets in großen Schulen umher und zerstreuen sich dabei weit weniger als ihre Verwandten, wie z. B. der Dorsch. Das Paternostergeschirr ist deshalb die sicherste Methode, um viele Fische zu fangen. Allerdings gibt es nicht wenige Hochseeangler, die außerhalb eines Angelwettbewerbes gegen diese Massenfänge sind und das Angeln mit dem Einhakengeschirr bevorzugen. Im Prinzip ist es dasselbe Geschirr, nur daß man zwei Haken des Paternosters wegläßt und nur mit einem Haken angelt. Der Haken wird mit einem 60 bis 80 cm langen Vorfach in den Endwirbel der Rollenschnur eingehängt und das Blei diesmal gleitend mit einem running boom auf die Rollenschnur gezogen. Auf diese Weise bleibt das Vorfach stets klar von der Rollenschnur; es gibt keine vertwisteten Leinen mehr. Anstelle des Heringsköders kann man natürlich auch andere Fischfetzen verwenden, so z. B. kleine Hautlappen von Makrelen, Hornhechten, Plattfischen und anderen Fischen. Aber noch unwiderstehlicher wirken Muscheln auf Schellfische, ganz gleichgültig, ob man nun das rohe Fleisch von Sand-, Herz- oder Miesmuscheln verwendet. Man hältert die eingesammelten Muscheln am besten in einem luftigen Sack irgendwo im Schatten an Bord oder in einem Behälter, der über einen Schlauch ständig mit frischem Seewasser versorgt werden kann. Mit diesen Leckerbissen fängt man die in den norwegischen Fjordtiefen lebenden großen Schellfische, die meistens nur in kleinen Trupps dort leben oder gar Einzelgänger sind, so z. B. in den Lofotenfjorden. Fast alle mit Seewasser gefüllten Senken zwischen den norwegischen Bergen besitzen eine verschlammte Sohle, die ein Abwuchsparadies für Schellfische darstellt. Je näher solche Bezirke zur offenen See heranreichen, desto aussichtsreicher ist das Angeln dort auf große Schellfische der 10-Pfund-Klasse. Unsere skandinavischen Nachbarn legen in diesen Bezirken auch Langleinen aus mit 20 bis 100 Haken, die an ca. 50 cm langen Mundschnüren an der Mutterschnur befestigt sind. Die räuberischen Eigenschaften großer Schellfische reichen aber auch aus, um diese Gesellen an den Pilker zu bringen. Das Angeln mit dem Pilker ist vor allem dann erfolgreich, wenn die Fische in dichten Schwärmen stehen und der Futterneid sie an den Haken treibt. Allerdings dürfen die Pilker nicht sehr groß sein, Köder von über 10 cm Länge vergrämen die Fische leichter, als daß sie davon angezogen werden. Manche Angler bevorzugen anstelle der Naturköder Kunstköder an der Paternosterangel. Besonders bewährt haben sich kleine künstliche Aale aus Gummi in verschiedenen Farben, wobei rote und weiße oft besonders erfolgreich sind; aber auch kleine Blinker und Löffelformen mit festangelötetem Einzelhaken, 3 bis 5 cm lang, haben sich gut bewährt. Von einigen Anglern wird berichtet, daß sie viele Schellfische mit künstlichen Fliegen am Paternoster gefangen haben. Besonders die hellen Fliegen, die, durchs Wasser gezogen, gut einen kleinen, fliehenden Kalmar nachahmen, erwiesen sich als fängig. All diese Köder werden mit kurzen Mundschnüren genauso wie das vorher beschriebene Naturköder-Paternoster zusammengestellt. Es bleibt dem Geschmack des Anglers überlassen, wie viele der Kunstköder eingeschlauft werden und ob die künstlichen Köder auch vermischt angeboten werden.

Anhieb, Drill und Landung

Verglichen mit dem Dorsch ist der Schellfisch temperamentvoller. Gleich nach dem Anhieb wehrt er sich mit energischen Rucken und schüttelt sich nicht selten dabei wieder los. Es gilt, die Leine stets stramm zu halten und den Fisch mit stetem Zug an die Oberfläche zu bringen.

Rekordgrößen

Der größte, jemals gefangene Schellfisch war sicherlich der Riese aus Norwegen, der 1902 bei Vardö gemessen wurde. Er war 110 cm lang, sein Gewicht ist leider nicht feststellbar. Aber auch der Schellfisch, der von englischen Fischern in Dublin auf den Markt gebracht wurde, konnte sich sehen lassen. Er war 92 cm lang und soll 38 Pfund gewogen haben. Daß solche Fische wirkliche Ausnahmen sind, haben systematische Zählungen und Messungen von Schellfischfängen im Hafen von Aberdeen/Schottland bewiesen. Die größten Fische waren dort aus Island 89 cm lang, aus anderen Gebieten waren sie noch kleiner. Diese Zahlen werden untermauert von den Erfahrungen der Angler, die sich sowieso meistens mit den kleineren Küstenschellfischen begnügen müssen und nur sehr selten ein größeres Exemplar erwischen. Der britische Rekord steht bei einem Fisch von 9 lbs 4 oz und der irische ist auch nicht viel aufregender: 10 lbs 13½ oz.

Wittling

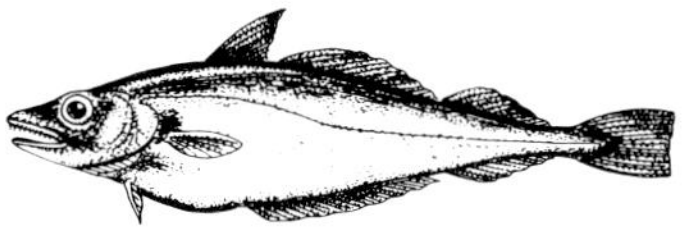

Wissenschaftliche Bezeichnung: Merlangius merlangus L.

Ausländische Namen: Dän: hvilling; engl: whiting; franz: merlan; holl: wijting; isl: lysa; ital: merlano; norw: hvitting; port: badejo; russ: merlang; schwed: vittling; span: merlan.

Erkennungsmerkmale

In unseren Gewässern ist der Wittling einer der kleinsten Vertreter aus der großen, weit verbreiteten Familie der dorschartigen Fische. Auch beim Wittling ist, genau wie bei seinen Verwandten, die dreigeteilte Rückenflosse typisch. Ein Bartfaden am Kinn fehlt. Auffälligstes Unterscheidungsmerkmal ist ein deutlicher dunkler Fleck an der Basis der Brustflossen. Nur der nahe verwandte Schellfisch besitzt einen ähnlichen Fleck, jedoch weiter oberhalb der Brustflossen. Überdies fallen die spitzen, fast dolchartigen Zähne beim Wittling auf. Die Schnauze springt spitz vor und überragt etwas den Unterkiefer. Die Grundfärbung des Wittlings ist lehmgrau bis braun; der Rücken ist deutlich dunkler gefärbt als die Flanken, die beim frischgefangenen Fisch irisierend in allen Regenbogenfarben glänzen und von auffallenden, längsverlaufenden, goldgelben Wellenlinien gezeichnet sind. Der Bauch ist weiß. Die Flossen sind an der Basis hell und werden zum Rand hin dunkler; die Afterflossen sind deutlich hell gesäumt. Bauch- und Brustflossen schimmern gelblich. Die Farbigkeit des Fisches verblaßt nach dem Fang rasch. Im Wasser ist der Fisch so gut getarnt, daß es Tauchern schwerfällt, die Tiere zu erkennen.

Lebensraum

Der Wittling ist den russischen Fischern aus der südöstlichen Barents See genauso bekannt wie den Isländern. Von der norwegischen Küste reicht das Verbreitungsgebiet dieses Fisches hinunter bis zur portugiesischen Küste. Die Ostsee wird vom Wittling nur im westlichen Teil bewohnt. Im Mittelmeer und im Schwarzen Meer lebt eine Wittlingsart, von der man annimmt, daß sie eine unterscheidbare Unterart bildet: Merlangius merlangus euxinus (‚Mittelmeer-Dorsch'). Diese Art ist weit verbreitet, erreicht aber nicht die Größe ihrer westeuropäischen Vettern. Das Hauptvorkommen des Wittlings erstreckt sich über die gesamte Nordsee und die Gewässer rund um die Britischen Inseln.

Standplätze und Lebensweise

Tiefen zwischen 20 und 100 Meter sagen diesem Fisch am meisten zu. Bevorzugter Aufenthaltsort ist die Grundnähe, dies gilt vor allem für die erwachsenen, laichreifen Tiere. Mehr noch als die anderen dorschartigen Verwandten steigt der Wittling aber auch in höhere Wasserschichten auf, um dort nach Nahrung zu suchen. In der Tiefe bewohnen die Fische vor allem weiche, schlammige oder muddig-sandige Böden; Geröll- und Felsgründe behagen ihnen nicht. Aus der Ostsee ist der Wittling den Anglern vor allem aus den weiträumigen, tiefen Buchten bekannt (Eckernförder- und Lübecker Bucht). Namentlich dort, wo sich bei andauernder ruhiger Wetterlage große Strömungskreisel bilden, versammeln sich die Wittlinge im Sommer und Herbst in großen Schwärmen am Grund. Die Schwarmbildung wird auch nach der Laichzeit nicht aufgegeben. Wo ein Wittling gefangen wurde, kann man mit großer Sicherheit auf viele weitere hoffen. In der westlichen Ostsee gehört die Art zu den häufigsten Fischen. Dasselbe läßt sich auch von der Nordsee sagen, namentlich von ihrem südwestlichen Teil. Unsere holländischen Nachbarn fangen nach Schluß der Makrelensaison im Herbst und Winter mit Naturködern in Grundnähe viele Wittlinge. In der Deutschen Bucht werden Wittlinge nur rund um Helgoland gefangen. Fänge von den Ufern der Friesischen Inseln sind noch nie bekanntgeworden, was sicherlich mit der Scheu des Wittlings vor flachem Wasser zusammenhängt. Beim Bootsangeln sind vor Büsum und Norderney gelegentlich Wittlinge erbeutet worden.

Nahrung

Am Boden fressen Wittlinge vor allem Weichtiere, aber auch kleine Garnelen und Krabben. In erster Linie aber ernähren sich die Wittlinge von anderen Fischen und machen dabei auch nicht vor der eigenen Brut halt. Eine besondere Vorliebe haben sie offenbar für Jungheringe; in der Nähe von Kleinheringsschwärmen kann man immer auf jagende Wittlinge hoffen.

Laichzeit und Fortpflanzung

Die Laichzeit erstreckt sich beinahe über das ganze Jahr, nur die Monate Oktober, November und Dezember sind davon ausgenommen. Die Hauptlaichzeit in unseren Gewässern fällt in die Monate März und April. Im mäßig warmen Wasser schlüpfen die Larven nach 12 bis 14 Tagen, sie sind dann 3,5 mm lang und wandeln sich bei einer Länge von etwa 20 mm allmählich zu kleinen Fischchen um. Erst bei einer Länge von 5 bis 10 cm verlassen die Wittlinge die höheren Wasserschichten und gehen zum Leben am Boden über. Nach drei bis vier Lebensjahren sind die Fische geschlechtsreif.

Wachstum, Alter und fischereiliche Bedeutung

Zu Beginn ihres Lebens sind die Wittlinge außerordentlich schnellwüchsig. Schon nach einem Jahr sind sie 10 bis 12 cm, am Ende des zweiten Jahres bereits 20 cm lang. Nach Einsetzen der Laichreife verlangsamt sich das Wachstumstempo aber erheblich. In der Nordsee werden Wittlinge höchstens 40 cm, in der Ostsee nicht viel mehr als 30 cm lang. Lediglich aus den Kaltwassergebieten um Island werden vereinzelte Fänge von Fischen bis zu 70 cm Länge gemeldet. Das Alter solcher Veteranen beträgt im Höchstfall 13 Jahre, in der Regel werden Wittlinge aber nur 5 bis 7 Jahre alt. Die fischereiliche Bedeutung ist in den vergangenen Jahrzehnten erheblich angewachsen. Der westeuropäische Jahresfang wird auf 150 000 t beziffert. Hauptfanggebiete sind die Westküste Irlands, die Küste Schottlands, die nördliche Nordsee, Skagerrak und Kattegat. Die deutschen Fischer beteiligen sich an diesem Fang nur sehr gering; die Anlandungen der Kleinen Hochsee- und Küstenfischerei betrugen z. B. 1973 aus der Nordsee nur 183,9 t, aus der Ostsee ganze 9,3 t. Das weiße, etwas weiche, aber sehr zarte Fleisch des Wittlings ist schmackhaft und sehr bekömmlich, besonders gebraten kommen seine Vorzüge als Speisefisch zur Geltung. In den angelsächsischen Ländern wird der Fisch gekocht und vielfach kalt zum Frühstück gegessen. Die Mittelgräte läßt sich einfach aus dem Körper herauslösen, so daß auch von kleinen Exemplaren gut verwertbare Filets übrigbleiben. Die Verarbeitung sollte möglichst bald nach dem Fang erfolgen, weil dieser Fisch mit zu den empfindlichen, leichter verderblichen Fischen zählt.

Biologische Besonderheiten

Auffallend ist die Symbiose kleiner Wittlinge mit Nesselquallen. Die 3 bis 5 cm langen Fischchen leben gern in der Nähe großer Quallen und flüchten bei Gefahr durch die Nesselfäden unter den Hut der Qualle. Dort reißen sie oftmals Eier aus dem Körper der Qualle los, werden aber geduldet und sind allem Anschein nach gegen das Nesselgift immun.

Fangzeiten

Wittlinge lassen sich das ganze Jahr fangen. In der westlichen Ostsee gelten August und September als beste Monate für die Angelei. Im Gezeitenbereich der Nordsee ist das Beißverhalten offenbar zusätzlich von der aufkommenden Flut abhängig. Ganz allgemein gelten die Morgen- und Abenddämmerung als besonders herausragende Beißzeiten.

Wittling

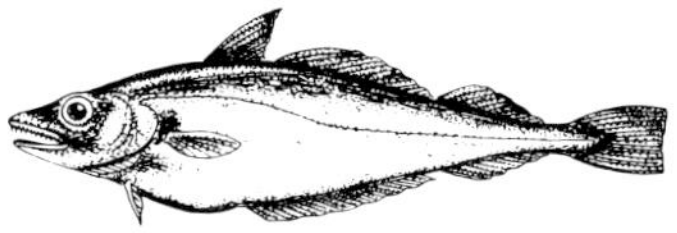

Fangmethoden, Geräte und Köder

Der Wohlgeschmack der Fische, die gute Verwertbarkeit in der Küche und das schwarmweise, häufige Vorkommen in bestimmten Gebieten hat entlang der Ostseeküste zu einer speziellen Wittlingsangelei geführt. Die wichtigste Angelmethode ist das Fischen mit der *Paternosterangel.* Je leichter dieses Geschirr gewählt wird, desto mehr Freude wird man beim Fang der relativ kleinen Fische haben. Eine leichte, ca. 3 m lange Rute, eine einfache Stationärrolle mit 0,30-er Schnur sind ausreichend. In den Karabinerhaken des Wirbels am Ende der Hauptleine wird ein Seitenarm-Paternoster eingehängt. Besonders gut eignen sich 2- bis 3-Haken-Paternoster mit Seitenarmen, die in Weichplastikmasse vergossen wurden. Die kurzen Mundschnüre müssen besonders fein gewählt werden, die maximale Stärke sollte 0,20 mm nicht übersteigen. Als Einzelhaken haben sich, je nach Größe der Wittlinge, die Hakengrößen 5 bis 8 bewährt. Man achte auf besonders gut geschärfte Haken. Ans Ende des Paternostergeschirrs befestigt man ein genügend schweres Senkblei. Manche Angler bauen ihre Paternostergeschirre für den Wittlingsfang selbst und bevorzugen Systeme mit 4 bis 8 Haken, die mit etwa 10 cm langen Mundschnüren an die Hauptschnur geknotet werden. Bei ruhigem Wetter, speziell bei den spätsommerlichen, stillen Wetterlagen an der Ostseeküste, verspricht die Angelei mit dem *Gleitfloß* aufregenden Sport, denn anders als beim Paternosterangeln, bei dem der Anbiß gefühlt wird, muß dabei der Anbiß beobachtet werden. Für die Floßangelei verwendet man lange, schlanke Gleitfloßformen von 8 bis 12 g Tragfähigkeit (die kleinsten Makrelenposen) und nur einen bis höchstens drei Haken. Mit beiden Methoden wird etwa ein Meter über dem Grund gefischt. Als Köder verwendet man daumennagelgroße Stückchen aus der Flanke frischer Fische; insbesondere Heringe und Sprotten eignen sich gut, aber auch Stückchen von frischgefangenen Wittlingen werden von den Artgenossen gierig gefressen. Die Gefräßigkeit der Wittlinge ist während der Hauptbeißzeit am frühen Morgen und am Abend sehr groß. Britische Angler berichten von Wittlingen, die mit Mettwurst, Nudeln oder Brot gefangen wurden; französische Angler haben schon mit Käse die kleinen Vielfraße überlistet. Mit beiden Methoden wird vom Boot geangelt. Man läßt sich zunächst über ein aussichtsreiches Gebiet treiben und ankert erst, wenn man einen Schwarm gefunden hat. Sehr erfolgreich ist das Anfüttern. Man verwendet grob zerstampfte, vorgekochte Fische. Das zerfasernde Fleisch wird mit Köpfen und Innereien in apfelsinengroßen Klumpen so eingeworfen, daß es in unmittelbarer Nähe der ausgelegten Köder zu Boden sinken kann. Hinzugemengtes Fischöl erhöht die Lockwirkung. Wer während des Fangens ständig anfüttert, kann einen Wittlingsschwarm manchmal für Stunden unterm Boot halten. Setzt das Beißen schlagartig aus, dann sind meistens größere Raubfische (Dorsche) in der Nähe und man sollte zwischendurch mit dem Pilker angeln. Manchmal schwimmen die Wittlinge beim dauernden Anfüttern dem herabsinkenden Anfütterungsgut entgegen, sie steigen dabei in erheblich höhere Wasserschichten auf, und es ist dann ratsam, die Angeltiefe zu korrigieren. In der Regel aber fängt man die Wittlinge in der Ostsee in größerer Entfernung von der Küste über schlammigen, weichen Gründen von 20 bis 25 Meter Wassertiefe in unmittelbarer Grundnähe. Schließlich sei noch auf das Angeln mit dem *Blinkerpaternoster* hingewiesen. Die kleinen Blinker und Löffel werden insbesondere den größeren Wittlingen zum Verhängnis. Auch hier angelt man mit einer, den vorher beschriebenen Paternostergeschirren nicht unähnlichen Ausrüstung, nur daß an die Stelle der Einzelhaken kleine, blinkende Kunstköder an die Schnur geknotet werden. Insbesondere bei rauher See läßt sich mit diesem Geschirr (und einer entsprechenden Bleibeschwerung) besser als mit den anderen Methoden angeln. Das Blinkerpaternoster wirft man weit aus, läßt es zum Meeresboden absinken und zieht es dann

mit ständigen kleinen Rucken zum Boot zurück. Ohne ständig die bei den anderen Methoden leicht abfallenden Naturköder ersetzen zu müssen, läßt sich das Wasser rings ums Boot bequem absuchen. Häufiger, willkommener Beifang im Sommer: Makrelen und kleine Dorsche.

Anhieb, Drill und Landung

Der Anbiß eines Wittlings ist selbst bei einer 30 oder 40 Meter weit ausgeworfenen Leine gut zu spüren und deutlich vom Anbiß anderer Fische zu unterscheiden. Es ist ein ständiges Rucken und Zerren am Köder, und nicht selten gelingt es den kleinen Kerlen, den Haken blank zu putzen, ohne sich selbst zu verhängen. Offenbar ergreifen die Wittlinge mit ihren langen, spitzen Zähnen die Köderbrocken nur am äußersten Ende und denken in vielen Fällen gar nicht daran, den Köder zu schlucken. Dasselbe läßt sich auch beim Angeln mit dem Gleitfloß beobachten: Der Schwimmer wird mit ständigen kurzen Zügen unter die Wasseroberfläche gezerrt, quittiert man mit einem Anhieb, so geht man nicht selten leer aus. Die Lehre aus diesem Beißverhalten ist, nicht zu große und nur sehr gut geschärfte Haken zu verwenden. Die Köder sollte man immer so klein wie möglich und beim Gleitfloßangeln den Auftrieb des Schwimmers so gering wie möglich halten. Keineswegs angele man auf Wittlinge mit den sonst üblichen langen Fischfetzenködern, sondern begnüge sich mit den schon erwähnten, höchstens daumennagelgroßen Köderbrocken. Der Haken sollte tief im Köder stecken und möglichst vollständig bedeckt sein. Beim Fischen mit dem Paternoster sollte man nach dem Haken eines Fisches nicht allzu lange auf weitere warten, denn nur zu leicht verstehen es die kleinen Kerle, sich mit stetem Rütteln und Schütteln wieder loszureißen. Hat man einen Fisch an der Oberfläche, so empfiehlt sich zügiges Anbordhieven, denn beim Lokkerlassen der Schnur gehen sonst nochmals Fische verloren, weil die Haken häufig nicht hinten im Rachen sitzen, sondern nur knapp vorn zwischen den Zähnen in den hornigen Kiefern. Nach dem Fang lagere man die sogleich ausgeweideten Fische kühl und trocken; sie verdienen in dieser Beziehung die gleiche Aufmerksamkeit, wie die schnell verderbliche Makrele oder der Hering.

Rekordgrößen

Das Mindestmaß für den Wittling beträgt an der Nordseeküste 23 cm, entlang der Ostseeküste 20 cm. In deutschen Rekordlisten wird der Wittling nicht geführt. Fische von über 35 cm Länge und ca. 750 g Gewicht sind schon eine Ausnahme. Anders ist es bei unseren Nachbarn: Der britische Rekord steht bei einem Fisch von 6 englischen Pfund; der Fisch wurde 1940 vor der Nordwestküste Schottlands gefangen. Auch der irische Rekordfisch mit einem Gewicht von rund 4½ pounds kann sich sehen lassen.

Plattfische

Flunder, Heilbutt, Kliesche, Scholle, Steinbutt

Über 600 Arten leben über alle Weltmeere zerstreut in allen Zonen, vom Flachwasser bis 2000 und mehr Meter Tiefe. Die wichtigsten Verbreitungsgebiete erstrecken sich aber vor allem auf die Flachwasserbezirke der gemäßigten Zonen, bei uns also auf die Nordsee um die Britischen Inseln. Die Wissenschaftler unterscheiden in europäischen Gewässern 49 verschiedene Arten, die in 6 Familien unterteilt wurden.

Allen gemeinsam ist die eigentümliche Entwicklung zur „Plattfischform". Aus den Eiern der Muttertiere entwickeln sich zunächst ganz symmetrische Larven und Fischchen, die in Form und Schwimmverhalten weit mehr allen aufrecht im Wasser schwimmenden Fischen ähneln als ihren Eltern. In diesem Stadium leben die jungen Plattfische freischwimmend nahe der Wasseroberfläche.

Erst nach Erreichen einer bestimmten Größe beginnt ein Auge auf den Scheitel des Kopfes zu wandern, und es bildet sich die charakteristische Plattfischform mit einer hellen Unterseite und einer dunklen Oberseite. Die Fische gehen nun zum Leben am Boden über und verlassen diesen Lebensbereich fortan nur noch zu bestimmten Zeiten, beispielsweise bei Laichwanderungen oder bei der Jagd auf Fische (Heilbutt).

Alle Plattfische sind wahre Meister der Tarnung. Fein entwickelte Sinneszellen verändern binnen kurzer Zeit die Färbung und Zeichnung der Ober-(Augen-)seite und passen sich in idealer Weise der jeweiligen Umgebung an. Überdies verharren viele Fische tagsüber oft für längere Zeit unbeweglich auf dem Grund oder vergraben sich teilweise ins lockere Sediment, so daß es umherstreifenden Raubfischen oder Tauchern sehr schwer fällt, die Tiere zu entdecken.

Fast alle Plattfische leben in erster Linie von den zahlreichen Weichtieren des Meeresbodens. Nur der erwachsene Heilbutt macht eine Ausnahme und ernährt sich in erster Linie von Fischen aller Art, die er in allen Wasserschichten, hauptsächlich aber am Boden, verfolgt.

Seit altersher haben die Plattfische bei uns eine große wirtschaftliche Bedeutung, denn ihre Häufigkeit im relativ

flachen Wasser und die Möglichkeit, viele Arten lebend hältern zu können, ließ diese Fische schon weit vor der Zeit moderner Konservierungsmethoden zur wichtigen Marktware werden. Überdies gehören die Plattfische insgesamt zu den wohlschmeckenden Arten; Heil- und Steinbutt sowie die Seezunge erzielen auf allen europäischen Fischmärkten sogar Höchstpreise, und die Fischer sind nicht annähernd in der Lage, den Bedarf zu decken.
Aber auch für die Angler sind die Plattfische von größter Bedeutung, denn viele Arten, vor allem aber die Flunder, die sogar ins Brack- und Süßwasser der Flußmündungen vordringt, lassen sich beinahe überall entlang sandiger Küstenstriche vom Ufer aus erbeuten und stellen einen wichtigen Fanganteil beim immer beliebter werdenden Brandungsangeln dar.

Kliesche

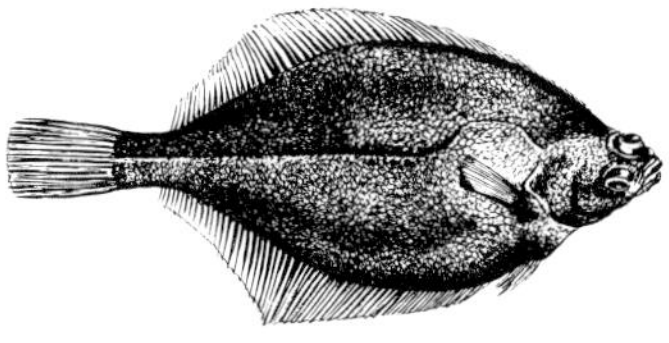

Wissenschaftliche Bezeichnung: Limanda limanda L.
Weitere deutsche Namen: Scharbe, Limande (Nordsee), Pladen (Niendorf/Ostsee), Schäning (Mecklenburger Küste)

Ausländische Namen: Dän: ising, slette; engl: dab; franz: limande; holl: schar; norw: sandflyndre; russ: ershovatka, limanda; schwed: sandskädda.

Erkennungsmerkmale

Dieser rechtsseitige Plattfisch ist der Scholle und noch mehr der Flunder sehr ähnlich. Wichtigstes sichtbares Unterscheidungsmerkmal ist die stark gekrümmte, bogenförmig über der Brustflosse verlaufende Seitenlinie; dies gilt sowohl für die Augen- als auch für die Blindseite. Auch beim Befühlen unterscheiden sich diese drei ansonsten so ähnlichen Plattfische deutlich. Die Scholle besitzt gut fühlbare Verdickungen auf dem Kopf, ist sonst aber ganz glatt. Die Flunder besitzt solche Verdickungen zusätzlich entlang der Seitenlinie und der Basis von Rücken- und Afterflosse; beim Streichen von vorn nach hinten fühlt sie sich rauh an. Der Kliesche fehlen all diese knöcherigen Verdickungen; sie ist vollkommen glatt und fühlt sich nur rauh an, wenn man von hinten nach vorn streicht. Alle anderen Merkmale sind für die klare Unterscheidung sehr unsicher. Erst beim Vergleichen aller drei Arten nebeneinander wird man feststellen, daß der Afterdorn bei der Kliesche besonders kräftig entwickelt ist (Vorsicht beim Hantieren!) und die bräunlichgraue, manchmal auch schmutzigbraungelbe Grundfärbung weit weniger von deutlichen roten Flecken durchsetzt ist als bei der Scholle. Auch die blaßorangen Flecken der Flunder sind in dieser Intensität bei der Kliesche nicht zu finden; jedoch erkennt man bei näherem Hinsehen unregelmäßige gelblich-rötliche Zonen auf der Augenseite einschließlich der Flossensäume. Die Kliesche ist, ihrem Aussehen nach, das ‚Aschenputtel' unter den mit ihr verwechselbaren Plattfischen. Auch die glasig-weißliche Blindseite unterscheidet sich deutlich von den strahlend weißen Blindseiten der Scholle und Flunder. Der Kliesche einziges bescheidenes Schmuckstück ist die blaßorange schimmernde Brustflosse der Augenseite.

Lebensraum

Die Verbreitung reicht von der Biskaya bis hoch hinauf nach Island und ins Weiße Meer. Die Gewässer rings um die Britischen Inseln, Skagerrak und Kattegat werden ebenso bewohnt wie die norwegische Küste. Sehr zahlreich ist die Kliesche in der südlichen Nordsee; zusammen mit dem Wittling zählt sie dort zu den absolut häufigsten Fischen. Dieser Plattfisch liebt stark salziges Wasser und bewohnt aus diesem Grund die Ostsee nur in ihrem westlichen Teil bis hinauf nach Gotland. Der stark ausgesüßte östliche Teil wird von der Kliesche gemieden.

Nahrung

Kleine Krebschen, Asseln, Muscheln und Würmer werden von der kleinmäuligen Kliesche bevorzugt gefressen. Sie ist viel weniger ein Fischfresser als Scholle, Flunder oder gar Steinbutt. Allerdings werden in einem Klieschenmagen gelegentlich auch kleine Sandspierlinge, Jungheringe oder Sprotten gefunden.

Standplätze und Lebensweise

Sandig-schlickige Bodenformationen, auf denen Geröll und Kies fehlen, sagen diesem Fisch am meisten zu. Die großen Klieschen werden vor allem in Tiefen zwischen 20 und 40 Meter erbeutet, selten wandern die Tiere tiefer als 100 Meter. Andererseits ziehen sie auch nicht gern ins sehr flache Wasser und meiden die Brackwasserzonen in der Nähe von Süßwassereinläufen. In ihrem Wohngebiet gelten die Klieschen als Standfische, die stets in Schwärmen umherziehen. Das küstenferne Leben hat dazu geführt, daß Klieschen von Anglern nur selten und dann meistens auch nur beim Bootsangeln erbeutet werden. Nur Brandungsangeln in der Nähe tieferen Wassers, in der Ostsee beispielsweise von der Mole in Puttgarden und im Kieler Hafen, in der Nordsee von den seewärts gerichteten Stränden der Friesischen Inseln, gelingt hin und wieder der Fang von Klieschen. Auffallend ist dabei der hohe Anteil von jugendlichen, handtellergroßen Fischen. Sie sind der sichtbare Beweis für die Wanderungen der Jungtiere ins flache Wasser; diese Eigenschaft wird von den laichreifen Fischen ganz aufgegeben. Beim Bootsangeln erhöht sich der Klieschenanteil um so mehr, je weiter man vom Ufer entfernt im mindestens 20 Meter tiefen Wasser angelt. Dies gilt ganz besonders für die Gewässer um Helgoland.

Laichzeit und Fortpflanzung

Nach Vollendung des zweiten, spätestens im dritten Lebensjahr, sind Klieschen laichreif. Im Nordseeraum sind sie dann mindestens 16 cm lang, im weniger salzigen Wasser des Kattegats ungefähr 14 cm und im ausgesüßten Wasser der Ostsee etwa 9 cm lang. Die Hauptlaichzeit fällt in die Monate März bis Mai, kann sich aber noch länger hinziehen. Die Kliesche laicht stets dort, wo sie lebt und unternimmt keine Laichwanderungen, wie ihre nahen Verwandten. Ein Rogner laicht etwa 100 000 Eier ab. Die Eier sind, genau wie die Larven, auffallend klein. Die winzigen Fischchen sind zunächst noch symmetrisch gebaut und gehen schon ab 15 mm Länge zum Leben am Boden über. Erst allmählich beginnt die Wanderung eines Auges und die Ausbildung einer Augen- und einer Blindseite.

Wachstum, Alter und fischereiliche Bedeutung

Klieschen werden nicht so groß wie ihre gewichtigeren Vettern. Das Durchschnittsgewicht liegt bei etwa einem Pfund bei einer Länge von 30 cm. Wesentlich größere Exemplare gehören zu den Ausnahmen. An besonders großen Fischen hat man festgestellt, daß sie bis zu 10 Jahre alt werden können. Die fischereiliche Bedeutung war in früheren Jahren ziemlich gering, weil sich die gefangenen Klieschen nicht wie die anderen Plattfische lebend hältern lassen, sondern rasch verenden. Überdies löst sich die Totenstarre bei dieser Art viel schneller, als bei anderen bekannten Plattfischen. Dadurch ist das Fleisch lange nicht so haltbar, wie beispielsweise das der Scholle. Im frischen Zustand zählt die Kliesche zu den wohlschmeckenden Arten. Es ist deshalb kein Wunder, wenn im Zeitalter der schneller werdenden Kutter und immer besserer Vereisungsmethoden Klieschen vermehrt angelandet werden. Die fischereiliche Bedeutung nimmt laufend zu. Der westeuropäische Jahresfang beträgt z. Zt. rund 10 000 t und stammt hauptsächlich aus der Nordsee. Eigentümlich ist dabei, daß die Fangergebnisse der deutschen Küstenfischer sich beispielsweise 1973 in 31,2 t Klieschen aus der Nordsee und 118,8 t aus der Ostsee gliedern. Diese Klieschen werden zum Teil mit Stellnetzen vor der Küste erbeutet, und Kenner kaufen diese relativ fangfrischen Fische direkt an Bord der Kutter in den kleinen Küstenhäfen. Besonders die Winterklieschen, die kurz vor dem Laichen stehen, gelten als besonders schmackhaft.

Biologische Besonderheiten

Auffallend ist die schon erwähnte geringe Lebensfähigkeit nach dem Fang. Klieschen lassen sich deshalb nicht in Setzkeschern hältern (wie Flundern). Wie bei den anderen verwandten Arten auch, ist bei der Kliesche bemerkenswert, daß die winzigen Larven und Fischchen zunächst wie ganz normale, symmetrisch gebaute Flossenträger aussehen und auch wie andere ‚normale' Fische schwimmen. Bei der anschließenden Augenwanderung, die zur Umwandlung zum Plattfisch führt, bilden sich auch linksseitige Exemplare aus. Sie kommen aber viel seltener vor, als bei Scholle und Flunder.

Fangzeiten

Nur während der Laichzeit, wenn die Laichprodukte anschwellen und den Magentrakt einschnüren, fressen die Fische weniger. Da sich kaum alle Klieschen eines Gebietes gleichzeitig am Laichen beteiligen, besteht so fast das ganze Jahr die Möglichkeit, Klieschen zu fangen.

Kliesche

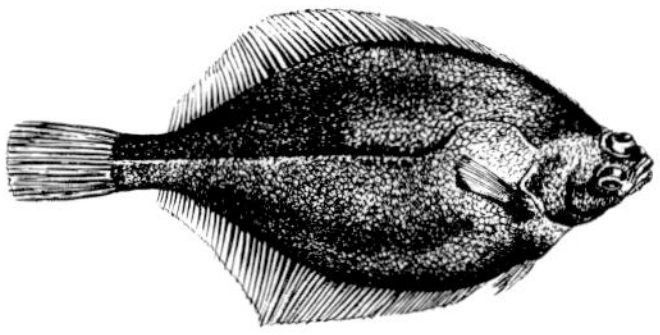

Langleinengeschirr zum Fang von Seefischen am Grund; vor allem für den Plattfischfang

Fangmethoden, Geräte und Köder

Für den Klieschenfang vom Ufer, wie er mit Aussicht auf Erfolg nur von den Molen Helgolands oder anderen, weit ins tiefe, stark salzige Wasser hineinreichenden Bauwerken betrieben werden kann, verwendet man dieselben Angelmethoden, die beim Fang von Flundern und Schollen angewandt werden. Wichtigstes Gerät ist das Laufbleigeschirr. Bei starkem Wind und unruhiger See wird ein genügend schweres Blei, das von der rauhen See nicht verdriftet werden kann, ans Ende der Fangleine geknotet. Vor dem Blei befestigt man auf der Hauptschnur an kurzen Mundschnüren ein bis drei Haken oder eines der käuflichen ‚Buttpaternoster' aus steifen Kunststoffarmen mit kurzen Mundschnüren. Mit dieser Geschirrmontage angelt man am besten aus der Hand. Nach dem Auswerfen nimmt man mit dem Blei Fühlung auf, strafft also die Leine; der Anbiß einer Kliesche ist dabei deutlich fühlbar. Allerdings ist das Risiko vorhanden, daß ein Fisch bei soviel deutlich spürbarem Widerstand das Interesse an dem Köder verliert und ihn wieder ausspuckt. Deshalb sollte man, sobald das Wetter ruhiger wird, das gleiche Geschirr, aber mit Seitenbleimontage verwenden. Das Blei wird nun nicht ans Ende des gesamten Geschirrs geknotet, sondern läuft frei auf der Hauptschnur zwischen Rolle und Vorfach. Jedes durchlochte Blei würde sich dafür eignen, jedoch versinken die Bleie nach dem Auswerfen häufig tief im weichen Boden und der Schnurlauf wird dadurch behindert. Es ist ratsamer, das Blei mit einem Seitenarm auf der Hauptschnur zu befestigen. Die Lauföse des Seitenarms sollte der Schnur möglichst geringen Reibungswiderstand entgegensetzen, so z. B. ein großer Springring. Mit dieser Geschirrzusammenstellung angelt man vom Ufer ‚nach Sicht'. Man beobachtet die aufgestellte Rute und kann die Klieschenbisse am deutlichen Wippen der Rutenspitze erkennen. Sofortiges Absenken der Rutenspitze gibt dem Fisch die Möglichkeit, Leine ohne spürbaren Widerstand abzuziehen. Man läßt dem Fisch Zeit zum Schlucken und wartet einige Augenblicke mit dem Anhieb. An windstillen, sonnigen Tagen sind Klieschen genauso beißfaul wie andere Plattfische. Dann kann der beköderte Buttlöffel dazu beitragen, müde Klieschen munter zu machen. Man benutzt die gleiche zweihändige Wurfrute von etwa 3 Meter Länge und eine Stationärrolle mit monofiler Leine von 0,35 bis 0,40 mm Stärke, wie sie auch für die vorher beschriebenen Methoden verwendet werden. Ans Ende der Hauptschnur knotet man nun ein genügend schweres, kugelförmiges Wurfblei und einen Wirbel mit Karabinerhaken. In diesen Haken hängt man ein ca. 60 cm langes Vorfach ein. Ans Ende des Vorfaches wird mit einem Wirbel ein rotierender Löffel befestigt (siehe Skizze) und in etwa 8 cm Abstand von diesem Löffel ein Einzelhaken geknotet. Man wirft dieses Geschirr möglichst weit aus und zieht es mit kleinen Rucken nach dem Absinken auf den Grund wieder zurück ans Ufer. Dabei sollten Blei und Löffel den Meeresgrund aufwirbeln und der Kliesche den Eindruck vermitteln, ein Nahrungskonkurrent sei unterwegs und wolle den Köder wegschnappen. Als Köder verwendet man am besten die zähen Bauchlappen einer frischen Makrele, eines Hornhechtes oder eines anderen Plattfisches. Der Köder sollte höchstens die halbe Größe eines Kleinfingers besitzen, denn Klieschen haben ein relativ kleines Maul und sind überdies nicht so räuberisch veranlagt, als daß sie ohne weiteres größeren Beutetieren nachjagen würden. Auch die Hakengröße sollte der Kleinmäuligkeit angepaßt sein; die Größen 4 bis 6 sind gut geeignet. Beim Angeln vom Boot erhöhen sich die Chancen für den Fang größerer Klieschen ganz beträchtlich. Unsere ausländischen Nachbarn haben neben den hier beschriebenen Angelmethoden auch Fanggeräte entwickelt, die vielleicht weniger sportlich, dafür aber um so erfolgreicher sind. Es handelt sich um Langleinen, bei deren Anfertigung der Phantasie des Anglers keine Grenzen gesetzt sind. So werden beispielsweise an eine bis zu 20 Meter lange Schnur aus 1 mm dickem monofilem Kunststoff in Abständen von einem Meter Mundschnüre geknüpft. Die Mundschnüre werden aus ebenso dickem Faden wie die Hauptschnur hergestellt. Erst ans Ende der Mundschnüre knotet man die nur wenige Zentimeter langen, 0,40 mm dicken Fangschnüre mit Einzelhaken der Größe 4 (oder größer, wenn viele Schollen und Flundern zusätzlich zu erwarten sind). Die Langleine wird mit beiden Enden an schwere Gewichte, z. B. Steine, geknotet und auf dem Meeresgrund ausgelegt (siehe Skizze). Von beiden Gewichten führt eine Leine zu einer Markierung an der Wasseroberfläche. Als ‚Boje' läßt sich jeder schwimmfähige Gegenstand verwenden; große Korken mit durchgesteckten Stangen, an deren einem Ende ein buntes Fähnchen weht, sind am beliebtesten. Die Bojenleinen müssen besonders dick sein, denn sie dienen später als Aufholleine nicht nur für die Gewichte, sondern auch für die Langleine. Das beköderte Geschirr wird einige Stunden im Wasser belassen, an besonders ‚beißfreudigen' Stellen vielleicht auch nur ½ bis 1 Stunde. Man kreuzt mit dem Boot in der Nähe und fischt mit dem Fetzenköder auf Makrelen und Hornhechte oder mit dem Pilker auf Dorsche. Als Köder für die Langleine verwendet man mit bestem Erfolg Wattwürmer oder Seeringelwürmer. Diese Köder sind allen anderen überlegen und können bei dieser Methode weit besser verwendet werden, als beim Brandungsangeln, denn hier wird nichts hinausgeschleudert, und die Köder können dabei nicht vom Haken fliegen.

Anhieb, Drill und Landung

Beim Angeln aus der Hand oder ‚auf Sicht' lasse man sich in jedem Fall mit dem Anhieb Zeit und gebe nach Möglichkeit Leine, damit der Fisch schlucken kann. Einmal gehakte Klieschen kommen kaum wieder von der Angel los; meistens kann man sie ohne Verlustgefahr ins Boot oder die Molenmauer heraufhieven.

Rekordgrößen

In den deutschen Rekordlisten wird die Kliesche leider nicht geführt. Der britische Rekord steht bei einem Fisch von 2 lbs 10 oz (1973), der irische Rekord bei einer Kliesche von 1 lbs 12,5 oz. Schon der Fang einer knapp einpfündigen Kliesche wird vom Irish Specimen Fish Committee mit einer Urkunde und Plakette ausgezeichnet.

Flunder

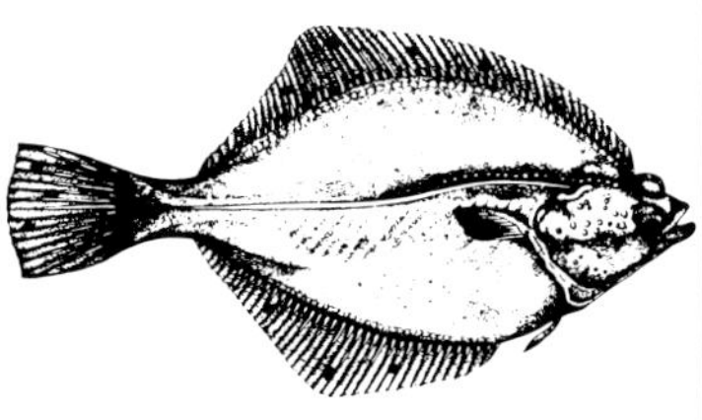

Wissenschaftliche Bezeichnung: Platichthys flesus L. Weitere deutsche Namen: Graubutt, Rauhbutt, Struffbutt, Elbbutt, Strombutt u. a.

Ausländische Namen: dän.: skrubbe; engl.: flounder; finn.: kampela; franz.: flet commun; holl.: bot; ital.: passerea; poln.: fladerka, stornia; russ.: kambala; schwed.: skubbskäddan, flundra.

Erkennungsmerkmale

Dieser Plattfisch ist rechtsseitig, d. h. betrachtet man die Oberseite (Augenseite) der Flunder mit dem After nach unten, so befindet sich der Kopf rechts. Allerdings gibt es bei der Flunder bis zu 30 % linksseitige Fische, vor allem im Ostseebereich. Die Seitenlinie ist über der Brustflosse nur schwach gebogen, wodurch sich der Fisch von der ähnlichen Kliesche (Limande) unterscheidet. Flundern werden jedoch nicht nur mit Klieschen, sondern noch häufiger mit Schollen verwechselt. Von diesen unterscheiden sie sich durch weit mehr warzige Verdickungen (Zykloidschuppen) auf der Kopfoberseite und vor allem durch ähnliche Schuppen entlang der Seitenlinie und der Basis der Rücken- und Afterflosse. Der Scholle fehlen solche Verdikkungen an der Flossenbasis gänzlich. Der Schwanzflossenrand ist bei der Flunder nahezu gerade. Die Färbung ist dem Boden angepaßt und schwankt ganz außerordentlich von dunkelbraungrau über grünlich- bis gelblich-grau. Die Färbung ist nur ein sehr unzulängliches Hilfsmittel bei der Bestimmung des Fisches. Zahlreiche dunkle Marmorierungen auf der Außenseite des Fisches dienen der vorzüglichen Tarnung des Fisches am Boden, namentlich, wenn er halb vergraben im lockeren Sand liegt. Manche Fische besitzen blaßorange Flecken, die sich bis auf die Flossensäume ausdehnen können; sie treten nie so lebhaft rot und klar umrissen hervor wie bei der Scholle. Die Blindseite ist in der Regel bläulich weiß, manchmal wie mit dunklem Puder bestäubt oder mit rostfarbigen Flecken übersät. Am After sitzt ein kleiner Dorn, der, namentlich bei größeren Exemplaren, die Hand des Anglers verletzten kann.

Lebensraum

Das Verbreitungsgebiet erstreckt sich vom Weißen Meer und der Barents-See über das Nordkap bis nach Gibraltar, von dort über das ganze Mittelmeer bis hinein ins Schwarze Meer. Flundern werden vor den Toren Hamburgs genauso wie vor Stockholm, Lissabon oder Rom gefangen. Es gibt mindestens 6 geographische Unterformen, so beispielsweise Verwandte in der Adria oder im Schwarzen Meer, die alle feine Unterscheidungsmerkmale im Äußeren aufweisen. Die Ostsee wird in allen Teilen bewohnt, kleinere Formen leben sogar in den stark ausgesüßten Teilen der Botten-See. Kattegat, Skagerrak und Nordsee sind ganz besonders bevorzugte Wohngebiete der Flunder. Die meisten größeren Flundern der nordatlantischen Küstenräume leben nur im flachen Saumbereich der Küsten und auf den flachen Bänken der offenen See; sie wandern selten tiefer als 50 m. Die Tiere bevorzugen glatten Boden und meiden Geröllzonen.

Standplätze und Lebensweise

Ein Teil der Flundern lebt bis zur Geschlechtsreife im Süß- oder Brackwasser der Küstenregion. Besonders ausgeprägt ist dieses Verhalten entlang der Nordseeküste. Hier wandert die Flunder die Elbe aufwärts bis nach Geesthacht, gut 30 km oberhalb von Hamburg, früher sogar bis nach Magdeburg und die Havel aufwärts. In der Treene geht der Fisch bis nach Schwabstedt, in der Eider bis nach Rendsburg. Auch der Nord-Ostsee-Kanal wird von diesem Fisch bewohnt. Besonders konzentriert leben die jungen Jahrgänge in der unteren Elbe zwischen Glückstadt und Cuxhaven/Otterndorf; hier sind sie im tiefen Wasser sogar im Winter anzutreffen. Der gesamte Nordseeküstensaum eignet sich für den Flunderfang; ausgenommen sind nur die hohen, flachen Watten. Besonders aussichtsreiche Stellen befinden sich direkt vor den Ost- und Nordfriesischen Inseln, in allen Häfen und Flußmündungen. In der Ostsee lebt die Flunder überall, alle sandigen Standzonen sind gut für Flunderfänge. Besonders herausragende Plätze sind die Schlei- und Travemündung, die Kieler Förde sowie die Küstengewässer rund um Fehmarn.

Nahrung

Flundern leben von tierischer Bodennahrung, vor allem also von Asseln, Würmern, Kleinkrebsen, Krabben und Garnelen. Größere Flundern leben noch weitaus räuberischer und fressen Kleinfische aller Art. Sie verfolgen ihre Beute mit Ausdauer und sehr gewandt. Während der Laichzeit fressen die großen, laichreifen Tiere nicht mehr.

Laichzeit und Fortpflanzung

Die Milchner werden vom dritten Lebensjahr, die Rogner vom 4. Lebensjahr an geschlechtsreif. Die Tiere sind dann zwischen 20 und 35 cm groß. Im Spätherbst verlassen die geschlechtsreifen Tiere die Süß- und Brackwasserzonen und streben dem offenen Meer zu. Dort laichen sie in 20 bis 40 m Tiefe in den Monaten Februar bis April, seltener im Mai. Ein Rogner laicht zwischen 1/2 und 2 Millionen Eier ab. Nach dem Laichen verbleiben die Flundern größtenteils in der See und kehren nicht in die Süß- und Brackwassergebiete ihrer Jugendzeit zurück. Das ist der Grund dafür, daß ausgesprochen große Flundern im Flachwassergebiet der Küste nur selten und im Brackwassergebiet oder in den Flußläufen nie gefangen werden.

Wachstum, Alter und fischereiliche Bedeutung

Die Brutdauer der frei im Wasser flottierenden Eier beträgt bei 10 Grad warmem Wasser etwa 5 bis 7 Tage. Die Larven sind nach dem Schlüpfen etwa 3 mm groß. Bereits bei einer Größe von 7 bis 10 mm gehen die kleinen Fischchen zu einem bodennahen Leben über. Dabei wandert ein großer Teil von ihnen in die flachsten Küstengewässer und in die Flußläufe ein. Je nach Nahrungsangebot wachsen die Flundern im 1. Lebensjahr zu mindestens 4 und maximal 15 cm großen Fischen heran. Die Wachstumsgrenze ist bei einem Endalter von 16 Jahren mit etwa 50 cm erreicht. Am Flunderfang beteiligen sich nahezu alle europäischen Nationen. Der Jahresanfang wird auf 10 000 bis 15 000 t geschätzt.

Biologische Besonderheiten

Die frischgeschlüpften Larven und Kleinfische sind völlig symmetrisch und ähneln viel mehr den freischwebend lebenden Fischformen als den Plattfischen. Die Kleinfische leben im freien Wasser der offenen See. Erst bei einer Länge von 8 bis 9 mm beginnt eine Wanderung der Augen auf eine Seite. Jetzt erst beginnen die kleinen Fischchen damit, sich in die typische „Plattfischform" ihrer Eltern umzuwandeln. In allen Gewässern, vor allem aber in Gebieten, die von Scholle und Flunder gleichzeitig zum Laichen aufgesucht werden, sind Bastardformen von Scholle und Flunder häufig. Man nennt sie Blendlinge. Sie ähneln den Flundern sehr, besitzen aber nicht so zahlreiche Zykloidschuppen wie diese.

Flunder

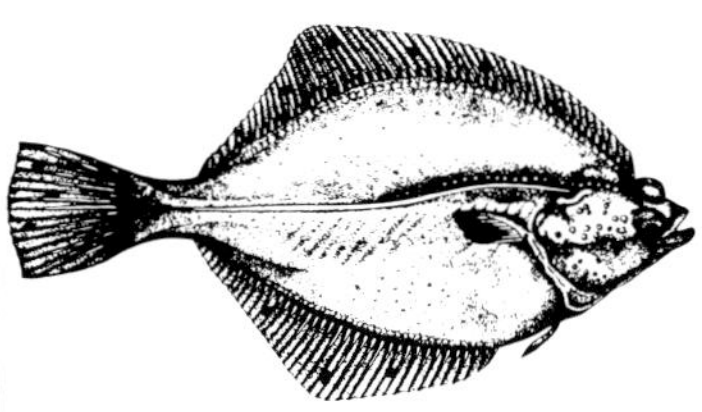

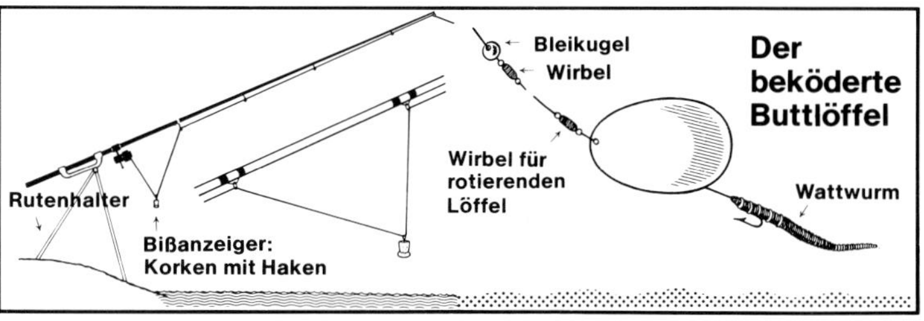

Fangzeiten

Flundern können ganzjährig gefangen werden. Allerdings ist die Beißlust in der warmen Jahreszeit wesentlich größer; das gilt vor allem für die erwachsenen laichreifen Tiere, die während der Wintermonate nicht mehr fressen. Auffallend ist bei diesem Fisch die rhytmische Nahrungsaufnahme. Er wird nachts aktiv und beißt in den frühen Morgenstunden bis etwa 10 Uhr vormittags sehr gut. Ab 11 Uhr aber verschwinden die Tiere, ziehen sich ins tiefere Wasser zurück, stellen das Fressen ein und vergraben sich im Sand. Flunderangler müssen früh aufstehen! Dies gilt im besonderen Maße für die Angler an der Ostseeküste. Allerbeste Voraussetzungen für gute Fänge herrschen hier vom April/Mai bis Oktober. Je wärmer es ist, desto näher kommen die Fische ans Ufer. Wesentlich sind dabei auflandige Winde, die auf den Bänken vor dem Ufer Brandung entstehen lassen. Geradezu ideale Voraussetzungen sind gegeben, wenn diese Brandung ein, zwei Tage oder Nächte andauert. Mit der Unterströmung wird dann losgespültes Seegetier in die offene See getrieben. Die Flundern lauern dann oft in größeren Trupps draußen in den Rinnen vor – von der See hergesehen – den ersten großen Brandungswellen und schnappen die hilflosen Kleintiere auf. An der Nordseeküste liegen die Verhältnisse etwas anders, weil der Wechsel von Ebbe und Flut die Tiere zu einem anderen Freß- und Wanderrhytmus zwingt. Hier werden die Flundern vor allem während der Anlaufzeit der Flut gefangen, am besten, wenn Flut und frühe Morgenstunden zusammentreffen. Ganz allgemein gilt für alle Küstenabschnitte, daß man die Flundern im tieferen Wasser suchen muß, wenn es draußen kälter wird.

Fangmethoden, Geräte und Köder

Das Mindestmaß für Flundern beträgt für die Ostseeküste 25 cm, für die Nordseeküste 15 cm. Aber selbst 15 cm große Flundern besitzen ein so großes Maul und sind so freßgierig, daß sie zu kleine Haken ohne weiteres verschlucken. Damit untermaßige Exemplare schonend gefangen und zurückgesetzt werden können, sollte man an der Ostseeküste Haken der Größe 1 bis 1/0, an der Nordsee Haken in der Größe 1 bis 3 verwenden. Langschenklige Öhrhaken der Rundbogenform haben sich am besten bewährt. Diese Haken werden für alle Geschirrzusammenstellungen benutzt. Im wesentlichen unterscheidet man drei Methoden: Das Angeln mit dem **Buttpaternoster** ist wohl am verbreitetsten. Die Zusammenstellung des Geschirrs ist einfach. Ans Ende der 0,45 mm dicken Schnur wird ein genügend schweres Wurfblei geknüpft (50 bis 100 g, bei starker Brandung noch schwerer). Etwa 30 bis 50 cm vor dem Blei wird die erste Mundschnur, weitere 30 bis 50 cm aufwärts die zweite Mundschnur aus etwa 0,60 mm dicker Schnur eingeschlauft. Je dicker die ca. 10 bis 15 cm langen Mundschnüre gewählt werden, desto geringer ist die Gefahr des Verhedderns mit der Hauptschnur. Manche Angler verwenden Buttpaternoster, deren Mundschnüre und Knoten mit Plastikmasse vergossen sind; Verwicklungen des Geschirrs sind damit fast gänzlich ausgeschlossen. Nach dem Anködern und Auswerfen wird die Rute am Ufer in einen Rutenhalter gesteckt und die Schnur soweit aufgenommen, daß straffe Fühlung mit dem Köder besteht. Bei rauher See kann man Bisse deutlich am Zittern der Rutenspitze erkennen. Bei ruhigem Wetter bevorzugen viele Angler das Fischen aus der Hand und fühlen mit der hochgestellten, ca. 3 m langen Wurfrute die Bisse. Das Angeln mit dem **Laufbleigeschirr** ist insbesondere dann angebracht, wenn nicht nur Flundern, sondern auch Aale und Dorsche als Beifang zu erwarten sind. Bei diesem Geschirr wird ein genügend schweres Laufblei auf die Hauptschnur gezogen. Ans Ende der Hauptschnur knüpft man einen Wirbel mit Karabinerhaken, in den ein ca. 50 cm langes Vorfach mit einem Haken eingehängt wird. Mit diesem Geschirr lassen sich auch empfindliche Seefische überlisten, denn nicht nur das Vorfach kann beliebig fein gewählt werden, sondern auch beim Anbiß kann der Fisch Leine abziehen, ohne sogleich einen deutlichen Widerstand durch das Blei zu spüren. Auch bei dieser Methode wird die Angel am Ufer aufgestellt; die Schnur bleibt ganz schwach in Fühlung mit dem Laufblei. Bisse werden optisch durch Wippen der Rute oder akustisch durch an der Rutenspitze befestigte Glöckchen angezeigt. Viele Angler haben sich Bißanzeiger erdacht. Am beliebtesten sind kleine, leichte Gegenstände (Korken, Papierfetzen), die in die leicht durchhängende Schnur zwischen Rolle und ersten Schnurlaufring eingehängt werden. Beim Anbiß strafft sich die Schnur, und der Bißanzeiger fliegt mit einem Ruck herunter – Zeit für den Anhieb! Schließlich sei noch eine sehr wirkungsvolle Methode für den Fang von vor allem größeren Flundern beschrieben. Beim Angeln mit dem **beköderten Buttlöffel** macht man sich die räuberischen Eigenschaften der Flunder zunutze. Vor dem beköderten Haken wird in etwa 10 cm Entfernung ein kleiner, rotierender Löffelblinker geknüpft. Davor, in etwa 1 m Entfernung, wird ein leichtes Wurfblei mit einem Wirbel befestigt. Man kann auch das Blei weglassen und das Geschirr mit einem Gleitfloß auswerfen. In jedem Fall geht es darum, den Köder zu Boden sinken zu lassen und dann mit kleinen, kurzen Rucken einzukurbeln; der Köder sollte zwischendurch immer wieder den Boden berühren. Diese Methode macht müde Flundern auch an beißfaulen Tagen munter. Als Köder eignet sich für die Buttlöffel-Methode am besten ein Fetzen aus einem frisch gefangenen Fisch oder ein Stück Wattwurm. Am fängigsten sind in dieser Reihenfolge: Hering, Makrele, Hornhecht, Flunder. Gänzlich ungeeignet sind Fetzen vom Dorsch. All diesen Ködern ist beim Angeln mit dem Laufblei oder der Paternosterangel der Wattwurm oder noch besser der Seeringelwurm vorzuziehen. Seeringelwürmer (Nereiden) sitzen fest auf dem Haken, überstehen weiteste Würfe und wirken auf Flundern geradezu unwiderstehlich. Man findet sie entlang der Ostseeküste in kurzen Wohnröhren zwischen Geröll im Wasser der Uferzonen.

Anhieb, Drill und Landung

Meistens sind beim Brandungsangeln auf Flundern sehr weite Würfe notwendig. Die weit ausgelaufene Schnur bedingt daher einen sehr zügigen, langen Anhieb, zumal sehr oft Tang und Seegras die Schnur zusätzlich vertrieben haben. Es kommt auch vor, daß Flundern nach dem Anbiß den Köder im Maul behalten, ohne davonzuschwimmen; aus diesem Grund sollte man auch dann stets einen Anhieb setzen, wenn das Geschirr nur zur Kontrolle eingeholt werden soll. Flundern lassen sich erfolgreich hältern. In einem geräumigen Setzkescher überstehen sie im frischen Salzwasser einen ganzen Angeltag. An manchen Tagen schlucken die Flundern den Köder so tief, daß eine Löseschere sehr gute Dienste leistet. Ein kleiner Dorn am After kann vor allem bei größeren Exemplaren beim Hantieren mit dem Fisch zu Verletzungen führen.

Rekordgrößen

Die größte, bisher in deutschen Gewässern erbeutete Flunder wog 5 Pfd. 250 g. Sie wurde in der Kieler Förde gefangen. Die zweitgrößte Flunder wog 3 Pfd. 375 g und wurde 1966 bei Dahme erbeutet. Beide Tiere wurden bezeichnenderweise beim Dorschangeln vom Boot im 12 bis 15 m tiefen Wasser mit dem Pilker gefangen. Die Fische waren keineswegs von außen gehakt, sondern hatten regelrecht auf den Pilker gebissen.

Heilbutt

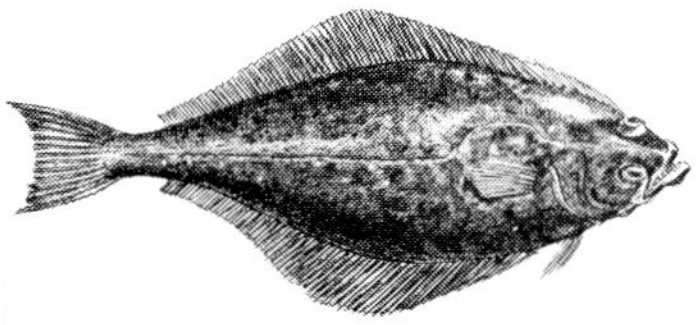

Wissenschaftliche Bezeichnung: Hippoglossus hippoglossus (L.)

Ausländische Namen: Dän.: helleflyndre; engl.: halibut; franz.: flétan; holl.: heilbot; isl.: flydra; norw.: kveite; russ.: paltus; schwed.: hälleflundra

Erkennungsmerkmale

Der Heilbutt gehört mit zu den wirklichen Großfischen des Nord-Atlantiks. Das zähnestarrende Gebiß eines großen Heilbutts zählt mit zu den wertvollsten Trophäen eines europäischen Hochseeanglers. Kein anderer Plattfisch erreicht auch nur annähernd die Größe des Heilbutts. Der Fisch ist rechtsseitig und im Vergleich zu den bei uns heimischen Plattfischen schlank. Die Rückenflosse beginnt unmittelbar über dem nächstliegenden Auge. Die Maulspalte reicht bis zur Augenmitte. Auffallend ist auch die über der Brustflosse sehr stark gebogene, ansonsten aber gerade verlaufende Seitenlinie. Der Fisch ist gleichmäßig graubraun – heller oder dunkler, je nach der Tönung des Bodens – gefärbt; die Blindseite ist rein weiß, bei Alttieren manchmal mit fleckigen Zonen. Verwechslungen sind nur möglich mit dem nahe verwandten Schwarzen Heilbutt (Reinhardtius hippoglossoides (Walb.)). Dieser Fisch ist aber viel mehr an arktische Tiefengewässer gebunden und wird nur selten Beute eines Anglers werden.

Lebensraum

Subarktische Kaltwassergebiete sind die eigentliche Heimat des Heilbutts. Sein Verbreitungsgebiet reicht von den ostkanadischen und grönländischen Gewässern über Island bis zur Murmanküste. Von dort herab bewohnt der Fisch die norwegischen und britischen Gewässer bis in die Biskaya. Durch die tiefe Rinne des Skagerraks wandern die Fische auch ins Kattegat. In der ausgesüßten Ostsee und in der flachen Nordsee ist der Heilbutt ein seltener Irrgast; kleinere Fische werden hier hin und wieder, größere nur ganz ausnahmsweise gefangen. Der größte Heilbutt unserer Ostseeküste wurde in der Kieler Förde erbeutet; er wog 99 Pfund. In Helgoland wurde 1756 ein Tier von 2,35 Meter Länge und 166 Pfund ans Land gebracht. Sieht man einmal von der Ostsee und Nordsee ab, dann ähnelt die Verbreitung des Heilbutts sehr der des Dorsches. Beide Arten gehen sehr weit nördlich, jedoch nicht in rein arktische Eisgewässer.

Standplätze und Lebensweise

Markierungen haben ergeben, daß der Heilbutt ausgedehnte Wanderungen unternimmt. So wurde nachgewiesen, daß die Fische der amerikanisch-kanadischen Seite bis nach Island und isländische Fische bis zu den Färöern wanderten. Der Heilbutt ist ein Fisch der tiefen, weiten See und wurde schon in 2000 Meter Tiefe mit Langleinen erbeutet. Er bewohnt, besonders während der Wintermonate, die steilen Abhänge der Schelfe ab 500 Meter Tiefe. Im Sommer wandern die Fische zum Teil küstenwärts und selbst große Exemplare werden dann vereinzelt im Flachwasser von Buchten und Fjorden gefangen. Stets bevorzugen die Fische in den Buchten die Scharkanten von Bänken mit sandigem oder kiesigem Grund; reine Felsformationen werden gemieden. Der Heilbutt hält sich meistens in Grundnähe auf, jedoch weit mehr als andere Plattfische jagt er auch im Mittelwasser und verfolgt seine Beute über weite Strecken. Die wichtigsten Heilbuttfangplätze liegen in der nördlichen Nordsee, vor der norwegischen Küste, nordwestlich von Schottland und bei Island. Die bei Anglern berühmtesten Angelplätze sind im Pentland Firth (Thurso, Schottland), bei Lerwick (Shetland Inseln), bei Alesund und den Lofoten (Norwegen) und in Westisland in der Bucht von Stykkesholmur zu finden.

Nahrung

Der Heilbutt lebt räuberisch von Fischen. Vor allem Dorsche, Schellfische und Rotbarsche, aber auch die vielen anderen, am Grund lebenden Arten, wie Rochen, Lengfische und kleine Haie, fallen ihm zum Opfer. Auch große Krebse und Tintenfische werden nicht verschmäht. Im Winter fressen die Tiere in großen Tiefen vor allem Tiefseegarnelen.

Laichzeit und Fortpflanzung

Milchner sind ab 110 cm und Rogner ab 135 cm im Alter von 10 bis 15 Jahren geschlechtsreif. Diese späte Reife und der Wegfang zahlreicher unreifer, kleiner Heilbutte haben dazu geführt, daß in einigen Regionen Schon- und Schutzmaßnahmen für den stark befischten Heilbuttbestand beschlossen wurden. Die Norweger haben beispielsweise in den bekannten Laichgebieten vor Alesund Laichschonbezirke eingeführt und hohe Mindestmaße bestimmt. In der Zeit von Dezember bis April laicht ein Rogner etwa 3 Millionen Eier ab. Das Laichen erfolgt bodennah in Wassertiefen von 300 bis 1000 Meter. Die 3 bis 4 mm großen Eier treiben pelagisch in etwa 100 Meter tiefem Wasser. Innerhalb von 16 Tagen schlüpfen die 7 mm langen Larven, die sich ab 30 mm Länge vom symmetrischen Fischchen zum Plattfisch umwandeln. Schon ab 4 cm Länge verlassen die Tiere das freie Wasser und gehen zum Leben am Grund in Küstennähe über.

Wachstum, Alter und fischereiliche Bedeutung

Der Heilbutt wächst langsam. Von skandinavischer Seite wird die Mittellänge der einzelnen Jahrgänge wie folgt angegeben: (Erste Größenangabe Milchner, zweite Zahl Rogner):
12 Jahre 106/132 cm
15 Jahre 118/147 cm
20 Jahre 129/167 cm
25 Jahre 138/183 cm
30 Jahre 146/198 cm.
Ein Fisch von 110 cm wiegt ungefähr 18 kg, ein Fisch von 135 cm aber schon 35 kg. Das maximale Gewicht wird mit 300 kg bei etwa 4 Meter Länge angenommen. Aus Skandinavien gibt es eine etwas unsichere, alte Angabe von einem Fisch, der 4,70 Meter lang gewesen sein soll. Diese großen Fische dürften etwa 50 Jahre alt sein. Sie sind am Markt schwer verkäuflich, weil die Qualität ihres Fleisches bei weitem nicht den Grad der begehrten hochbezahlten kleineren Heilbutte erreicht. Der Heilbutt gehört zu den delikatesten Fischen und wird auf mannigfache Weise verarbeitet. In Island wird der Fisch auch in Streifen geschnitten, an der Luft getrocknet und roh gegessen. Der europäische Jahresfang schwankt zwischen 10 000 und 20 000 t. Deutsche Fischer sind mit bis zu 3000 t am Fang beteiligt. Allerdings entfällt etwa nur ein Viertel dieser Menge auf den Heilbutt, der Rest ist Schwarzer Heilbutt. Die meisten Fische werden von den Profis mit Langleinen gefangen.

Biologische Besonderheiten

Linksseitige Exemplare sind bei dieser Art ganz außergewöhnlich selten. Zur Erinnerung: Ein Plattfisch ist rechtsseitig, wenn bei der Betrachtung der Augenseite der Kopf nach rechts und der After nach unten zeigt.

Fangzeiten

Beste Aussichten bestehen im Sommer und Frühherbst; der Höhepunkt der Saison fällt in Island in die Zeit von Mitte August bis Mitte September, in Schottland in den September. Je nördlicher das Angelgebiet liegt und je kühler das Wasser ist, desto flacher stehen die Fische. Zwischen den Lofoten-Schären kann man die Fische schon ab 10 Meter Tiefe erbeuten, in Island ab 30 Meter und im wärmeren Wasser des Pentland Firth ab 50 Meter.

Heilbutt

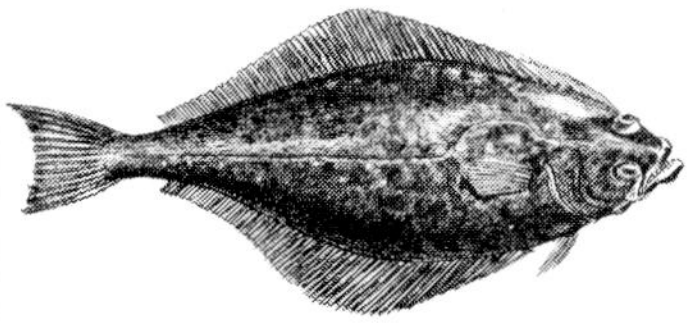

Fangmethoden, Geräte und Köder

Wirkliche Erfahrungen beim Heilbuttangeln wurden bisher nur recht spärlich gesammelt; die meisten Fische wurden zufällig beim Grundangeln auf Rochen gefangen. Nur im Pentland Firth und in Stykkesholmur/Island wurde das Heilbuttangeln bisher systematisch betrieben. Es ist noch unklar, ob und wie man Heilbutte durch Anfüttern anlocken kann. Von den meisten Seefischen weiß man, daß sie durch Lockfutter ans Boot gebracht werden können. Bisher haben sich die Heilbuttangler darauf beschränkt, das D r i f t a n g e l n mit dem E i n h a k e n g e s c h i r r zu betreiben. Dabei läßt man sich mit seinem Geschirr mit Wind und Strömung über aussichtsreiche Gebiete treiben. Aussichtsreich sind innerhalb der bekannten Heilbutt-Standorte vor allem sandige und kiesige Bänke mit spärlichem Bewuchs. An den Scharkanten dieser Bänke oder an den Übergängen zu mehr steinigem oder felsigem, stark bewachsenem Grund scheint der Heilbutt am liebsten zu stehen. Man fischt stets in Grundnähe, läßt das Blei zu Beginn den Grund berühren und zieht den Köder dann wieder 1 bis 1,5 Meter hoch. Das Geschirr besteht aus einer stabilen, aber flexiblen, etwa 2,1 Meter langen Bootsrute mit Rollerendring, dazu eine Multirolle in der Größe 6/0 oder 9/0 mit ausreichender Leinenkapazität. Unter ‚ausreichend' versteht man eine Schnurlänge, die das 4- bis 5fache der Wassertiefe beträgt. Schnüre mit 23 bis 36 kg Tragkraft reichen auch für große Fische. Monofile Angelleinen dieser Stärken sollte man nur auf großkalibrigen Trommeln verwenden, für kleine Schnurtrommeln eignen sich die elastischen, geflochtenen Schnüre besser. Die Bleibeschwerung wird mit einem Karabinerhaken auswechselbar an einem running boom befestigt. Der boom läuft frei auf der Rollenschnur und wird am Schnurende durch einen sehr stabilen Seewirbel gestoppt. Vorsichtige Angler benutzen ein weiches Korkstück zwischen boom und Endwirbel, um damit zu verhindern, daß die Öse des gleitenden Haltearmes beim Drill den Schnurknoten am Wirbel langsam zerreibt. Als Vorfach benutzt man unbedingt Stahldraht. Gut bewährt hat sich wegen der geringen Verdrallungsgefahr mehrfädiger Draht mit Nylonmantel. Dieses Material bleibt lange geschmeidig und ist beim Heilbuttangeln weit weniger dem Verschleiß durch Abrieb ausgesetzt als beim Haiangeln. Die Hakengröße schwankt natürlich je nach Größe der Fische, die man erwartet. Man sollte nie unter 6/0 wählen und in Gebieten mit großen Fischen Haken bis zur Größe 12/0 bevorzugen. Sehr gut bewährt hat sich die Mustad-Beak-Hakenform, hollow and long point. Zur übrigen Ausrüstung gehört unbedingt noch ein Harness, bestehend aus Rükkengurt und Gimpel. Man fischt mit diesem Geschirr bei ausgekuppelter Trommel nach Gefühl, benutzt die Daumenbremse zum Regulieren der beim Driften meistens ständig wechselnden Tiefen und erwartet so den Anbiß. Als Köder verwendet man Fische aller Arten bis etwa 30 cm im Ganzen, größere halbiert. Bei Verwendung der hinteren Körperhälfte schneidet man den Schwanz ab und sticht den Haken durch den Schwanzstiel; bei Verwendung der Kopfhälfte sticht man den Haken durchs Auge und von dort durch die weichen Rükken- oder Bauchpartien. Natürlich können auch Fetzenköder verwendet werden, allerdings ist die Gefahr, daß andere, kleinere Fische stets vor dem Heilbutt den Köder schlucken ungleich größer. Beste tote Köder sind Makrelen und Lengfische, in Island auch Heringe. Die toten Köder müssen beim Driften stets ein bißchen auf- und abbewegt werden, um damit dem Heilbutt Lebendigkeit vorzutäuschen und seine räuberischen Reflexe zu reizen. Der ideale Köder ist natürlich ein lebender, etwa unterarmlanger Fisch von einer Art, die im Angelgebiet häufig vorkommt. Makrelen verenden angeködert meistens schnell und sind weit weniger geeignet als z. B. kleine Köhler (Norwegen), Seeskorpione (Island) oder Lengfische (Schottland). Die Lengfische haben es dem Heilbutt offenbar besonders angetan. Die meisten Heilbuttfänge im Norden Schottlands endeten damit, daß die großen Fische nach der Landung viele Lengfische zwischen 40 und 60 cm Länge ausspuckten. Mehrfach auch wurden am Boden gehakte Lengfische während des Empordrillens im Mittelwasser von großen Heilbutten angegriffen und zerfleischt (Pentland Firth).

Anhieb, Drill und Landung

Der Anbiß im Freiwasser erfolgt nach Berichten der betroffenen Angler stets mit gewaltigem Riß. Die Anbisse in Grundnähe entbehren dagegen jeder Dramatik. Der Heilbutt löst sich offenbar nur kurz vom Boden, packt den Köder und beginnt, ohne weiterzuschwimmen, mit dem Verzehr. Was er einmal gepackt hat, gibt er ungern wieder her. Man sollte dem Fisch deshalb Zeit lassen und nie zu früh anschlagen. Erst wenn ein deutlicher, spürbarer Widerstand in der Leine zu fühlen ist, setzt man den Anhieb. Geht der Anhieb fehl, dann läßt man den Köder sofort wieder absinken; in der Regel packt der Heilbutt dann erneut zu, und dann auch energischer. Auch für den Biß im Freiwasser gilt: Den Fisch laufen lassen, Zeit lassen zum Schlukken. Den Anhieb quittiert der Fisch sofort mit ruckweisem Zug nach unten; sehr große Fische setzen auch zu längeren Fluchten in Grundnähe an. Ein einmal gehakter Heilbutt kann von einem erfahrenen und vor allem besonnenen Angler in der Regel sicher zur Oberfläche gebracht werden, denn die zwar sehr lebhafte und kraftvolle Gegenwehr des Fisches ist nicht sehr einfallsreich. Es gilt, durch ständiges Pumpen die Schnauze des Fisches nach oben zu zwingen. Die geringste Pause wird vom Heilbutt zu einer erneuten unwiderstehlichen Flucht kopfvoran nach unten ausgenutzt. In solchen Fällen lasse man den Fisch ruhig bis zum Grund laufen und beginne mit dem Pumpen von neuem. Gerät der Fisch außer Atem, dann flüchtet er schließlich weniger nach unten, sondern mehr nach allen Seiten und kommt schließlich an die Oberfläche. Angesichts des Bootes geraten die Fische oft in Panik und vollführen an der Oberfläche noch einen Höllenspektakel. Die Fische, die nicht genügend mattgedrillt wurden, können bei dieser schwierigsten Phase des Kampfes leicht wieder entkommen, vor allem, wenn sie unters Boot gelangen und sich die Angelleine irgendwo verfangen hat. Für größere Fische benötigt man stets zwei Gaffhaken, von denen der erste stets in der Nähe des Kopfes eingeschlagen wird.

Rekordgrößen

Noch nie ist es Anglern gelungen, mit Rute und Rolle einen jener gigantischen Fische zu erbeuten, die alljährlich von den Berufsfischern mit Langleinen gefangen werden. In der englischen Hitliste der Fischrekorde erscheint der Heilbutt sogar erst seit 1967, als der erste Fisch bei den Shetlands erbeutet wurde. Er wog 70 lbs. Dann aber ging es Schlag auf Schlag: Der Rekord kletterte 1968 auf 161 lbs, 1974 auf 196 lbs und 1975 auf 212 lbs! Die beiden größten Fische wurden querab Thurso im Pentland Firth gefangen. Der irische Rekord steht bei 156 lbs.

Steinbutt

Wissenschaftliche Bezeichnung: Psetta maxima (L.)

Ausländische Namen: Dän.: pigvarre; engl.: turbot; franz.: turbot; holl.: tarbot; ital.: rombo chiodato; jugo.: buturac; norw.: pigvarr; port.: pregado; schwed.: piggvar; span.: rodaballo.

Erkennungsmerkmale

Aus der Butt-Familie ist der Steinbutt in unseren Gewässern der größte Vertreter. Besonders auffallend ist seine fast kreisrunde Körperform, die in derartiger Ausprägung von keinem anderen Plattfisch bei uns erreicht wird. Im Gegensatz zur Scholle, Flunder und Kliesche ist der Steinbutt linksseitig. Die Bauchseite ist weiß, die Rückenfärbung wechselt ganz außerordentlich. Der Fisch versteht es meisterhaft, seine dunkelgraue Grundfärbung der jeweiligen Umgebung anzupassen. Die Tarnung ist insbesondere auf gemischtfarbigem Untergrund so vollkommen, daß es schwerfällt, den Fisch zu erkennen. Der Steinbutt hat einen nahen Verwandten, den Glattbutt (Kleist, Tarbutt, Scophthalmus rhombus L.), der ebenfalls linksseitig gebaut ist und oft mit dem Steinbutt verwechselt wird. Der Glattbutt besitzt aber eine etwas gestrecktere Körperform und weist nicht die typischen knöcherigen Verdickungen des Steinbutts auf. Diese ‚Steine' bedekken die gesamte Augenseite des Steinbutts. Sie werden aus Schuppen gebildet, die in ihrer Struktur Schneekristallen ähneln, mit kräftigen, warzenförmigen Verdickungen in der Mitte. Das auffallend große Maul des Steinbutts ist dicht mit scharfen Zähnen besetzt.

Lebensraum

Mäßig warmes und nicht zu tiefes Wasser sagen diesem Fisch am meisten zu. Seine eigentliche Wiege steht wohl in der Nordsee und in den Gewässern rund um England und Irland. Von dort hat sich dieser Fisch entlang der europäischen Küsten im Norden bis an den Polarkreis, im Süden bis nach Portugal und Marokko, von dort durch die Straße von Gibraltar ins Mittel- und ins Schwarze Meer ausgebreitet. Auch die Ostsee wird sehr weiträumig bis hoch hinauf zur finnischen Küste bewohnt. Vergleicht man seine Bestandsdichte in der Nord- und Ostsee, so ergibt sich, gemessen an den Fangergebnissen der Berufsfischer, daß auf 35 Fische der Nordsee einer auf die Ostsee entfällt.

Standplätze und Lebensweise

Selten geht dieser Fisch über die 70 Meter-Tiefenlinie hinunter, sein eigentlicher Lebensraum sind die küstennahen Zonen zwischen 20 und 40 Meter Wassertiefe. Dort, wo sich Sand, Kies und Geröll vermischen und einzelne Krautfelder vorkommen, fühlt sich der Steinbutt am wohlsten. Bemerkenswert ist auch seine Vorliebe für unebenes Gelände. Scharkanten von Rinnen und Bänken gehören zu seinen Lieblingsplätzen. Ganz besonders mag er die von allerlei kleinen Steinchen und Treibsel bunt gefärbte Basis einer hoch aufragenden reinen Sandbank. Dort liegt der stattliche Butt lauernd am Boden und jagt in einem relativ eng begrenzten Revier. Seine Standorttreue geht so weit, daß man dort, wo man einen Steinbutt nach kurzem Drill verloren hat, noch nach Tagen mit Aussicht auf Erfolg die Jagd wiederaufnehmen kann. Die kurzen Wanderungen der Fische sind jahreszeitlich bedingt. Ganz allgemein läßt sich sagen, daß die Fische im Sommer mehr ins flache, küstennahe Wasser vordringen und sich im Spätherbst allmählich ins tiefere Wasser zurückziehen. Jungfische findet man im Herbst in Mengen im Flachwasser der Friesischen Inseln. Der beste Angelplatz entlang unserer Küste ist im Osten der Helgoländer Düne zu finden. Hier werden vom Ufer aus zwar nicht häufig, aber doch regelmäßig Exemplare bis zu 40 cm Größe gefangen. Weiter draußen im Osten und Südosten Helgolands, besonders an der Scharkante der Loreleybank, lassen sich beim Bootsangeln noch wesentlich größere Fische fangen.

Nahrung

Der Steinbutt zählt zu den ausgesprochenen Raubfischen und ernährt sich fast nur von Fischen. Tobiasfischchen (Sandaale), Seenadeln, Grundeln, aber auch die Jugendformen des Dorsches, Wittlings und selbst die eigene Art gehören zu seiner Beute. Überdies verschmäht er auch nicht Garnelen, Krebse und Krabben, bevorzugt aber Fische als Nahrung. Dabei kommen ihm sein starkes Raubfischgebiß und die überraschend schnellen und gewandten Schwimmbewegungen sehr zustatten.

Laichzeit und Fortpflanzung

In fast allen Gewässern ist der Steinbutt ein schlampiger Hochzeiter und läßt sich mit dem Laichen von April bis in den August hin Zeit. Er kann es sich leisten, denn ein ausgewachsener Rogner ist in der Lage, die unglaubliche Menge von 12 bis 15 Millionen Eiern abzulaichen. Obwohl die Milchner stets in großer Überzahl vorkommen, dürfte es für sie schwer sein, alle Eier zu befruchten. In der Ostsee sind Milchner von 15 cm, Rogner ab 20 cm geschlechtsreif; in der Nordsee tritt die Geschlechtsreife beim Milchner erst ab einer Größe von 28 cm und beim Rogner ab 35 cm ein. Zum Laichen wandern die Fische in kleinen Trupps kurze Strecken ins küstennahe Wasser. Aus den Eiern schlüpfen nach 7 bis 9 Tagen die völlig symmetrisch geformten Larven. Die winzigen Fischchen haben in diesem Stadium keinerlei Ähnlichkeit mit ihren Elterntieren. Erst bei einer Länge von 12 bis 13 mm beginnt die Aufwärtswanderung des rechten Auges, und ab 25 mm Länge verlassen die Kleinfische die höheren Wasserschichten und beginnen das Leben am Boden. Im ersten Spätherbst ihres Lebens sind die Fische schon 8 bis 10 cm lang.

Wachstum, Alter und fischereiliche Bedeutung

Noch heute werden gelegentlich in Gebieten, die von den Schleppnetzen der Fischer nicht erreicht werden, Exemplare von über 100 cm Länge mit 10 bis 15 kg Gewicht gefangen. Solche Veteranen (stets Rogner) sind bis zu 22 Jahre alt und gehören zu den großen Ausnahmen. Fische von 50 bis 60 cm Länge sind schon eher die Regel und gehören zum wertvollsten Beifang der Schleppnetzfischerei. Stets hat der Steinbutt auf den Fischmärkten hohe Marktpreise erzielt. Neben der Seezunge gehört er mit zum Besten, was die Nordsee dem Feinschmecker zu bieten hat. Schon die Römer wußten diesen Fisch zu schätzen, und nicht ohne Grund nennen die französischen Gourmets den Steinbutt ‚Wasserfasan'. Der europäische Jahresfang wird im Schnitt auf etwa 7000 t beziffert; den Hauptanteil sichern sich die jütländischen Fischer aus der Nordsee. Gerade die Gewässer vor der dänischen Westküste gelten als besonders günstiger Fangplatz, und dies ist das einzige Gebiet, in dem man den Steinbutt mit speziellen Buttstellnetzen weit draußen in der See fängt. Die deutschen Küstenfischer löschten 1973 184,1 t dieses begehrten Fisches in deutschen Häfen; nur 4,9 t des Fanges stammten aus der Ostsee.

Biologische Besonderheiten

Die große Ähnlichkeit mit dem Glattbutt und das gleichzeitige Laichen beider Fische in nahe beieinander liegenden Gebieten haben zu Vermischungen geführt. Solche Bastarde kommen vor allem im Kattegat vor. Manchmal ist die Augenwanderung bei einzelnen Fischen nicht vollständig abgeschlossen; bei derartigen Fischen reicht die Pigmentbildung der Augenseite bis auf die Blindseite.

Fangzeiten

Eine ausgesprochene Saison gibt es nicht. Der Fisch läßt sich zu jeder Jahreszeit fangen, im Sommer im 10 bis 20 m tiefen Wasser und während des Laichens gelegentlich auch in größerer Stückzahl – aber das sind

Steinbutt

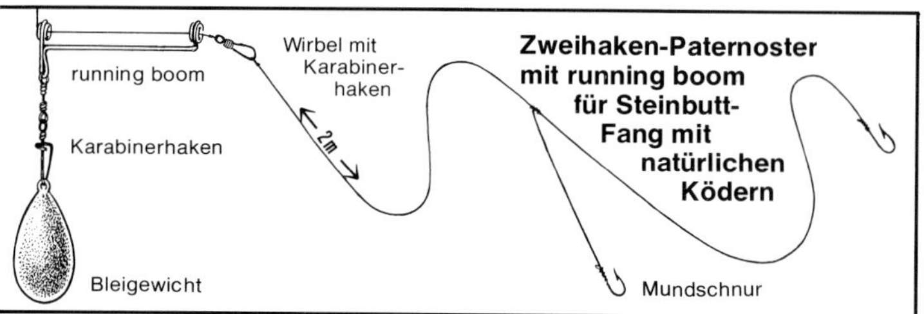

echte anglerische Glücksfälle. Im Winter stehen die Fische stets einzeln und verstreut im etwas tieferen Wasser. Aussichtsreiche Angelplätze sind in der Ostsee der Walkyrengrund vor der Küste von Grömitz und das Gabelsflach in der Kieler Förde.

Fangmethoden, Geräte und Köder

Das nur vereinzelte Vorkommen dieses Fisches hat nicht zur Entwicklung einer speziellen Angelmethode beigetragen. Die wenigen bekanntgewordenen Steinbuttfänge aus der Ostsee waren stets überraschender Beifang beim Pilken auf Dorsche im 15 bis 20 Meter tiefen Wasser. Als ausgesprochener Raubfisch stürzt sich der Steinbutt auf alles, was sich bewegt, auch auf große Pilker von 150 g Gewicht. Nur leider ist sein Maul nicht so groß, wie beispielsweise das des Dorsches, so daß mancher Fisch nur knapp gehakt und nach kurzem Drill wieder verloren wurde; mehrere ‚Beinahe-Fänge' von großen Exemplaren sind bekanntgeworden. Die Brandungsangler hätten manche Chance, während der sommerlichen Laichzeit im Flachwasser einen Steinbutt zu fangen, jedoch müßten sie lebende oder sich bewegende Köder verwenden anstelle des fast nur gebräuchlichen Wattwurms. Der ideale Köder ist ein lebender Tobiasfisch, daneben aber auch Fischfetzen, z. B. von der Makrele oder vom Hornhecht. Die britischen Anglerkollegen kennen vor ihrer Küste einige Bänke, die alljährlich für einige gute Steinbuttfänge bekanntgeworden sind. Sie haben eine spezielle Angelei entwickelt. Bei starkem Tidenstrom verankern sie ihr Boot so, daß Boot und Angeln über dem Abhang einer Bank liegen. Dann wenden sie die ‚sink-and-draw'-Technik an. Ein kleines totes Fischchen oder ein Fischfetzen wird an einem Einzelhaken der Größe 2 bis 1/0 befestigt, das zwei Meter lange Vorfach in den Karabinerhaken eines Wirbels gehängt und auf die Hauptleine eine durchlochte Bleiolive oder Bleikugel gezogen. Das Gewicht wird der Tiefe und Strömung angepaßt. Dieser Köder wird in der Nähe des vermuteten Standplatzes eingeworfen und ständig leicht auf- und abbewegt, ganz ähnlich wie beim Pilken. Die zwar langsame, aber ständige Bewegung reizt den Steinbutt mächtig zum Anbiß. Läßt der Tidenstrom nach oder ist dieser – wie bei uns in der Ostsee – kaum vorhanden, dann kann man mehrere Angeln auslegen. Hat man lebende Köder, vor allem die ausdauernden Tobiasfischchen, so verwendet man ein Zweihaken-Paternoster mit einem auf der Hauptschnur gleitenden Seitenblei (siehe Skizze). Das Vorfach ist auch hier ungefähr zwei Meter lang, ans Ende wird der erste Haken, in der Mitte an einer Mundschnur der zweite Haken befestigt. Das Vorfach wird an einen Wirbel geknotet, der gleichzeitig als Stopper für das auf der Hauptleine gleitende Blei dient. Damit sich Blei und Vorfach nicht ständig verheddern, verwendet man sehr vorteilhaft einen „running boom", einen Drahtbügel, der Vorfach und Blei auf Abstand hält. Dieses Geschirr wird beködert ausgeworfen; es eignet sich sowohl für die Bootsangelei als auch für das Brandungsangeln. Bei der Bootsangelei lassen sich mehrere dieser Angeln auslegen. Finden sich an einem Ankerplatz keine Fische und ist man gezwungen, einen größeren Bereich abzusuchen, dann fischt man zusätzlich mit einer Floßangel. Ein Gleitfloß wird so auf der Schnur gestoppt, daß der Köder in einem Wellental gerade auf dem Grund aufliegt. Bei bewegter See hauchen die Wellenbewegungen einem Fetzenköder so ein bißchen ‚Leben' ein, und die Strömung verdriftet das Gleitfloß bald weit vom Boot. Aber auch das Angeln mit der vorher beschriebenen sink-and-draw-Technik vom treibenden Boot kann erfolgreich sein. Alle Angelarten müssen in jedem Fall darauf ausgerichtet sein, den Köder in ständiger, leichter Bewegung zu halten, sonst wird er vom räuberischen Steinbutt nicht beachtet. Für das Angeln mit dem Seitenblei könnte man vorteilhaft eine Multirolle verwenden; für alle anderen Methoden eigenen sich Stationärrollen besser. Ein Stahlvorfach ist selbst bei großen Steinbutten nicht nötig, wohl aber ein Schnurvorfach, das lieber ein bißchen zu dick gewählt werden sollte, so etwa 0,50 mm. Die erfolgreichen Buttangler entlang der britischen Küsten schwören auf zusätzliches Anfüttern beim Angeln vom verankerten Boot. Sie verwenden ein Gemisch aus zerquetschten Fischen, Fischöl und getrocknetem Blut, füllen alles in einen engmaschigen Netzbeutel und lassen das Ganze bis auf den Grund hinab. Das Rollen und Stampfen in der See sorgt für ein ständiges Versikkern des Anfütterungsgutes.

Anhieb, Drill und Landung

Die Nahrungsaufnahme des Steinbutts ist beobachtet worden, und man weiß, daß er, gleich vielen anderen Raubfischen, den Köder zunächst einmal packt, ein Stückchen damit fortschwimmt und dann erst mit dem Schlucken beginnt. Stets wird die Beute Kopf voran verschlungen. Unser Fisch läßt sich dabei sehr viel Zeit, und

Der britische Rekordfisch

es dauert sehr lange, bis nur noch der Schwanz des Beutetieres aus dem Maul herausschaut. Der Anhieb sollte also beim Angeln mit Naturködern möglichst lange verzögert werden. Andererseits zögere man nicht, einem einmal gehakten, aber auf halbem Wege oder gar an der Oberfläche verlorengegangenen Steinbutt den Köder noch einmal anzubieten. Man kann oft erleben, wie der Fisch, wieder am Grund angelangt, noch einmal zupackt und keine Ruhe läßt, bis er endgültig den Köder bewältigt hat. Stellt man dabei fest, daß der Köder offenbar zu groß ist, so kann man selbst nach dem raschen Wechsel zu einem neuen, kleineren Köder erleben, daß der Fisch nochmals an den Haken geht. Der Steinbutt versteht sich zu wehren. Insbesondere die großen Exemplare versuchen mit kräftigen Fluchten den Grund zu erreichen. Bei starker Tidenströmung stemmen sich die Fische oftmals mit ihrer gesamten Körperfläche gegen den Strom; der Druck auf die Leine wird dadurch ungemein groß und täuscht einen Riesenfisch vor. In solchen Fällen gibt man unvermittelt ein paar Meter Schnur und beginnt dann sofort wieder mit dem Drillen. Meistens hat der Fisch dann seine ‚Stemmhaltung' aufgegeben und muß nun mit der Schnauze voran dem Schnurzug folgen. Aber auch an der Wasseroberfläche ist der Kampf noch lange nicht zu Ende, und viele gute Fische sind gerade dann entkommen. Ein großer Kescher oder ein Gaff sind unentbehrliche Landungsgeräte. Ein Kescher ist stets vorzuziehen, denn eine Gaffwunde könnte Teile des wohlschmeckenden Fleisches durch Bluteintritt in das Gewebe verderben. Man vermeide überhaupt bei diesem Fisch, wie bei allen anderen Fischen auch, das Gerinnen von Blut im Gefäßsystem, weil es den Wohlgeschmack beeinträchtigt. Sofortiges Töten nach dem Fang und ein Kehlschnitt zum Auslaufen des Blutes sind die richtigen Maßnahmen zum Erhalt der kostbaren Beute.

Rekordgrößen

Das Mindestmaß für den Steinbutt beträgt einheitlich 30 cm. Der größte, von einem Angler in deutschen Gewässern erbeutete Steinbutt wog 12 Pfund 250 g. Er wurde beim Pilken auf dem Gabelsflach in der Kieler Förde gefangen. Dieser stattliche Fisch nimmt sich geradezu winzig aus, wenn man ihn mit dem irischen Rekordfisch vergleicht, der bei 26 englischen Pfunden liegt, oder gar mit dem britischen Rekord, der bei 31 engl. Pfunden (ca. 14 kg) steht.

Scholle

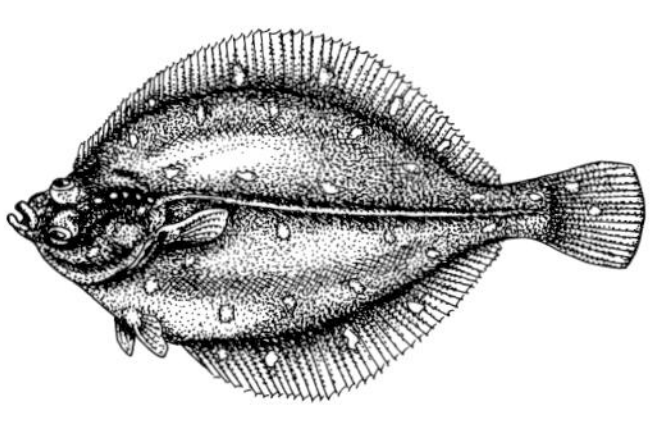

Wissenschaftliche Bezeichnung: Pleuronectes platessa L.
Weitere deutsche Namen: Goldbutt.

Ausländische Namen:
Dän: Rödspaette; engl: plaice; finn: Puna kampela; franz: plie, carrelet; holl: schol; norw: Rödspette; poln: gladzica; isl: skarkoli; schwed: Rödspöttan.

Erkennungsmerkmale

Die Scholle ist ein rechtsseitiger Plattfisch, genau wie die Flunder. Auch in Form und Färbung ähnelt dieser Fisch der Flunder so sehr, daß er sehr häufig mit ihr verwechselt wird. Im Gegensatz zur Flunder fühlt sich die Scholle jedoch völlig glatt an, auch beim Befühlen von der Schwanzflosse her nach vorn. Die Seitenlinie verläuft fast gerade; nur kurz vor dem Kopf beschreibt sie einen sanften Bogen. Auf dem Kopf, zwischen den Augen verlaufend, besitzt die Scholle eine leistenartige Verdickung, die aus knöcherigen Höckern gebildet wird. Dies ist die einzige fühlbare Verdickung im Gegensatz zur Flunder, die solche Hautwarzen auch entlang der Seitenlinie und der Flossenbasen aufzuweisen hat. Die Scholle besitzt auffallende hell- bis dunkelrote Flecken auf der Augenseite. Die Flecken reichen bis auf die Flossensäume und sind farblich viel intensiver und klarer abgegrenzt als bei der Flunder. Bei den laichreifen Exemplaren sind die roten Punkte noch zusätzlich hell gesäumt und treten noch auffallender hervor. Die Grundfärbung der Oberseite ist dem Boden weitgehend angepaßt. Da die Scholle meist auf sandigen Böden lebt, variiert die Färbung in allen Braunschattierungen. Die Blindseite ist weiß; gelegentlich finden sich darauf dunkle Flecken.

Lebensraum

Mehr als die Flunder liebt die Scholle salziges und etwas kühleres Wasser. So bevölkert sie nach Süden nur die atlantischen Gewässer bis nach Gibraltar, vereinzelt auch noch die spanische und marokkanische Küste; im Mittelmeerraum kommt sie jedoch sonst nicht vor. Im Norden reicht ihre Verbreitung über das Nordkap hinaus bis in die Barentssee und nach Island. In der Ostsee liegt die Grenze ihrer Ausbreitung etwa auf der Linie Gotland-Danzig. Die Scholle meidet ausgesprochen tiefes Wasser und wird selten in Gebieten mit mehr als 200 Meter Wassertiefe angetroffen. Auf der anderen Seite aber meidet sie während der meisten Zeit des Jahres allzu große Ufernähe und verweilt lieber in Tiefen jenseits der 10-Meter-Tiefenlinie. Überdies meidet die Scholle geradezu ängstlich Brackwassergebiete der Flußmündungen und meidet auch aus diesem Grund das stark ausgesüßte Wasser der östlichen Ostsee. Schollen steigen nie in Flußläufe auf und werden nur ganz ausnahmsweise einmal in der Nähe einer Flußmündung erbeutet. Die von Anglern aus diesen Gebieten gemeldeten ‚Schollenfänge' erweisen sich in fast allen Fällen als Flundern.

Standplätze und Lebensweise

Die Zone zwischen 10 und 50 Meter Tiefe stellt den eigentlichen Lebensraum der Scholle dar. Dort bevorzugt der Fisch vor allem sandige oder gemischt-sandige Zonen. An hellen Tagen oder auch beim Herannahen eines möglichen Feindes vergraben sich auch die großen Schollen blitzschnell und so weit im lockeren Sand, daß nur die Augen hervorlugen. In der Dämmerung und nachts werden die Fische munter und streifen umher. Dabei bilden sie stets Trupps von Tieren gleicher Körpergröße und unternehmen ziemlich ausgedehnte Nahrungswanderungen innerhalb des Seegebietes ihrer Geburtsstätte. Daraus folgt, daß es sichere Schollenangelplätze nicht gibt; anders als die mehr standorttreue Flunder sind die Schollenschwärme mal hier und mal dort und müssen vom Angler stets neu aufgespürt werden. Das Hauptverbreitungsgebiet dieses Fisches ist die Nordsee; die Schollen dieses Gebietes erreichen auch die respektabelsten Größen. Von ähnlicher Bedeutung sind ferner Skagerrak, Kattegat und westliche Ostsee. Die besten Schollenfangplätze für Angler finden sich rund um Helgoland, vor allem von den Molen und Stränden der Badedüne lassen sich die Fische oft erbeuten. Als weitere Angelplätze kommen die seewärts gerichteten Strände der Ost- und Nordfriesischen Inseln in Betracht. In der Ostsee empfehlen sich alle sandigen Uferpartien fernab der Süßwasserläufe. Die Chance, große Schollen zu erbeuten, bestehen bei der Bootsangelei in den Tiefen des Fehmarn Belts, am Ausgang der Ekkernförder Bucht und ganz allgemein überall jenseits der 10-Meter-Tiefenlinie.

Laichzeit und Fortpflanzung

Das Laichen der Schollen beginnt in unseren Gewässern im Januar und kann sich bis in den März/April hineinziehen. Schon im Herbst verringern die laichreifen Tiere die Nahrungsaufnahme und vereinen sich zu großen Laichzügen, die zielbewußt bestimmten Seegebieten zustreben. Den Fischern sind diese Laichzüge, bei denen die Schollen bis zu 30 km pro Tag zurücklegen können, seit altersher bekannt. Berühmte Laichplätze sind die tiefe Rinne in der Flämischen Bucht vor der belgisch-holländischen Küste und die Tiefen zwischen der Doggerbank und der englischen Ostküste. Daneben laichen aber auch noch kleinere Schwärme überall an geeigneten Plätzen in 20 bis 40 Meter tiefem Wasser der Nordsee, so beispielsweise in der Umgebung von Helgoland. Markierungen haben ergeben, daß sogar Schollen von der schwedischen Westküste, die in der Aalbaekbucht im Nordausgang des Kattegats ihr Hauptlaichgebiet haben, sich an den Laichzügen in der Nordsee beteiligen. In der westlichen Ostsee sind die Tiefen im Fehmarn Belt und weiter östlich das Bornholm Tief (60 bis 90 Meter) bekannte Laichplätze. Ein Rogner laicht je nach Körpergröße bis zu einer halben Million Eier ab. Aus den rund 2 mm großen Eiern schlüpfen nach 2 bis 4 Wochen (je nach Wassertemperatur) die im freien Wasser lebenden Larven. Erst bei einer Länge von 12 mm beginnt bei den zunächst symmetrischen Fischchen die Wanderung des linken Auges auf die rechte Kopfseite. Bei etwa 15 mm Größe ist diese Entwicklungsphase zur typischen Plattfischform abgeschlossen, und die Jungfische beginnen das bodennahe Leben der Elterntiere. Die Geschlechtsreife variiert nach Seegebieten; im allgemeinen beteiligen sich die 4- bis 5-jährigen Milchner und die 5- bis 6-jährigen Rogner zum erstenmal am Laichen. In den Kaltwassergebieten der Barentssee werden die Schollen dagegen wesentlich später geschlechtsreif.

Nahrung

Die Zahl der Nährtiere, die der Scholle zum Opfer fallen, ist außerordentlich groß. Würmer und Schlangensterne werden ebenso vertilgt wie kleine Krebschen, Garnelen und Krabben. Namentlich die größeren Schollen ernähren sich zeitweilig von kleineren Muscheln, die sie mit ihren kräftigen Mahlzähnen ohne weiteres zerkleinern können. Aber auch vor Jungfischen aller Arten, Aallarven, Spierlingen und Dorschen machen die größeren Schollen nicht halt. Bei der Verfolgung von Beuteltieren erweisen sie sich als sehr gewandte und tüchtige Schwimmer.

Wachstum, Alter und fischereiliche Bedeutung

Alter und Wachstum sind wegen der großen fischereilichen Bedeutung, die dieser Fisch erreicht hat, mehrfach Gegenstand intensiver Forschungen gewesen. Dabei zeigte sich, daß die Scholle im ganz besonderen Maße mit ihrem Wachstum von der Bestandsdichte abhängig ist. Geburtenreiche Jahrgänge ergaben eine wesentlich geringere Wachstumsgeschwindigkeit, da sich die Tiere die Nahrung gegenseitig streitig machten. Nach dem Wegfang von jungen Schollen für die Fischfabriken entwikkelten sich die verbliebenen Jahrgänge wesentlich schneller

Scholle

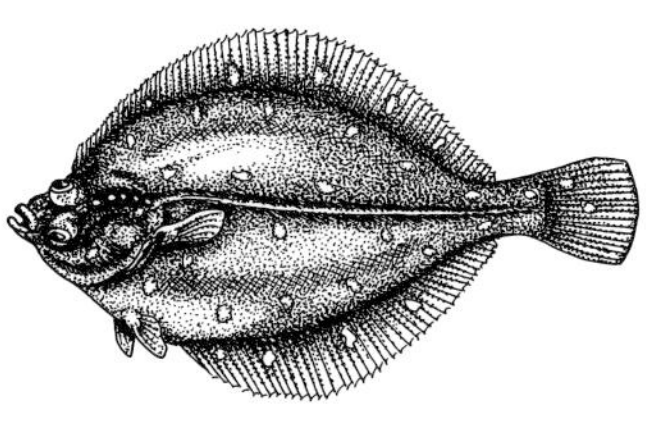

„Stirring button-Methode"

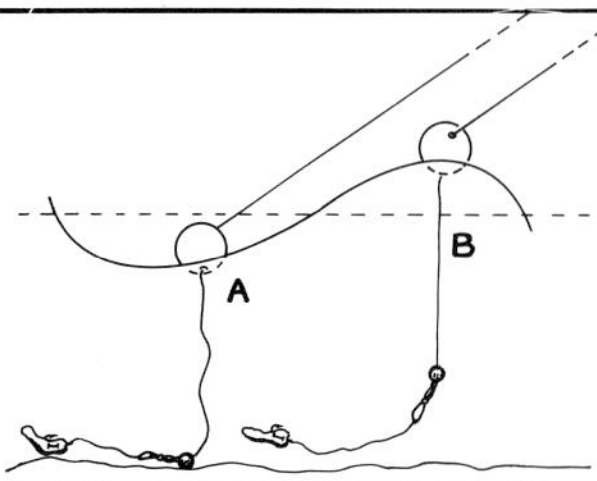

Angeln mit dem Wanderfloß
A) im Wellental
B) auf einem Wellenberg

zu großen Fischen. Gerade wegen dieser Forschungsergebnisse ist das Lager der Experten in der Frage der Überfischung, der Maschenweiten und Schonzeiten in erhebliche Meinungsverschiedenheiten geraten. Im Durchschnitt sind männliche Schollen von 4 bis 6 Jahren 22 cm, die weiblichen 26 cm lang. Das Alter beträgt bis zu 30, in Ausnahmefällen sogar bis zu 50 Jahren – ein geradezu biblisches Alter, wenn man dies mit der durchschnittlichen Lebenserwartung anderer heimischer Seefische vergleicht. Die Scholle gehört zu den wichtigsten Nutzfischen der europäischen, küstennahen Fischerei. Die Gesamtfangmenge beträgt etwa 100.000 t jährlich. Dänemark und England sichern sich mit meistens weit über 70 % den Löwenanteil an dieser Menge. Da die sandigen, hindernisfreien Lebensräume der Scholle leicht mit Grundschleppnetzen befischbar sind, drohte schon mehrfach eine Überfischung der Bestände. Für Schollen wurde deshalb ein Mindestmaß festgesetzt, das in deutschen Gewässern 25 cm beträgt. Für Rogner wurde zusätzlich eine Artenschonzeit vom 16. Dezember bis zum 30. April festgelegt.

Biologische Besonderheiten

Ziemlich selten – jedenfalls viel seltener als bei der Flunder – kommen bei der Scholle linksseitige Fische vor. Häufiger sind dagegen sog. ‚Blendlinge', das sind Bastarde, die durch Kreuzung von Scholle und Flunder entstehen. Sie kommen hauptsächlich in der westlichen Ostsee vor, fühlen sich etwas rauher als die Scholle an und besitzen etwas undeutlichere rote Flekken als die reinrassigen Tiere.

Fangzeiten

Die besten Fangaussichten bestehen entlang unserer Küsten im Mai, Juni und Juli. An der Ostseeküste erwischen die Brandungsangler diesen Fisch am ehesten fernab der Süß- und Schmutzwassereinläufe vor reinen Sandstränden bei dunklem, windigem Wetter; eine hohe, rauhe Brandung begünstigt den Fang. Besonders nachts und während der Dämmerung verlassen in den genannten Monaten selbst die größeren Schollen ihre Verstecke und kommen in die ufernahen Bereiche. An der Nordseeküste ist für ihren Fang zusätzlich noch die aufkommende Flut notwendig. Die hellsten Stunden des Tages oder gar ruhiges, sonniger Wetter sind für den Fang dagegen völlig ungeeignet. Mit zunehmender Abkühlung des Wasser im August/September verschwinden die Schollen aus den küstennahen Bereichen und ziehen sich immer weiter hinter die 10-Meter-Tiefenlinie zurück. Die laichreifen Tiere stellen im Spätherbst die Nahrung fast gänzlich ein und sind dann nicht mehr mit der Angel zu fangen; die unreifen Stücke bis etwa 20 cm Länge lassen sich dagegen während des ganzen Winters im tiefen Wasser mit dem Köder fangen.

Fangmethoden, Geräte und Köder

Viel mehr noch als die Flunder läßt sich die Scholle durch bewegte Köder reizen. Ganz gleich, welche Methode man anwendet: Immer sollte sich der Angler von der Idee leiten lassen, den Köder so lebendig wie möglich erscheinen zu lassen. Das gilt ganz besonders für das Angeln am Tage, wenn die scheuen Tiere im Sand vergraben liegen. Grundsätzlich eignen sich für die Schollenangelei alle Methoden, die bei der Beschreibung der Flunder aufgezählt wurden. Jedoch sollte der Angler einige verfeinerte Methoden kennen, die auch dann Erfolge bringen, wenn alle anderen Methoden versagen. Bei sehr rauher See angelt man mit dem **Laufbleigeschirr.** Der Köder wird am langen Vorfach von der stampfenden Brandungssee genügend hin- und herbewegt. Man verwendet für diese und alle folgenden Methoden Stationärrollen und passende Zweihandwurfruten für Wurfgewichte von 20 bis 100 g. Je nach Wurfgewicht sollten die Schnüre 0,30 bis 0,45 mm stark sein. Beim Laufbleigeschirr zieht man ein Sechskantblei als Laufblei auf die Hauptschnur und wählt das Gewicht so, daß es an der eingeworfenen Stelle bleibt und nicht vertrieben wird. Das Blei wird von einem Wirbel gestoppt, in dessen Karabinerhaken ein 50 cm langes Vorfach mit einem Goldhaken der Größe 1/0 bis 3 eingehängt wird. Läßt die Wasserbewegung nach, dann angelt man mit der **rollenden Bleikugel.** Das Sechskantblei wird durch eine Bleikugel ersetzt, das Vorfach auf 10 bis 15 cm verkürzt und der Köder nach dem Auswerfen ganz langsam mit sanften, kurzen Rucken eingeholt. Die Bleikugel soll dabei den Sandboden aufwirbeln. Die Scholle vermutet ganz offensichtlich ein flüchtendes, lebendes Beutetier, verläßt ihr Sandversteck und packt oft blitzschnell zu. Sinkt die Bleikugel in den zu weichen Seegrund zu tief ein, so fischt man mit dem **‚stirring button'**, eine Methode, die in England viel praktiziert wird. Man benutzt wieder ein ca. 50 cm langes Vorfach, zieht aber einen auffallend gefärbten Jacken- oder Mantelknopf so auf das Vorfach, daß er bis auf das Hakenöhr herabgleiten kann. Beim langsamen Heranziehen des Köders wirbelt nun der Knopf anstelle des Bleies den Sandboden auf und reizt die scheue Scholle, den offenbar lebenden Köder zu ergreifen. Schließlich gibt es noch eine weitere Methode, müde Schollen munter zu machen, insbesondere dann, wenn unreiner Grund wegen der damit verbundenen Hängergefahr die vorher beschriebenen Methoden unmöglich macht. Es ist das **Angeln mit dem Wanderfloß.** Das festsitzende oder gleitende Floß und die Bleibeschwerung werden so gewählt, daß sich das Geschirr einerseits weit genug auswerfen läßt, andererseits aber von Wind und Wellen so hin- und herbewegt wird, daß der am Grund aufliegende Köder vom wandernden Floß ständig verlagert wird. Das Blei sollte bei mittlerer Wellenhöhe gerade am Grund aufliegen und nur ein kurzes, etwa 10-15 cm langes Vorfach hinter sich herziehen. Das Floß wird am besten rund in Eidottergröße gewählt. Für alle genannten Methoden sind ziemlich festsitzende Köder von Wichtigkeit. Fetzen aus den Flanken frischer Fische, vor allem von Heringen, Sprotten, Makrelen, Hornhechten und Schollen eignen sich gut. An manchen Tagen beißen die wählerischen Schollen jedoch nur auf Watt- oder Seeringelwürmer, nehmen nur Garnelen (ungeschält oder gekocht) oder Muschelfleisch (gekocht oder roh von der Wellhornschnecke). Völlig ungeeignet sind Regenwürmer und Fetzen vom Dorsch.

Anhieb, Drill und Landung

Was die Scholle einmal gepackt hat, läßt sie kaum wieder los. Läßt man beim gefühlvollen Angeln – alle hier beschriebenen Methoden erfordern das Angeln nach Gefühl mit in der Hand gehaltener Rute – nach dem ersten Zupfer dem Fisch noch einige Augenblicke Zeit zum Schlukken, dann dürfte der Haken in aller Regel nach dem zügigen Anschlag fest im Maul sitzen. Schollen lassen sich lebend hältern.

Rekordgrößen

Die größte sportlich gefangene Scholle aus deutschen Gewässern wurde 1965 in der Kieler Förde erbeutet. Sie soll 50 cm lang gewesen sein und 900 g gewogen haben. Allerdings ist zu vermuten, daß weit größere Schollen bereits erbeutet, aber als Flunder bezeichnet wurden. Von der englischen und dänischen Küste werden Schollenfänge von 4 bis 5 Pfd. alljährlich gemeldet. Von den Berufsfischern werden auch heute noch vor der jütländischen Nordwestküste vereinzelt Schollen-Veteranen von 75 cm Länge erbeutet.

Bodenfische

Aalmutter, Conger, Gestreifter Katfisch, Knurrhahn, Seeskorpion

Vom Standpunkt der wissenschaftlichen Systematik gibt es keine „Bodenfische“. Hier wurden nach rein anglerischem Gesichtspunkt all jene Fische zusammengefaßt, die sich nicht zu biologisch verwandten Gruppen zusammenfassen ließen oder fast ausschließlich am Grund leben.
Einige von ihnen stehen sehr isoliert da. So beispielsweise der Conger, der keinen weiteren Verwandten in unseren Seegebieten hat – sieht man einmal vom Süßwasseraal ab, der ja auch im Meer lebt. Auch die Aalmutter sucht ihresgleichen in unserem Betrachtungsraum; in deutschen Küstengewässern ist sie der einzige standorttreue Fisch, der vollausgebildete Junge gebiert. Ihr Konkurrent auf diesem Gebiet, der Hundshai, ist bei uns nur Gast. Die Knurrhähne und der Seeskorpion schließlich gehören zusammen in die Familie der Panzerwangen (Scorpaeniformes), die in wärmeren Meeresgebieten in weit größerer Artenzahl vorkommen.
Allen gemeinsam ist das Leben am Grund. Sie alle verbringen entweder in Höhlen (Conger) oder umherschreitend auf, zu „Stelzen“ umfunktionierten, Bauchflossen (Knurrhähne) ihr ganzes Leben auf dem Meeresboden.
Das küstennahe Leben dieser Arten ließ sie für die Angler wichtig werden. Einer von diesen Fischen, der Conger, gilt sogar als einer der gefürchtetsten Kämpfer am anderen Ende der Angelleine. Fische von über 100 Pfund sind schon mit Rute und Rolle gelandet worden. In England hat sich der British Conger Club etabliert, dessen Mitglieder sich auf den Fang dieses wehrhaften, von Berufsfischern nur selten erbeuteten Fisches spezialisiert haben. Die wirtschaftliche Bedeutung dieser Fische ist vergleichsweise gering; nur der Katfisch wird in nennenswerten Mengen aus den nördlichen Seegebieten des Atlantiks gefischt. Die Knurrhähne lassen sich wegen ihres stacheligen Kleides und ihres großen gepanzerten Kopfes gleich den Seeskorpionen nur schwer verkaufen, was um so bedauerlicher ist, weil die Fische von gutem Geschmack sind.

Erfahrene Angler nehmen diese Fische daher gern mit nach Haus oder verwerten sie als gut geeignete Köder für den Fang größerer Seefische.

Aalmutter

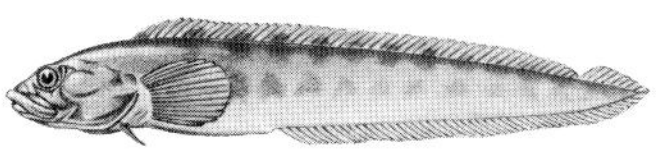

Wissenschaftliche Bezeichnung: Zoarces viviparus L.
Weitere deutsche Namen: Aalquapp; Aalputen (Fehmarn); Jelmodder (Föhr); Tug (Helgoland)

Ausländische Namen: dän: Aalekvabbe; enl: eelpout, greenbone; finn: Kivinilkka; franz: loquette; holl: puitaal; poln: wegerzyca; russ: beldjuga; norw: alekvabbe, alekone schwed: Tanglaken, Alkusan

Erkennungsmerkmale

Vorne Koppe, hinten Aal – so kann man die eigenwillige Körperform dieses Fisches bezeichnen. Auffallend sind die lange, vom Scheitel bis zum Schwanz verlaufende Rückenflosse sowie die vom After bis ans Körperende durchlaufende Afterflosse. Beide Flossen vereinigen sich im spitz zulaufenden Schwanz; eine eigentliche Schwanzflosse fehlt. Charakteristisch ist eine Einkerbung der Rückenflosse kurz vor ihrem Ende; eine ganz ungewöhnliche Erscheinung, die sonst bei keinem anderen, ähnlichen Fisch zu beobachten ist. Die Bauchflossen sind stark verkümmert und dienen wohl mehr als Tast- und Stützorgan, weniger zum Schwimmen. Die Brustflossen sind dagegen besonders kräftig entwickelt und haben etwa die Größe des Kopfes. Die Körperfärbung variiert beträchtlich und ist der jeweiligen Umgebung weitgehend angepaßt. Fische aus der sandigen Seegrasregion sind überwiegend gelbgrün bis gelbbraun gefärbt; Exemplare von Schlamm- oder Rotalgengründen sind dagegen graubraun bis schwarzbraun. Über die Rückenflosse und den Rücken verlaufen mehr oder weniger unregelmäßig geformte dunkle Querbinden. Auf den Flanken finden sich beidseitig je 13 bis 15 dunkle Sprenkeln. Die Bauchseite ist gelblich-weiß. Die Rückenflosse besitzt einen gelblichen Rand, die Bauchflosse schimmert einfarbig gelb und die Brustflossen sind in der Regel graugrün. Während der Paarungszeit sind die Fische besonders intensiv gefärbt. Insbesondere der Rand der Rückenflosse und die gesamten Brustflossenbereiche prangen dann in einem leuchtenden Rot und verleihen dem Fisch ein farbenprächtiges Aussehen. Die glattrandigen, kleinen Schuppen liegen tief in der Schleimschicht verborgen. Hinter dem After liegt eine Papille, die beim Milchner besonders stark ausgebildet ist.

Lebensraum

Die Aalmutter ist ein typischer Nordeuropäer unter den Fischen. Sie bewohnt die flachen Küstenregionen vom Nordkap abwärts bis zum Ärmelkanal unter Einschluß der britischen und irischen Ost- und Nordküsten. In der Ostsee dringt der Fisch bis in die äußersten ausgesüßten Fjorde der Bottensee vor; an der mecklenburgischen Küste ist der Fisch überall häufig. Das Zentrum des Vorkommens liegt jedoch im Bereich der dänischen Inseln. In der Beltsee und im Kattegat werden die größten Aalmuttern gefangen. Der Fisch ist vor unseren Küsten am häufigsten in der Flensburger Förde; daneben stellen die Schleimündung, die Probsteier Küste und die Gewässer um Fehmarn (besonders im Nord- und Westteil) bekannte Fangplätze dar. Die Aalmutter ist ein typischer Fisch der flachen Seegrasregion. Der Fisch bevorzugt ruhige, geschützte Buchten, Häfen und die Leeseite von Buhnenbauten, lebt im reinen Salzwasser genauso wie im Brackwasser der Flußmündungen, steigt aber die Flüsse nie weit hinauf. In der Trave wird der Fisch nur bis zur Pötenitzer Wyk, bei Neustadt im Altenkremper See und im Nord-Ostsee-Kanal nur im äußersten östlichen Zipfel erbeutet. An der Nordseeküste lebt der Fisch überall im Wind- und Brandungsschatten von Molen, Häfen und Inseln; entlang der jütländischen Nordseeküste sind die Fjorde bevorzugte Aufenthaltsgebiete (Ringköbing Fjord, Nissum Bredning, Limfjord). In der Elbe dringt der Fisch gelegentlich bis Brunsbüttel, in der Eider bis nach Friedrichsstadt vor. Auch rund um Helgoland ist dieser Fisch auf dem flachen Felssockel häufig.

Standplätze und Lebensweise

Die Aalmutter gilt als sehr seßhafter Fisch, der keine Wanderungen unternimmt und zahlreiche lokale Rassen gebildet hat. Die Formen der brackigen Gewässer sind in der Regel plumper und kleiner als die der freien, reinen Salzwasserregion. Der Fisch bevorzugt Gebiete, die seinem Bedürfnis nach Deckung entgegenkommen. An der Ostseeküste sind dies vor allem die Seegrasregionen sowie die Tang- und Algenzonen auf Geröllgebieten. Beliebte Aufenthaltsplätze sind ferner Steinschüttungen am Fuße von Molen und Buhnen, versunkene Gegenstände, Spundwände und die Gebiete unter schwimmenden Pontons, Landungsbrücken und vertäuten Schiffen. In all diesen Bereichen zählt die Aalmutter sowohl an der Ost- als auch an der Westküste zu den häufigen Fischen. Während der Nacht- und Dämmerungszeiten ziehen die Fische auf kurzen Wegen bis in die flachsten, ufernahen Gebiete. Aber auch am Tage verharren sie im flachen, 2 bis 5 m tiefem Wasser in ihren Verstecken, auf Beute lauernd. Wenn man auch nicht sagen kann, daß die Aalmutter ein Schwarmfisch ist, so kann man doch fast immer in der Nähe eines Fangplatzes auf weitere Exemplare hoffen. Auch gilt die Regel, daß dort, wo einmal Aalmuttern erbeutet wurden, in Abständen stets wieder weitere Artgenossen zu fangen sind. Offenbar werden verlassene Verstecke von Jungfischen sehr bald wieder neu besetzt.

Laichzeit und Fortpflanzung

Vom „Laichen" im üblichen Sinne kann man bei diesem Fisch kaum sprechen, denn die Aalmutter bringt lebende Junge zur Welt und stellt in dieser Beziehung unter den Fischen unserer Gewässer eine Seltenheit dar. Die Reifung der Eier und Entwicklung der Jungfische erfolgt im Mutterleib und zumindest aus dieser Sicht erscheint der Name Aal-„mutter" für diesen Fisch sehr zutreffend. Die Paarung erfolgt im Laufe des Sommers. Auffallend ist dabei, daß die männlichen Tiere wesentlich seltener sind als die weiblichen. Die Tragezeit dauert rund 4 Monate. Danach haben sich aus den befruchteten Eiern im Mutterleib Jungfische von etwa 4 cm Länge entwickelt, die dichtgedrängt in der Bauchhöhle darauf warten, entweder einzeln oder in kleinen Gruppen geboren zu werden. Meistens erblickt der Nachwuchs in den Monaten Dezember und Januar das Licht der (Unterwasser-)Welt. Die Jungfische nehmen sofort das bodennahe, räuberische Leben ihrer Elterntiere auf. Eine Aalmutter kann bis zu 400 Fischkinder gebären. Das ist zwar im Vergleich zur Eizahl der laichenden Seefische außerordentlich wenig, aber die Überlebensrate der wohlausgebildeten Jungfische ist ungleich höher, was die große Häufigkeit der Aalmuttern in ihrem Hauptverbreitungsgebiet beweist. Bereits mit dem Ende des zweiten Lebensjahres sind die Jungfische geschlechtsreif. Um die Bestände dennoch zu schützen, ist im Bereich der Flensburger Förde zwischen den deutschen und dänischen Fischereibehörden eine Artenschonzeit vereinbart worden. Demnach dürfen alle Aalmuttern von mehr als 20 cm Länge in der Zeit vom 1. 10. bis zum 31. 1. nicht gefangen werden, und auch kleinere Tiere müssen, soweit erkennbar ist, daß sie trächtig sind, zurückgesetzt werden. Da die Geschlechter bei diesem Fisch nur schwer unterscheidbar sind (lediglich die Ausprägung der Papille am After gibt Hinweise) und zudem die weiblichen Tiere in der Anzahl deutlich überwiegen, sollte der waidgerechte Angler in der Winterzeit ganz auf die Mitnahme von Aalmuttern verzichten.

Nahrung

Die Aalmutter nimmt ausschließlich tierische Nahrung zu sich. Bevorzugt werden Weichtiere und Würmer, ebenso Flohkrebse, junge Garnelen, dünnschalige Muscheln, Schnecken und

Aalmutter

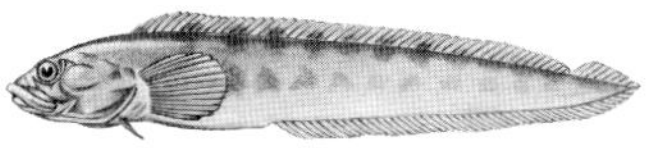

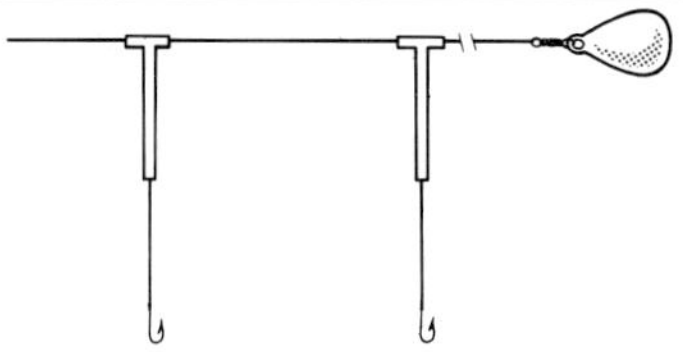

Paternoster mit angegossenen Weichplastik-Mundschnüren

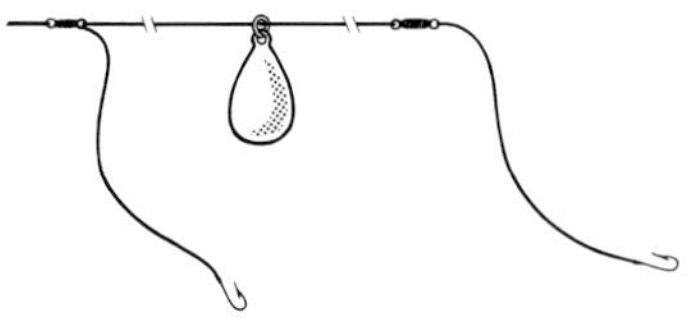

Paternoster mit Laufblei

sich häutende Krabben und Krebse. Erwachsene Tiere entwickeln sich bisweilen zu argen Laichräubern und machen auch vor der Fischbrut nicht Halt. Vor allem Grundeln, Butterfisch und Tobiasfischchen werden Opfer der Freßgier großer Aalmuttern.

Wachstum, Alter und fischereiliche Bedeutung

In der Regel werden diese Fische 3 bis 4, seltener 5 bis sechs Jahre alt; ein einziges Mal wurde ein Alter von 9 Jahren festgestellt. Bei gutem Nahrungsangebot sind die Tiere bereits nach zwei Jahren erwachsen, sie erreichen dann eine Länge von etwa 20 bis 25 cm. Ältere Tiere können in unseren Gewässern bis zu etwa 35 cm heranwachsen. In dänischen Gewässern sind größere Aalmuttern nicht selten, dort werden sie bis zu 45 cm lang. In unseren Küstenbereichen ist die Aalmutter für die Berufsfischer ohne nennenswerte Bedeutung. In den dänischen Gewässern spielt der Fang von Aalmuttern eine gewisse Rolle. Die Fische werden dort entweder enthäutet und leicht gesalzen oder aber geräuchert in den Handel gebracht. Das Fleisch ist zart, weiß und fest und von gutem Wohlgeschmack. Kenner behaupten, daß die Aalmutter dem Aal im Geschmackswert gleichzusetzen sei.

Biologische Besonderheiten

Abgesehen davon, daß die Aalmutter lebendgebärend ist, sollte in dieser Rubrik noch darauf hingewiesen werden, daß der Fisch keine Schwimmblase besitzt. Das Skelett der Aalmutter enthält eine Phosphatverbindung (Vivianit), das sämtliche Gräten beim Garziehen grün verfärbt. Diese Grünverfärbung (die übrigens auch beim Hornhecht zu beobachten ist) hat keinerlei Einfluß auf den Wohlgeschmack des Fisches. Die männlichen Tiere sind stets kleiner als die weiblichen.

Fangzeiten

Aalmuttern lassen sich ganzjährig fangen. In der warmen Jahreszeit leben sie oft zusammen mit den Aalen in unmittelbarer Ufernähe, oft im flachsten Wasser. Wenn es kälter wird, ziehen sie sich in etwas tieferes Wasser zurück, unterschreiten aber auch dabei kaum die 10-Meter-Tiefenlinie. Da der Fisch gesellig lebt, lassen sich meistens dort, wo einer an den Haken ging, weitere Exemplare erbeuten. Dies gilt ganz besonders für die Monate August bis September, wenn sich die Aalmuttern paaren und sich oft zu größeren Trupps zusammenschließen. Aber auch später, selbst im tiefsten Winter, nehmen die Fische den Köder. Allerdings sollte der waidgerechte Angler, wie bereits gesagt, dann die tragenden Tiere schonen und in allen Regionen die nur örtlich geltende Artenschonzeit (Flensburger Förde) einhalten. Aalmuttern lassen sich an dunklen Tagen oder während der Dämmerungszeiten leichter erbeuten, als am Tage. Strahlender Sonnenschein und ruhige See gelten als besonders ungünstig; trübes Wasser und trüber Himmel schaffen bessere Voraussetzungen für den erfolgreichen Fang. Auch für diesen Fisch gilt an der Nordseeküste, daß auflaufendes, steigendes Wasser den Fang entscheidend begünstigt.

Fangmethoden, Geräte und Köder

Der Fang beschränkt sich im wesentlichen auf zwei Methoden. In den Häfen entlang der Nordseeküste bevorzugen viele Angler das Posengeschirr; entlang der Ostseeküste wird in erster Linie mit dem Paternostergeschirr und dem Laufblei geangelt. Beide Methoden bringen nur dann Erfolg, wenn die Feinheit der Geschirrkombination dem geringen Gewicht der Fische und dem manchesmal zögernden Beißverhalten angepaßt ist. Oft ergreifen diese Fische den Köder, ohne ihn davonzutragen, so daß der Angler bei Verwendung von zu großem Geschirr vom Anbiß nichts bemerkt. Selbst wenn sich der Fisch anschickt, mit dem Köder im Maul einem nahen Versteck zuzustreben, werden seine geringen Kraftanstrengungen dem Angler bei Verwendung von zu grobem Geschirr kaum eindeutige Bißsignale vermitteln. Da die Aalmutter sich keineswegs leicht selbst verhakt, sondern oft in aller Ruhe den Köder Stück für Stück vom Haken knabbert und reißt, ist die Verwendung von feinem Geschirr und empfindlichen Bißanzeigern ratsam. Deshalb verwenden die Angler an der Nordseeküste kleine Korkschwimmer, die sie gleitend auf die Hauptschnur ziehen und so stoppen, daß der Köder gerade auf dem Grund liegt. Die Bleibeschwerung wird etwa 10 bis 15 cm vom Haken entfernt festgeklemmt und so schwer gewählt, daß der Schwimmer gerade noch aus dem Wasser herausragt und jeden Biß genau anzeigt. An bekannten Fangplätzen (z. B. Büsumer Hafen) sucht man am Tage mit dieser Angel den Grund ab, denn der scheue Fisch zieht in der Helligkeit nicht weit umher, und man angelt erfolgreicher, wenn der Köder zum Fisch kommt, und nicht umgekehrt. Diese Methode bleibt auch dann noch erfolgreich, wenn in den warmen Sommermonaten die Wollhandkrabben entlang der Westküste derartig zunehmen, daß sie stets als erste den am Boden liegenden Köder erwischen. Man bietet den Köder dann einige Handbreiten über dem Grund an. Die Aalmuttern schlüpfen dann aus ihren Verstecken und schwimmen dem Köder nach, während es die Wollhandkrabben viel schwerer haben, den Köder zu erwischen. Bei dieser und der nachfolgend beschriebenen Methode verwendet man Haken der Größen 5 bis 7 und nicht zu große Köderbrocken, damit der Fisch zum Schlucken verleitet wird. Langschenkelige Haken erleichtern das Lösen nach dem Fang. Als Vorfachstärke ist eine Schnur von 0,20 bis 0,25 mm Stärke angemessen. Beim Fischen mit der Paternosterangel entlang der Ostseeküste sind diese geringen Vorfachstärken problematisch, weil die dünnen Schnüre sich allzu leicht in der Hauptschnur verwickeln. Deshalb verwenden viele Angler (Flensburger Förde, dänische Küsten) zwar dünne Vorfächer, wobei die Paternosterarme jedoch vom Knoten an der Hauptschnur bis zur halben Länge in Weichplastik vergossen sind (s. Skizze). Im allgemeinen knüpft man ein genügend schweres Wurfblei ans Ende dieses Geschirrs und nimmt mit dem Köder nach dem Auswerfen Fühlung auf. Bei unruhiger See und weit ausliegender Schnur kann eine Laufbleimontage (s. Skizze) vorteilhafter sein. Die Bisse werden dann optisch über die vibrierende Rutenspitze oder einen Bißanzeiger vermittelt. Beste Köder sind Seeringelwürmer und Wattwürmer. Auch geschälte und gekochte Garnelen (Nordseeküste) sowie kleine tote Fischchen (Stinte, Spierlinge) eignen sich gut.

Anhieb, Drill und Landung

Es muß gefühlvoll geangelt werden und schon beim ersten, leisen Schlag angeschlagen werden. Geht der Anhieb daneben, so ist der Fisch selten vergrämt und wird den sogleich wieder eingeworfenen Köder erneut annehmen. Aalmuttern sind sehr zählebig und lassen sich hältern.

Rekordgrößen

In der Flensburger Förde werden zuweilen Fische bis zu 35 cm Länge erbeutet. Die Dänen fangen weibliche Tiere bis zu 45 cm Länge. Im Kattegat soll ein Berufsfischer eine Aalmutter von 60 cm Länge erbeutet haben.

Conger

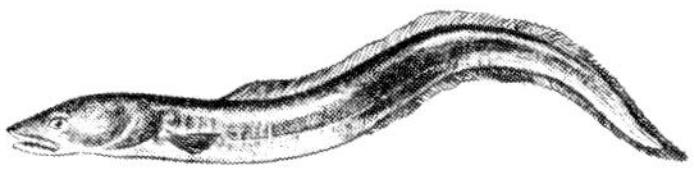

Wissenschaftliche Bezeichnung: Conger conger L.
Weitere deutsche Namen: Meeraal, Seeaal.

Ausländische Namen:
Dän.: havaal; engl.: conger eel; franz.: congre; holl.: zeepaling; ital.: grongo; jugo.: ugor; norw.: havaal; port.: congro; schwed.: havsal; span.: congrio

Erkennungsmerkmale

Das Hauptunterscheidungsmerkmal gegenüber dem nahe verwandten Aal ist die längere Rükkenflosse, die beim Conger bereits über dem Hinterrand der an den Körper gelegten Brustflosse beginnt. Das Maul des Congers ist etwas unterständig und stark bezahnt. Bei Alttieren ist die Maulhöhle schwarz gefärbt. Die Haut ist glatt und schuppenlos, die Augenschlitze oval, die Brustflossen leicht zugespitzt. Die Grundfärbung des Fisches ist mehr oder weniger dunkel- bis zementgrau, oft mit einer Tendenz ins Bräunliche, manchmal mit bläulichem Schimmer. Fast immer bilden sich beim toten Fisch rasch helle Druckstellen. Die Zähne des Congers sind spitz und scharf und können bei der Landung Anglern gefährlich werden. Der Fisch beißt und schnappt um sich und schlägt seine Zähne in alles, was er erreichen kann.

Lebensraum

Der Conger ist weltweit verbreitet. Vor Südafrika wird er ebenso erbeutet wie im Karibischen Meer und in der Sargasso See. Von Dakar an der westafrikanischen Küste aufwärts über die Kanarischen Inseln und Portugal reicht seine Verbreitung in die Biskaya und rund um die britischen Inseln bis nach Südnorwegen. Auch das Mittelmeer wird in weiten Bereichen bewohnt. Im Skagerrak und Kattegat ist dieser Fisch selten, in der Ostsee fehlt er beinahe ganz. Innerhalb von 100 Jahren wurden nur 7 Congerfunde und Fänge entlang unserer Ostseeküste bekannt, vor allem in der Eckernförder Bucht. In der Nordsee ist der Conger ebenfalls nicht häufig. Einige Funde bei Büsum und vor allem bei Helgoland deuten aber auf ein sporadisches Vorkommen hin. Es ist anzunehmen, daß im Bereich der zahlreichen Wracks, die vor allem in der Deutschen Bucht liegen, Conger leben.

Standplätze und Lebensweise

Der Fisch bewohnt felsige und auch sandige Küsten, wenn diese Verstecke bieten. Er lebt stets in Wohnhöhlen, aus denen am Tage nur wenig von seinem Kopf hervorschaut. Nachts verläßt er seine Verstecke und wandert kurze Strecken umher. Er meidet Süßwasser, geht selten ins Brackwasser und lebt in allen Tiefen von 0 bis 200 Meter, wahrscheinlich aber auch noch wesentlich tiefer. Der Fisch ist offenbar besonders kälteempfindlich; die Funde an unseren Küsten datieren zum größten Teil aus den Monaten Oktober bis Januar, und die Tiere wurden meistens ermattet und festgelaufen im stark abgekühlten Flachwasser erbeutet. Auch die zögernde Ausbreitung nach Norden macht deutlich, daß sich der Fisch im warmen Wasser wohler fühlt. Sichere Congerfangplätze sind überall dort, wo auf weiten, sandigen, glatten Flächen einzelne Felsinseln oder Wracks vorkommen. Berühmteste Beispiele sind Wracks vor der englischen Südküste, vor allem in Cornwall, und hier speziell im Bezirk Torbay und Plymouth. Aber auch La Baule vor der Südküste der Bretagne und die portugiesische Küste, insbesondere bei Peniche und im südlichen Abschnitt, sind berühmt für ihre guten Congerbestände. Ein einziges Wrack wird nicht selten von 100 und mehr Congern bewohnt und wird nach dem Wegfang immer wieder von neu hinzukommenden Jungtieren besiedelt.

Nahrung

Conger sind Raubfische, die sich aus ihren Wohnhöhlen heraus auf alles stürzen, was lebt und von ihnen bewältigt werden kann. Sie verschlingen sowohl Fische wie auch Krabben und große Krebse; selbst vor den Riesenscheren pfundschwerer Hummer fürchten sie sich nicht.

Laichzeit und Fortpflanzung

Bei gutem Abwuchs können Conger schon nach 5 Jahren ihre Geschlechtsreife erreichen, meistens aber dauert es 10 und mehr Jahre, bis die Reife der Geschlechtsprodukte einsetzt. Wie beim heimischen Flußaal, so beginnt dann auch beim Conger eine Umwandlung der Körperfunktionen. Die Fische stellen das Fressen ein, die Zähne fallen zum Teil aus, das Skelett der Fische wird brüchig, der Verdauungstrakt verkümmert. Je weiter die Rückbildung der normalen Körperfunktionen fortschreitet, desto heftiger schwellen die Laichprodukte an; kurz vor dem Ablaichen können sie bis zu einem Drittel des gesamten Körpergewichtes ausmachen. Die Fische verlassen jetzt ihre Wohnhöhlen und wandern in Gebiete mit sehr tiefem Wasser von 1000 bis 3000 Metern und mehr. Die Eiablage erfolgt offenbar im freien Wasser. Es werden von einem Rogner bis zu 8 Millionen Eier gelaicht. Ziemlich bald nach dem Laichen sterben die Fische ab. Das Laichen selbst ist noch nie beobachtet worden; es rankt sich um diesen Lebensabschnitt des Congers das selbe Mysterium wie beim Flußaal. Wohl aber hat man laichreife Fische gefunden und weiß auch, daß die Eier und Larven in bestimmten Tiefwassergebieten besonders zahlreich mit dem Planktonnetz zu fangen sind. Es scheint sicher, daß die Conger in allen tiefen Meeresgebieten in unmittelbarer Nachbarschaft ihrer Wohnplätze laichen. Ungewiß ist allerdings, ob beispielsweise die großen erwachsenen Conger der britischen Küsten auch weite Wanderungen zu den bekannten südlichen Laichplätzen, z. B. im Iberischen Becken zwischen Portugal und den Azoren, unternehmen. Vielleicht laichen diese Fische am Westrand des irischen Schelfes. Aus den frei im Wasser treibenden Eiern entwikkeln sich Larven, die sich erst im Alter von etwa 2 Jahren und bei einer Länge von rund 15 cm allmählich in die Congerform umwandeln und zum Leben am Meeresboden übergehen.

Wachstum, Alter und fischereiliche Bedeutung

Die Wachstumsgeschwindigkeit variiert sehr nach dem Nahrungsangebot. Bei einem im Aquarium gehaltenen Conger wurde bei regelmäßiger Fütterung nach 5 Jahren ein Zuwachs von über 40 kg festgestellt. Conger sind im Schnitt etwa 1 Meter lang. Die weiblichen Tiere werden aber oft größer; Fische bis zu 3 Meter Länge sind schon von Berufsfischern an Langleinen erbeutet worden. Solche Riesen wiegen dann rund 130 Pfund. Die fischereiliche Bedeutung ist gering, da den Fischen schwer beizukommen ist und das Fleisch der großen Conger grätenreich ist und wenig geschätzt wird; allenfalls kleinere Conger werden, vor allem geräuchert, in den Handel gebracht.

Biologische Besonderheiten

Congerbisse sind zwar nicht giftig, können jedoch zu schlimmen Entzündungen führen, weil zwischen den Zähnen der Fische faulende organische Reste von ihren Mahlzeiten haften können. Eine desinfizierende Wundbehandlung durch einen Fachmann ist deshalb angebracht.

Fangzeiten

Im Sommer und Herbst beißen die Conger am besten; während der kalten Jahreszeit ziehen sie sich aus den flacheren Gewässerzonen zurück. Conger fressen auch am Tage; noch besser gehen sie nachts an die Angel. Beim Bootsangeln im tiefen Wasser spielen die Gezeiten eine wichtige Rolle:

Conger

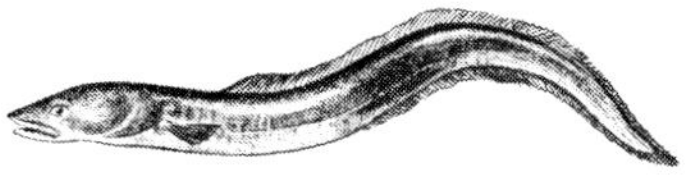

Während der Stauwasserzeiten beim Gezeitenwechsel lassen sich die Köder am besten an die Fels- und Wrackverstecke der Conger heranmanövrieren; kommt eine ruhige See dazu, dann steigen die Chancen abermals. Absolut beste Voraussetzungen für den Fang eines Großcongers vom Boot sind gegeben, wenn Stauwasser, Dämmerungszeit und ruhige See an einem August- oder Septemberabend zusammenfallen.

Fangmethoden, Geräte und Köder

Conger leben nur am Grund und werden mit dem Einhaken-Grundangel-Geschirr gefangen. Selten herrscht unter den Experten so viel Einigkeit bei der Zusammenstellung des Geschirrs wie beim Congerangeln. Alle sind sich einig darin, daß man eine sehr kräftige, stabil gebaute Rute benötigt. Aber sie muß federn und unter der maximalen Last fast einen Halbkreis beschreiben. Sie sollte immer einen Rollerendring besitzen oder besser noch: nur mit Rollerringen ausgerüstet sein. Die Länge darf zwischen 2,2 und 2,6 Meter schwanken. Als Rolle sollte man nur Multirollen vom Typ PENN-Senator 6/0 verwenden, stets mit Ösen zum Einhängen in die Haken des Schultergurtes. Auch ein Gimpel (Rutenhaltergurt) ist unentbehrlich. Conger lassen sich durch grobes Geschirr offenbar nicht stören. Deshalb scheint es angebracht, stets mit 36 kg tragender Leine zu fischen, auch wenn in der Regel nur kleinere Conger bis 30 Pfund erbeutet werden. Es mangelt nicht an Beispielen von wirklich großen Congern, die ganz unvermutet an Stellen angebissen haben, die zuvor nur kleine Conger erbrachten. Ein Stahlvorfach ist unumgänglich. Manche Angler bevorzugen ein etwa 60 cm langes Vorfach, andere wieder wählen das Vorfach wenigstens 3 Meter lang und argumentieren, daß sie damit besser gegen Fisch- und Geschirrverluste durch scharfkantige Gegenstände am Grund gewappnet wären. Die Vorfächer werden mit dem besten Seewirbel, den man bekommen kann, mit der Rollenschnur verbunden; lange Vorfächer werden in der Mitte noch einmal durch einen Wirbel unterteilt. Die Hakengröße schwankt von 5/0 für kleinere, bis 30 Pfund schwere Fische, über 9/0 bis 12/0 für die wirklichen Monsterfische ab 80 Pfund. Es kommen nur stabilste Haken, die sich auch unter extremer Belastung nicht aufbiegen lassen, infrage. Kurzer Hals und nicht zu große Hakenweite sind Voraussetzung, z. B. Mustad Beak-Haken. Man wähle leicht rostende, damit der mit abgerissenem Geschirr entkommene Conger eine bessere Chance hat: Der Haken wird schneller rosten und ausfallen. Auf die Rollenschnur fädelt man schließlich noch einen running boom oder nur einen Springring, an dem das Blei im jeweils notwendigem Gewicht mit einer ganz kurzen ‚Sollbruchschnur' angeknotet wird. Wählt man die Bleischnur etwas dünner als die Rollenschnur, dann wird bei einem Hänger nur das Blei abreißen. Birnenförmige Bleie neigen von allen Bleien noch am wenigsten zum Verhängen und lassen sich am leichtesten wieder lösen. Mit diesem Geschirr wird vom verankerten Boot auf dem Grund geangelt. Als Köder kommen alle Sorten von Fischen infrage, am beliebtesten sind Makrelen und Tintenfische. In der Regel verwendet man das dicke Filet einer großen Makrele, eine halbierte größere Makrele oder eine ganz kleine Makrele. Der Conger läßt sich sehr vom Duft eines Köders anlocken. Es ist deshalb wesentlich, frische Köder zu verwenden, die reichlich Duftstoffe ausströmen. Anfüttern ist ratsam; besonders am Tage lassen sich die Conger damit leichter aus ihren Verstecken hervorlokken. Man verwendet zerquetschte, mit Fischöl und Kleie vermengte Fische in einem Beutel und senkt diesen in der Nähe des Angelplatzes so ab, daß der Duft in Richtung auf die vermuteten Congerverstekke zieht. Conger schlucken ihre Beute stets kopfvoran. Bei Verwendung ganzer Köderfische sollte man den Haken stets in der Nähe des Kopfes einstecken.

Anhieb, Drill und Landung

Der Conger gehört in die Topklasse der kämpferischen Seefische. Er ist berühmt-berüchtigt als zäher, wilder und nimmermüder Kämpfer. Beim oft nur zögernden Anbiß spürt man davon noch nichts. In der Regel wartet man fühlend mit loser Schnur zwischen den Fingern auf den Biß, gibt nach den ersten Anzeichen etwas Schnur und haut erst an, wenn der Fisch abzieht. Der Conger wird sofort mit enormer Gegenwehr antworten. Es gilt, Gewalt gegen Gewalt zu setzen, damit es dem Fisch unter keinen Umständen gelingt, den Boden zu erreichen. Er würde sich sonst schwanzvoran um feste Gegenstände schlingen und ist dann in 99 von 100 Fällen verloren. Vorfach und Schnur sind zu Beginn einer äußersten Zerreißprobe ausgesetzt, und es wird jetzt klar, warum Experten immer wieder raten, beim Congerangeln das Geschirr eher zu stark als ‚normal' zu wählen. Der Fisch wird in keiner Phase des Kampfes aufgeben; ihn total zu ermatten, ist beinahe unmöglich. Gefürchtet sind die wahrhaft wilden, mehrfachen Rucke, die auch den erfahrenen Angler wie harte Schläge treffen und nur von federnden Ruten einigermaßen abgefangen werden können. Der Conger kämpft unermüdlich kopfvoran nach unten und muß mit mächtiger Anstrengung nach oben gepumpt werden. An der Oberfläche gebärdet sich der Fisch wie rasend und zeigt seinen gefürchtetsten Trick: Er dreht sich unglaublich rasch um die eigene Achse und wälzt sich dabei hin und her. Oft genug zersprengt er in dieser Phase des Kampfes noch das Geschirr. Vorm Landen eines Congers muß das Deck absolut aufgeklart sein. Trokkene Säcke und eine hochbordige Kiste, besser eine Tonne, sind wichtige Requisiten. Einen quirligen Conger zu gaffen, erfordert sehr viel Erfahrung und ruhiges Blut. Die Berufsfischer der Bretagne gaffen Conger stets in der Körpermitte, sehr große Fische am Ende des ersten Körperdrittels. So entgehen sie am besten dem fürchterlichen Gebiß und dem sich um alles schlingenden, sehr muskulösen Schwanz des Fisches. Der Kampf ist an Deck noch lange nicht zu Ende. Trockene Säcke werden über den Fisch geworfen und neutralisieren die schleimige Haut. Mit einem kräftigen Schlagholz versucht man das Schädeldach oder den Rücken in der Gegend des Waidloches zu treffen und durchtrennt danach mit einem Kehlschnitt die Hauptader. Stets behandele man das Gebiß des Fisches mit äußerster Vorsicht, der Fisch ist in der Lage, dünne Bretter glatt zu durchbeißen. Für das Hakenlösen benötigt man unbedingt eine geeignete große Zange und dicke Kunststoffhandschuhe.

Rekordgrößen

Seit es Boote gibt, die tüchtige Angler weit hinaus zu den Congerverstecken in Wracks und Felslöchern bringen, purzeln die Rekordmarken. Der seit 1933 bei 84 lbs stehende britische Rekord wurde erstmalig 1970 mit einem Fisch von 92 lbs überboten. 1973 aber wurde ein Conger von 96 lbs zur Waage gebracht, der schon ein Jahr später wieder überboten wurde: Mit einem Fisch von 102 lbs 8 oz aus den Gewässern bei Brixham wurde die Traumgrenze von 100 lbs überschritten. Seitdem schüttelt England das Conger-Fieber. Der Britische Conger Club zählt inzwischen über 1000 Mitglieder. Der irische Rekordconger wog übrigens bisher 72 lbs – weit größere warten in irischen, aber auch in allen übrigen atlantischen Gewässern auf tüchtige Bezwinger.

Gestreifter Katfisch

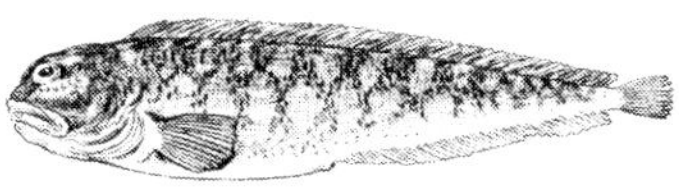

Wissenschaftliche Bezeichnung: Anarhichas lupus L.

Weitere deutsche Namen: Seewolf, Steinbeißer

Ausländische Namen: Dän.: havkat; engl.: catfish, sea-cat; franz.: loup de mer; holl.: zeewolf; isl.: steinbitur; norw.: steinbit; port.: gata; russ.: polosataya zubatka; schwed.: havkatt

Erkennungsmerkmale

Charakteristisch für diesen Fisch ist die fürchterliche Bezahnung. Besonders die langen, leicht nach innen gekrümmten und ganz vorn in den Kiefern stehenden Fangzähne erinnern an ein Wolfsgebiß (‚Seewolf'). Hinter diesen Fangzähnen stehen in zwei Reihen außerordentlich kräftige, stumpfkegelige Mahlzähne. Bei Alttieren sind diese Zähne größenmäßig durchaus mit den Backenzähnen eines Menschen vergleichbar. Die Kopfspitze ist, von der Seite betrachtet, abgerundet. Schwanz und Kopf sind seitlich etwas zusammengedrückt. Der größte Körperumfang ist unmittelbar hinter dem Kopf zu finden. Der Fisch besitzt nur eine Rückenflosse, und die beginnt stets über dem Ansatz der Brustflossen. Die Grundfärbung des Fisches richtet sich nach der Umgebung, der sich der Fisch geschickt anpaßt. Es werden sowohl graue (Sandgrund) wie schlickig-blaue (Mud) und braune (Algenzone) Exemplare gefangen. Aus Flachwassergebieten angelt man manchmal Individuen, die einen zusätzlichen grünen Schimmer besitzen (Seegras). Die Flanken und die Bauchseite des Fisches sind nur wenig heller als der Rücken. Die Seitenlinie ist nur im vorderen Abschnitt schwach erkennbar. Das wichtigste Unterscheidungsmerkmal gegenüber den nahe verwandten Arten sind zahlreiche dunkle, unregelmäßig geformte Flecken, die auf den Flanken zu senkrechten Reihen zusammenfließen und sich bis auf die Rückenflossen fortsetzen. Diese Flecken ergeben eine ringförmige Bänderung (‚Streifung') des gesamten Körpers. Der Fisch unterscheidet sich dadurch vom Gefleckten Katfisch (A. minor Olaf.), dessen meist mehr bräunlicher Körper von zahlreichen, meist klar abgegrenzten Flecken übersät ist. Diese Flecken ergeben keine Bänder. Schließlich sei noch auf den dritten im Bunde, den Blauen Katfisch (A. denticulatus Kröyer), hingewiesen. Die Grundfärbung des Körpers ist bei diesem Fisch ziemlich dunkelblau mit größeren, unregelmäßigen schwarzen Flecken.

Lebensraum

Katfische sind ausgesprochen nordische Fische. Die anglerisch wichtigste Art, der Gestreifte Katfisch, wandert noch am weitesten südwärts, wird bei den Shetland- und Färöer-Inseln noch häufig gefangen, im Norden Schottlands und Irlands aber schon ziemlich selten erbeutet. Ganz vereinzelt nur dringt diese Art bis in den Bristol Channel oder gar in die Biskaya ein. Sehr spärlich kommt dieser Fisch auch in südnorwegischen Gewässern vor und wird manchmal im Kattegat gefangen. In der Ostsee ist der Fisch ebenfalls ziemlich selten, jedoch wird der Fisch hier immer wieder vereinzelt angetroffen; einmal sogar im Finnischen Meerbusen, einige wenige Male vor unserer Ostseeküste, vor allem im Fehmarn-Sund. Aus Helgoländer Gewässern werden ebenfalls nur sehr spärliche Fänge gemeldet. Im Mittelmeer scheint der Fisch zu fehlen; jedoch existiert ein ganz ungewöhnlicher Fund aus dem tiefen Golf von Genua und will überhaupt nicht ins Verbreitungsschema passen. Nordwärts reicht die Ausbreitung bis an die Treibeisgrenze und noch darüber hinaus. Der Fisch wird überall in Mittel- und Nordnorwegen, in der Barents-See, bei Spitzbergen, bei Island und Grönland erbeutet. Seine Verwandten teilen mit ihm diese Wohngebiete. Der Blaue Katfisch geht am weitesten nördlich und wird wohl nur ganz ausnahmsweise einmal Beute eines Anglers werden. Der Gefleckte Katfisch wird dagegen von Anglern in Island und Nordnorwegen oft genauso häufig wie der Gestreifte Katfisch gefangen.

Standplätze und Lebensweise

Katfische bewohnen in erster Linie Gebiete mit felsigem Grund, aber auch sandige und muddige Gebiete. Meistens gehen sie nicht viel tiefer als 400 Meter und sind damit in ihrer Ausbreitung auf küstennahe Gebiete und Schelfzonen beschränkt. Sie ertragen Wassertemperaturen bis –1 Grad Celsius und meiden Wasser, das wärmer als 14 Grad ist. Die Fische sind träge Gesellen, die meistens ruhig und bedächtig von einem Ort zum anderen wechseln und mit ihrem Körperbau ganz der bodennahen Lebensweise angepaßt sind. Je weiter man nach Norden kommt, in desto flacherem Wasser kann man sie antreffen; bei den Lofoten stehen die Fische manchmal nur 10 bis 20 Meter tief.

Nahrung

Das enorme Knackgebiß der Katfische deutet schon darauf hin, daß sie sich vor allem von hartschaligen Tieren ernähren. Sie fressen alle Arten von Muscheln und Kleinkrebsen, machen auch vor großen Einsiedler- und Taschenkrebsen nicht halt und vertilgen viele Stachelhäuter, vor allem Seeigel und Seesterne. Anglerische Erfahrungen deuten darauf hin, daß die Katfische gelegentlich auch Fische fressen; allerdings scheinen die Katfische kein großes Interesse daran zu haben, ihre Beute über längere Strecken zu verfolgen.

Laichzeit und Fortpflanzung

Im Frühjahr ziehen die großen laichreifen Fische von der Küste fort und laichen im etwa 250 Meter tiefen Wasser ungewöhnlich große, im Durchmesser 6 mm messende, gelbliche Eier ab. Die Eier besitzen eine kleine Ölkugel, treiben aber nicht im freien Wasser, sondern haften in Klumpen am Boden. Die Entwicklung der Larven dauert im eiskalten Wasser ziemlich lange. Sie zehren über drei Monate von ihrem Dottersack und schlüpfen mit 12 bis 18 mm Länge. Nach kurzer Zeit des pelagischen Lebens wandern sie zum Meeresgrund.

Wachstum, Alter und fischereiliche Bedeutung

Der gestreifte Katfisch wächst langsam. Nach einem Jahr hat er zwar eine Länge von etwa 12 cm erreicht, mit zwei Jahren aber erst 17, mit drei Jahren 23 cm und erst mit 10 Jahren seine Durchschnittsgröße von 65 cm. Der Fisch wird bis 1,2 Meter lang und dabei etwa 50 Pfund schwer. Es ist anzunehmen, daß die Fische ein relativ hohes Alter erreichen. Die Erträge der Berufsfischerei sind nicht unbedeutend, denn es werden pro Jahr bis zu 50 000 t dieser zähnestarrenden Gesellen gefangen. Russen und Isländer sind am stärksten am Fang beteiligt. Die deutschen Fischer brachten 1973 nur rund 1250 t nach Hause; davon stammten 163 t aus der nördlichen Nordsee und nur 0,3 t aus dem Skagerrak und Kattegat.

Biologische Besonderheiten

Katfische besitzen keine Schwimmblase. Die großen Reißzähne sollen angeblich alljährlich nach der Laichzeit ausfallen und durch neue ersetzt werden. Tatsächlich steht hinter den großen Zähnen stets eine Reihe weiterer, kleinerer Zähne, die bei Bedarf nachwachsen können.

Fangzeiten

Die kälteunempfindlichen Katfische sind nicht nur während des Sommers, sondern auch im Winter nahe der Küste zu fangen. Nur im Frühjahr, wenn die Fische zum Laichen ziehen, werden sie von Anglern seltener gefangen. Die meisten Katfische werden ab Juni bis in den Spätherbst erbeutet.

Gestreifter Katfisch

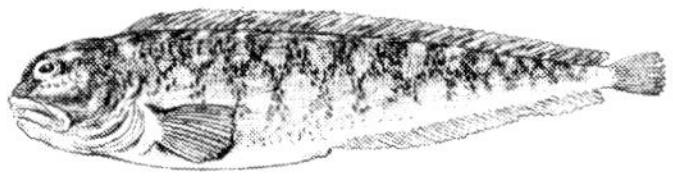

Fangmethoden, Geräte und Köder

Wie schon erwähnt, nimmt man an, daß sich Katfische kaum von Fischen ernähren und sie diese nur fressen, wenn sie ihnen leicht zur Beute fallen. Nur rein zufällig, so scheint es, werden Katfische beim Dorschangeln mit dem Pilker gehakt; oft genug hängt der Pilker außen am Körper. Beim Angeln mit dem Fetzenköder werden dagegen die meisten Katfische erbeutet. Man angelt stets vom Boot, vor allem in geschützten Fjorden oder zwischen den Schären vor der Küste und läßt sich treiben. Man benötigt eine einfache, mittelschwere Bootsrute und dazu eine Multirolle; für flache und ebene Gewässerabschnitte würde auch eine Stationärrolle genügen. Das Geschirr sollte stets so zusammengestellt werden, daß es auch mit einem Fisch der 20-Pfund-Klasse fertig wird. Nur ganz ausnahmsweise werden in einiger Entfernung von der Küste im 100 Meter oder noch tieferen Wasser größere Fische gefangen. Für die Rolle reicht also meistens eine Schnur von 0,50 mm Stärke, es sei denn, man fischt in einem Gebiet mit vielen Hängern, so daß stärkere Schnüre vorteilhafter wären. Das Vorfach muß in jedem Fall dicker gewählt werden, weil der Fisch mit seinen zwar nicht scharfen, aber sehr kräftig mahlenden Zähnen zu dünne Vorfächer zerreiben würde. Die Stärke 0,60 mm sollte im allgemeinen genügen; ein Stahlvorfach ist nicht nötig. Die Hakengröße 1/0 bis 4/0 ist ausreichend. Katfische streunen immer vereinzelt umher, allerdings findet man in ihrer Umgebung stets noch einige weitere Exemplare verstreut vor. Da man kaum mit dem gleichzeitigen Anbiß mehrerer Fische rechnen kann, angelt man deshalb nur mit einem Haken. Die Beschwerung erfolgt mit einem auf der Schnur gleitenden Blei. In Gebieten mit großer Hängergefahr ist es ratsam, das Blei mit einer ‚Sollbruchleine' an einem Gleiter, z. B. einem Springring, einem Wirbel oder einem running boom zu befestigen. Als Köder verwendet man suppenlöffelgroße Fetzen aus den fleischigen Flanken von frischen Fischen, z. B. Heringen, Makrelen, Wittlingen oder kleinen, im Gebiet der Katfische meistens sehr häufigen Köhlern. Nur das Fleisch von frischen Dorschen erweist sich als wenig fängig. Noch bessere Erfolge erzielt man mit dem Fleisch großer Krabben oder Schnecken, ganz besonders mit dem Muskelkörper der Wellhornschnecke, der einen besonders festsitzenden Köder ergibt. Unübertroffen sind kleine lebende Krabben und Krebse. Sie stellen die Lieblingsspeise der Katfische dar und wirken auf die Räuber unwiderstehlich. Angelt man mit lebenden Krustern, dann sind jedoch zwei Dinge zu beachten. Zunächst muß man prüfen, ob die angeköderten Tiere in der Lage sind, das Vorfach mit ihren Scheren zu durchtrennen. In einem solchen Fall muß man dann doch zum Stahlvorfach überwechseln. Ferner ist zu bedenken, daß sich die Tiere, auf dem Grund liegend, sofort im lockeren Sediment eingraben. Es muß also stets etwas über dem Grund geangelt werden. Hierfür benötigt man im Prinzip dieselbe Ausrüstung wie beim Angeln mit dem Fetzenköder, jedoch wird nun das Blei ans Ende der Rollenschnur geknüpft und etwa einen Meter darüber an einem Drahtausleger mit kurzer Mundschnur aus Stahldraht der lebende Köder angeboten. Der Drahtausleger, z. B. ein 15 bis 25 cm langer french boom, soll verhindern, daß die Zangen des Krebses die Rollenschnur erreichen können. Mit den beschriebenen Ausrüstungen sucht man vorzugsweise Gebiete ab, die einen gemischten Grund aufweisen. Die Katfische mögen besonders gern auf Sand- und Mudflächen in unmittelbarer Nachbarschaft von Bewuchsfeldern umherstreifen. An ruhigen Tagen kann man im kristallklaren Wasser des Nordmeeres solche Gebiete leicht bis zu über 12 Meter Tiefe ausmachen. Manche Angler benutzen dazu eine ‚Fischlupe'. Das ist ein röhrenförmiger oder viereckiger Zylinder mit einer Glasplatte am Boden und einer Einblicköffnung am anderen Ende. Mit dieser Röhre, einer ‚verlängerten' Taucherbrille nicht unähnlich, wird der Grund abgesucht. Bei steigendem Wasser kann man dabei oft die Katfische ausfindig machen, denn sie heben sich meistens als dunkle Kontur vom helleren Untergrund ab. Auf den Lofoten haben Angler auf diese Weise schon bis zu 22pfündige Katfische erbeutet. Es genügt bei dieser Methode, ‚nach Sicht' zu angeln. Man hält den Fischen einen passenden Köderbrocken vor und kann dann meistens sicher sein, daß sie augenblicklich zuschnappen. Unsere skandinavischen und isländischen Nachbarn fangen viele Katfische mit Langleinen, die sie in Küstennähe vor ihrer Hütte oder dem Campingplatz am Abend auslegen und am frühen Morgen wieder einholen. Die Leinen bestehen aus je 10 Haken, die in Abständen von etwa 2 Metern mit kurzen Mundschnüren an eine Grundschnur von 1,2 bis 1,5 mm Stärke geknotet werden. Viele Angler benutzen dabei als Mundschnüre feine, mehradrige Stahldrähte. Die Langleine wird zwischen zwei Bojenleinen verspannt und auf dem Grund ausgelegt. Die Bojenleinen sind aus geflochtenen Kunststoffschnüren und müssen so dick gewählt werden, daß sie einen schweren Stein und – hoffentlich – auch je einen 20pfündigen Katfisch pro Haken sicher tragen können. Die Bojenleinen treiben, von Korken oder Styroporbällen getragen, an der Oberfläche. Sie müssen stets so lang gewählt werden, daß die Bojen auch bei einer Springtide weithin sichtbar an der Oberfläche treiben können.

Anhieb, Drill und Landung

Katfische machen beim Anbiß nicht viele Umstände, ergreifen den Köder und prüfen tief im Maul zwischen den Mahlzähnen seine Genießbarkeit. An mancherlei feste Schalen und scharfkantige Muscheltrümmer gewöhnt, stört sie weder ein Angelhaken noch ein Stahlvorfach. Nach dem Anbiß zögert man nur einen kurzen Augenblick und haut dann kräftig an. Die Betonung liegt auf ‚kräftig', denn es gilt, den Haken irgendwo im zähnestarrenden Maul sicher einzutreiben. Der Fisch wehrt sich tapfer, aber ohne Einfallsreichtum. Meistens gelingt es, ihn ohne Schwierigkeiten an die Oberfläche zu bekommen. Auf den Decksplanken ist äußerste Vorsicht geboten, denn der Fisch windet sich und schnappt nach allem, was ihm in die Quere kommt. Ein großer Katfisch ist in der Lage, die Finger eines unerfahrenen Anglers bis auf die Knochen zu ruinieren oder sich durch einen Seestiefel hindurchzubeißen. Der Haken sollte jedenfalls nur mit einem Hakenlöser und auch erst dann gelöst werden, wenn der Fisch betäubt und getötet ist. Die Kiefer des Fisches ergeben eine eindrucksvolle Trophäe für den Hochseeangler. Vielerorts wird die Haut der Katfische gegerbt und verarbeitet.

Rekordgrößen

Katfische fehlen in den britischen und irischen Rekordlisten. Isländische und norwegische Angler erbeuten alljährlich viele große Fische, darunter Exemplare von mehr als 40 Pfund. Von Berufsfischern wird die maximale Größe des Gestreiften Katfisches mit 123 cm bei etwa 50 Pfund Gewicht angegeben. Der Gefleckte Katfisch wird dagegen bis zu 2 Meter lang und wesentlich schwerer.

Grauer Knurrhahn

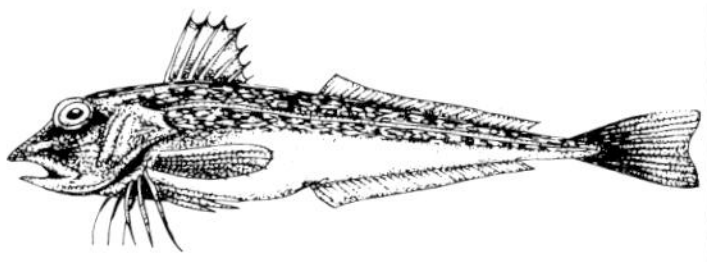

Wissenschaftliche Bezeichnung: Eutrigla gurnardus L.

Ausländische Namen: Dän: graa knurhane, gnading; engl.: grey gurnard; franz.: grondin gris; holl.: kleine poon, knorhaen; norw.: knurr; schwed.: knorrhanen, knoten

Erkennungsmerkmale

Der Fisch fällt durch seinen mächtigen gepanzerten Kopf und die großen Augen auf. Im Verhältnis zur Kopfgröße scheint der Körper ungleich schlanker und schmächtiger. Deutlich fühlbare knöcherige Verdickungen markieren die Seitenlinie auf ihrer ganzen Länge. Die ersten drei Strahlen der Brustflossen sind zu kräftigen Stacheln ausgebildet, die der Fisch einzeln bewegen kann. Die rötlichbraune Grundfärbung der jüngeren Exemplare steht im Gegensatz zum Graubraun der älteren, geschlechtsreifen Tiere. Zahlreiche schmutzig-weiße Flecken mischen sich unter die Grundfärbung und reichen vom Kopf bis zur Schwanzwurzel. Die Seitenlinie ist von einer deutlichen Reihe heller Punkte gesäumt. Die vordere Rückenflosse besitzt häufig einen schwarzen großen Fleck auf hellem Grund. Brust-, Bauch- und Rückenflosse spreizen die Knurrhähne nach dem Fang weit von sich. Vom Grauen Knurrhahn unterscheidet sich ein naher Verwandter, der Rote Knurrhahn (Triglalucerna L.) (Foto), durch fehlende Verdikkungen entlang der Seitenlinie und fantastische Farbenpracht: Der Rücken ist rot, die Flanken orange und die Flossen bei diesem Fisch gelb und blau gefärbt. Der Rote Knurrhahn und noch zwei weitere Arten derselben Gattung sind jedoch weit seltener als der Graue Knurrhahn und in unseren Gewässern überdies seltene Irrgäste.

Lebensraum

Der Graue Knurrhahn ist ein typischer „Europäer". Sein Verbreitungsgebiet reicht vom Polarkreis an der norwegischen Küste bis hinunter nach Portugal. Das Mittelmeer wird ebenso wie das Schwarze Meer in der gesamten Ausdehnung bewohnt. Sogar vor der südisländischen Küste wird dieser Fisch noch angetroffen, allerdings hier ebenso wie in seinem übrigen Verbreitungsgebiet nur im Flachwasser der Küstenbereiche von 10 bis 150 Metern Tiefe. Bei uns ist der Fisch in der Nordsee häufig, insbesondere die südliche Nordsee wird von großen Schwärmen der jüngeren Generationen bewohnt. Wichtigste und ergiebigste Fanggebiete der Angler sind jenseits der 10-Meter-Tiefenlinie vor den Ostfriesischen Inseln sowie das Seegebiet um Helgoland, namentlich im Süden und Südwesten der Insel, zu finden. In der Ostsee ist der Knurrhahn viel seltener und wird immer nur vereinzelt gefangen. Östlich von Bornholm im stärker ausgesüßten Ostseewasser ist der Fisch noch nicht gefunden worden. Angler erbeuten den Fisch vor unserer Ostseeküste noch am ehesten im Tiefwasser des Fehmarn Belts sowie am Auslauf der Belte bei Alsen und Langeland. Offensichtlich wandern die Knurrhähne in Jahren starken Salzwasserzulaufes aus dem Kattegat in die Ostsee mit der Strömung bei uns ein. Überdies sind sogar befruchtete Eier des Knurrhahns im Fehmarn Belt gefunden worden, so daß die Annahme besteht, daß dieser Fisch sich hier zeitweilig fortpflanzt. Der Rote Knurrhahn und seine nächsten Verwandten bevorzugen dagegen stark salzhaltiges Wasser und auch im Winterhalbjahr eine nicht zu starke Abkühlung. Dies erklärt das außerordentlich seltene Vorkommen dieser Fische in der Ostsee und nur vereinzelte Auftreten in der Nordsee.

Standplätze und Lebensweise

Alle Knurrhähne lieben Gebiete mit glattem Meeresboden. Reine Schlick und Tongebiete, auch mit feinem Geröll durchmischte Böden, werden bevorzugt. Mit ihren zu Stützen ausgebildeten Stachelstrahlen der Brustflossen stelzen sie bei der Nahrungssuche auf dem Meeresboden umher. Die Flossenstrahlen dienen dabei nicht nur der Fortbewegung, sondern auch als sehr sensible Tastorgane. Die stets gesellig lebenden Knurrhähne unternehmen während der Sommermonate kaum Wanderungen. Erst im Herbst, nach merklicher Abkühlung des Wassers im Oktober, rotten sie sich zu großen Schwärmen zusammen und streben dem wärmeren Wasserstrom der Nordatlantik-Drift entgegen. Besonders zahlreich werden die Tiere dann vor der ostenglischen Küste nördlich der Doggerbank gefangen. Hier und vor allem westlich der Britischen Inseln bleiben die Fische bis zum April, zerstreuen sich dann wieder über die ganze Nordsee und das Kattegat und erscheinen bei uns um Helgoland ab Mai.

Nahrung

Bodentiere aller Art, vor allem Weichtiere, Würmer und Garnelen sind die bevorzugte Beute der Knurrhähne. Die insbesondere nachts aktiven Beutetiere werden von den Knurrhähnen ertastet und überwältigt. Diese träge Lebensweise ist jedoch gepaart mit der Fähigkeit, erstaunlich geschickt und schnell zu schwimmen. Knurrhähne machen keineswegs vor kleinen Fischen halt und jagen im freien Wasser mit Ausdauer insbesondere die Sprotten-, Stint- und Heringsschwärme.

Laichzeit und Fortpflanzung

Die Hauptlaichzeit fällt bei uns in die Monate Mai/Juni, kann sich aber auch bis in den August erstrecken. Ein Rogner laicht ungefähr eine Viertelmillion Eier ab. Aus den von einer Ölkugel umgebenen, freischwimmenden Eiern entwickeln sich schon nach 5 bis 10 Tagen die winzigenLarven von nur 3 bis 4 mm Länge. Ab etwa 25 mm Länge gehen die Jungfische zum bodennahen Leben über und werden hier wieder häufige Beute ihrer Elterntiere. Die Laichreife setzt beim Milchner mit dem Ende des dritten Lebensjahres bei etwa 18 cm Länge, beim Rogner mit dem Ende des vierten Lebensjahres bei durchschnittlich 24 cm Länge ein.

Wachstum, Alter und fischereiliche Bedeutung

Knurrhähne wachsen langsam. Selbst nach fünf bis sechs Jahren werden sie in unseren Gewässern kaum über 30 cm, im Skagerrak und Kattegat höchstens 45 cm lang. Das maximale Alter der Fische ist nicht bekannt. Wegen der geringen Körpergröße ist die fischereiliche Bedeutung der Knurrhähne nur begrenzt. Die Nordseeanrainer fangen pro Jahr etwa 4 bis 5 Millionen kg der kleinen Großköpfe. Der größte Teil des Fanges wandert in die Fischmehlfabriken. Das ist sehr bedauerlich, denn die Knurrhähne zählen mit zu den besonders wohlschmekkenden Seefischen. Dies gilt im ganz besonderen Maße für den Roten Knurrhahn, der auf den Fischmärkten südlicher Länder hohe Preise erzielt. Aber auch den Grauen Knurrhahn weiß man bei uns an der Küste sehr zu schätzen. Das feine, feste Fleisch eignet sich vorzüglich für mannigfache Zubereitungsarten. Gebraten, mariniert und geräuchert (vor allem im Herbst) ist der Fisch sogar bei ausgesprochenen Feinschmeckern beliebt.

Biologische Besonderheiten

Den Namen verdanken die Knurrhähne ihrer Fähigkeit, sowohl unter Wasser als auch in der Hand des Anglers knurrende Geräusche von sich zu geben. Die Töne, ähnlich den Lauten, die beim Reiben einer prall gefüllten Luftballonhülle entstehen, erzeugen die Fische mit Muskeln, die ihre Schwimmblase zum Vibrieren bringen. Die Stachelstrahlen der Brust- und vorderen Rückenflosse enthalten kein Gift – im Gegensatz zum hochgiftigen Petermännchen, mit dem der Graue Knurrhahn manchmal verwechselt wird.

Grauer Knurrhahn

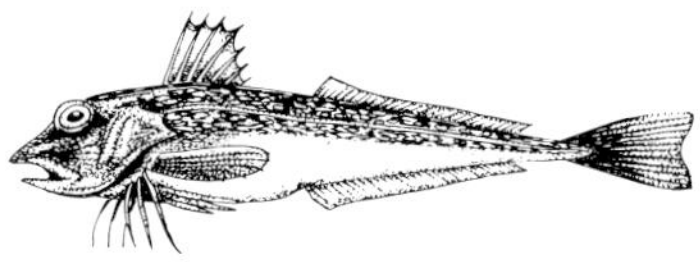

Fangzeiten

Die Größe der grauen Dickköpfe scheint in keinem Verhältnis zu ihrer Freßlust zu stehen. Beinahe zu jeder Tages- und Nachtzeit sind die Fische an den Haken zu bringen. Hat man erst einmal einen Fisch gefangen, so sind in der Nähe des Fangplatzes meistens noch viele weitere Artgenossen zu erwarten. Lediglich an hellen, sonnigen Tagen während der Mittagszeit scheinen die Fische am Boden zu ruhen, lassen sich aber auch dann durch bewegte Köder oder durch Anfütterung zum Anbiß reizen. Am besten beißen die Fische nach Beendigung der Laichzeit ab Mitte Juli und dann besonders nachts.

Fangmethoden, Geräte und Köder

Die Bootsangler im Bereich der ostfriesischen Küste fangen Knurrhähne in einiger Entfernung der Inseln im 10 – 20 Meter tiefen Wasser, also jenseits der Bänke und Barren, die den Inseln seewärts vorgelagert sind. In die Prielläufe der Wattengebiete dringen die größeren Knurrhähne nur höchst selten vor; auch das Brackwasser scheinen die Fische zu meiden. Weder bei uns noch vor anderen europäischen Küsten gibt es eine spezielle Angelei auf Knurrhähne, sondern die Fische sind stets nur Beifang, bei uns beispielsweise beim Angeln mit Fetzenködern in Grundnähe auf Dorsche, Schollen und Wittlinge. Wo ein Knurrhahn gefangen wurde, lohnt es sich im allgemeinen, das Boot zu verankern und gezielt den kleinen Vielfraßen nachzustellen. Dies gilt ganz besonders für den Bereich der südlichen Nordsee. Das Angeln beginnt mit reichlichem Anfüttern, wobei die Lockköder so ausgebracht werden sollen, daß sie nicht verdriften, sondern am Angelplatz bleiben. Zur Anfütterung eignen sich besonders gut kleingeschnittene Seefische aller Art, aber auch zertrümmerte Schnecken und Miesmuscheln, die in ein sehr feinmaschiges Netz gegeben werden und mit einem Gewicht als Beschwerung am Ankerplatz versenkt werden. Feine Drahtnetze widerstehen dabei besser den nagenden Angriffen von Krabben und Krebsen. Der in der Nordsee ständig herrschende Gezeitenstrom trägt den Duft des Lockfutters zu den witternd umherstreifenden Knurrhähnen und lockt sie so in Scharen an den Ankerplatz. Geangelt wird mit bis zu daumengroßen Stückchen von Heringen, Sprotten oder Hornhechten; auch Sandspierlinge, Stücke von Makrelen oder Plattfischen eignen sich. Die kleinen Leckerbissen werden mit dem Paternostergeschirr am Grund angeboten. Die Zahl der Haken und die Zusammenstellung des Geschirrs bleiben der Phantasie des Anglers überlassen; allerdings sind Zweihakenmontagen, wie sie beim Schollen- oder Flunderangeln verwendet werden, am günstigsten, weil es darauf ankommt, den Köder auf dem Grund anzubieten. Das Bleigewicht richtet sich nach der Stärke des Gezeitenstromes sowie nach Wind und Wellen. Haken der Größe 2 bis 4 sind für die Großmäuler keineswegs zu groß. Geangelt wird nach Gefühl mit möglichst feiner Schnur. Solange nur Knurrhähne bei dieser Methode am Futterplatz erbeutet werden, ist eine Schnurstärke von 0,25 mm noch ausreichend. Meistens aber kommt es bei dieser Angelmethode zu Beifängen von anderen Bodenfischen, so vor allem an Schollen, Klieschen, Wittlingen und Leierfischen, manchmal sogar Seezungen. Kommen auch noch Dorsche hinzu, dann ist die Verwendung einer etwas stärkeren Schnur anzuraten. Wenn die Knurrhähne in die mittleren Wasserschichten aufsteigen (vor allem frühmorgens und abends), um dort Kleinfischschwärme zu jagen, kann die Angelei mit leichten Blinkern und Spinnern sehr erfolgreich sein. Willkommener Beifang sind dann Makrelen und Hornhechte. Oft jagen die Knurrhähne unmittelbar in Bootsnähe, weil die Kleinfischschwärme unter dem Bootskörper Schutz suchen. Auch Paternostergeschirre aus bis zu 10 Haken der Größe 2 mit Leuchtschenkeln oder mit von Stanniolpapier umwickelten

Schäften können ebenso fängig sein wie dünne, gut im Wasser spielende Fetzenköder, die man sich am besten aus der Bauchseite einer frischen Makrele schneidet.

Anhieb, Drill und Landung

Die einmal gefaßte Beute läßt der Knurrhahn nicht so leicht wieder los. Je feiner das verwendete Angelgeschirr ist, desto besser wird man die deutlichen, ruckweisen Anbisse spüren und mit einem kurzen, harten Anhieb quittieren. Die gelandeten Fische umgreift man vom Maul her mit der Hand und drückt die stacheligen Flossen dabei eng an den Fischkörper – ganz so, wie man es mit den oft gleichzeitig erbeuteten Seeskorpionen oder am Süßwasser mit Barschen oder Zandern macht. Im allgemeinen wird das Hakenlösen keine Probleme mit sich bringen, denn die gelandeten Fische verstehen sich eher auf das Knurren als auf das wilde Umherzappeln in der Hand des Anglers. Beim Angeln mit Naturködern lassen sich Kopf und Innereien der gefangenen Fische sogleich wieder als Lockfutter verarbeiten. Kleine Fetzen aus der Flanke von Knurrhähnen sind überdies ein kaum geschmähter Leckerbissen für die kannibalischen Artgenossen.

Rekordgrößen

Wie schon erwähnt, wird der Knurrhahn bei uns in der Nordsee kaum über 30 cm groß, in der Ostsee ausnahmsweise 35 cm. Unsere skandinavischen Nachbarn fangen dagegen, hauptsächlich im Kattegat, die größten Grauen Knurrhähne bis zu 45 cm Länge und wissen Fische dieser Größe sehr wohl als Speisefische zu schätzen. Da eine spezielle Angelei auf Knurrhähne nirgendwo ausgeübt wird, der Fisch also meistens nur Beifang bleibt, wird er auch nicht in den Rekordlisten der meisten Länder geführt. Eine Ausnahme machen die angelsächsischen Länder, vor deren Küsten Knurrhähne in mindestens drei Arten erbeutet werden, der Rote Knurrhahn übrigens bis zu 75 cm Länge! So steht der britische Rekord für einen Grauen Knurrhahn seit Jahren bei einem Fisch von 397 g, der schottische Rekord immerhin schon bei 708 g und der irische Rekord sogar bei 1387 g – einem wahren Prachtexemplar aus der stelzbeinigen Familie. Überdies ist es bei unseren Nachbarn, vor allem in England und Norwegen, schon zu einer liebenswürdigen Tradition geworden, bei Hochseeangelwettbewerben einen besonders wertvollen Ehrenpreis für den größten jeweils erbeuteten Knurrhahn zu verleihen – Ausdruck der Wertschätzung, die diesem Fisch entgegengebracht wird, beißt er doch selbst dann noch und bringt Abwechslung in einen traurigen Angeltag, wenn einmal gar nichts anderes an den Haken gehen will.

Seeskorpion

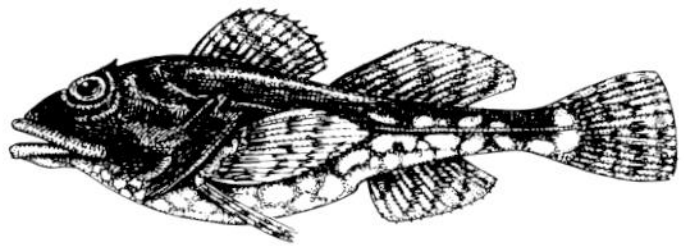

Wissenschaftliche Bezeichnung: Acanthocottus scorpius L.
Weitere deutsche Namen: Seeteufel; Ulker (Heiligenhafen); Kuuschen (Neustadt).

Ausländische Namen: Dän.: Almindelig ulk; engl.: sea scorpion, fatherlasher; finn.: iso simppu; franz.: sculpin; holl.: zeedonderpad; norw.: almindelig ulke; isl.: marhnutur; poln.: kur; russ.: bytschock; schwed.: ulken.

Erkennungsmerkmale

Jeder Angler wird an der Küste früher oder später mit diesem Fisch Bekanntschaft machen und von der grotesken Form und dem abenteuerlichen Aussehen überrascht sein. Beim ersten Hinsehen scheint der Fisch nur aus Kopf und Stacheln zu bestehen. Der kurze, sich rasch konisch verjüngende Leib wirkt lächerlich klein im Vergleich zum Kopf. Ein 20 cm langes Fischchen hat einen Kopf, der einem 2-pfündigen Dorsch gut passen würde. Zahlreiche Stacheln sitzen auf Kopf und Kiemendekkeln, und die großen Brust- und Rückenflossen werden von kräftigen Stachelstrahlen gestützt. Die Färbung ist der Umgebung im hohen Maße angepaßt. Sie variiert von braunen und grauen Tönungen bis zum Oliv, je nachdem, ob der Fisch zwischen dunklen Steinen, Braunalgen oder Seegras lebt. Sämtliche Flossen sind auffällig marmoriert; auf ihrer gelblichen Grundfärbung setzt sich die Rückenfarbe des Fisches in unregelmäßigen Flecken und Linien fort. Die Milchner unterscheiden sich von den Rognern durch zahlreiche Dornen auf den Innenflächen der Brust- und Bauchflossen. Während der Laichzeit schlüpfen die Milchner in ein farbenprächtiges Hochzeitskleid. Die sonst grauweiße Bauchseite prangt dann in kupfernen, manchmal hochroten Farben, durchsetzt von großen, milchig-weißen Flecken. Dieser Fisch aus der artenreichen Familie der Groppen kann in unseren Küstengewässern leicht verwechselt werden mit dem Seebull (Acanthocottus bubalis). Diese viel seltenere Groppenart unterscheidet sich vom Seeskorpion vor allem durch eine Reihe von Knochenhöckern entlang beider Seitenlinien. Auch der Steinpicker (Agonus cataphractus) könnte Anlaß zu Verwechslungen geben. Er unterscheidet sich vom Seeskorpion durch seinen sehr lang ausgezogenen Schwanzstiel und ausgeprägte Knochenpanzer am ganzen Körper.

Lebensraum

Das Verbreitungsgebiet ist dem des Dorsches sehr ähnlich. Im Süden reicht das Vorkommen bis an die französische Biskaya, von dort über die irischen und britischen Küsten, über Island und das Nordkap bis an die Packeisgrenze bei Spitzbergen und Grönland. Die gesamte Barentssee und die Küsten Nowaja Semljas werden ebenso bewohnt wie das Hudson- und das Baffinmeer im Norden Kanadas. An der westgrönländischen Küste werden Seeskorpione sogar noch vor Thule gefangen und stellen ein wichtiges Nahrungsmittel dar; an der nordamerikanischen Küste verbreitet sich dieser groteske Fisch bis hinunter vor die Tore New Yorks. In unseren Gewässern gehört die Art mit zu den häufigsten Fischen. Anders als der Dorsch lebt diese Art jedoch stets im flachen Wasser und dringt auch noch weit in Brackwassergebiete vor. Fehlt im Mittel- und Schwarzen Meer.

Standplätze und Lebensweise

Der Seeskorpion ist ein typischer Standfisch der Algenzone. Überall, wo sich Deckung in Form von Bewuchs, Steinen, Brückenpfählen, Steinschüttungen oder versunkenen Gegenständen findet, trifft man auf den kleinen Kerl. Nur über reinen Sand- und Schlickgründen wird man keine Seeskorpione finden. Alle anderen Gebiete werden in unterschiedlicher Bestandsdichte bewohnt. Zwar scheint es, daß diese Fische einzeln oder paarweise leben, aber stets kann man in der nächsten Umgebung eines Fangplatzes auf weitere Exemplare hoffen. Im Sommer wagen sich die Fische bis in die flachsten Uferpartien vor, im Winter ziehen sie sich in etwas tieferes Wasser zurück. Entlang der Ostseeküste dringt diese Art bis in die stark ausgesüßten Teile des Nordostseekanals, der Trave- und Schleimündung vor. Entlang der Nordseeküste bewohnt Scorpius vor allem Häfen, Buhnen und Molenbauten, die ständig vom Wasser überspült sind. Besonders häufig und in Gesellschaft mit dem vorerwähnten Seebull lebt der Seeskorpion auf dem Helgoländer Felssockel. Hier erwischen die Angler die bei weitem größten Exemplare unseres Meeresgebietes. Wo der Fisch Deckung findet, lauert er ruhig am Boden liegend auf Beute. Regungslos, mit einem fast zum Kreis gekrümmten Schwanz, der wie ein Flitzbogen gespannt ist, beobachtet der Wegelagerer seine Umgebung. Kommt ein Beutetier in greifbare Nähe, dann schießt er mit einem meterlangen Satz blitzschnell nach vorn und entpuppt sich dabei als äußerst gewandter und schneller Kurzstreckenschwimmer. Selten verfolgt er eine verfehlte Beute, sondern kehrt meistens wieder in sein Versteck zurück.

Laichzeit und Fortpflanzung

Am Ende des zweiten Lebensjahres werden die Seeskorpione in unseren Gewässern laichreif. Die Milchner sind dann 14-25 cm, die Rogner 15-30 cm lang. Die Laichzeit fällt bei uns in die Monate Dezember bis Mitte März. Man hat beobachtet, daß der Milchner den Rogner bei der Paarung mit seinen Brustflossen umklammert und nimmt an, daß – jedenfalls teilweise – eine innere Befruchtung stattfindet. Der Laich wird in hühnereigroßen Klumpen am Boden angeheftet. Während der fast 5-wöchigen Brutzeit bewacht der Milchner die Eier. Meistens sitzt der Fisch direkt auf den Eiern und breitet seine großen, bedornten Brustflossen schützend über dem Laich aus. Diese Form der Brutpflege trägt ganz sicher dazu bei, daß trotz der im Vergleich zu anderen Seefischen geringen Eizahl verhältnismäßig wenig Eier den zahlreichen Laichräubern zum Opfer fallen und dadurch die Überlebensrate ziemlich groß ist. So wundert es nicht, wenn diese Groppenart nicht nur bei uns, sondern auch in anderen Seegebieten ziemlich häufig ist. Nach der Brutzeit schlüpfen aus den 2-2,5 mm großen Eiern die Larven, die zunächst im freien Wasser leben, ab 15 mm jedoch das bodennahe Leben ihrer Eltern aufnehmen.

Nahrung

Die Gefräßigkeit des Seeskorpions ist berüchtigt. Er schnappt nach allen freibeweglichen Wassertieren, die er nur irgendwie bewältigen kann. Krebse und Krabben, Garnelen und Asseln fallen ihm ebenso zum Opfer wie alle Arten von Kleinfischen. Die Berufsfischer verübeln dem kleinen Vielfraß nicht nur, daß er große Laichmengen und Fischbrut im Larven-Stadium vertilgt, sondern oft an mehr als der Hälfte aller Haken ihrer Langleinen hängt.

Wachstum, Alter und fischereiliche Bedeutung

In den ersten zwei Jahren bis zur Geschlechtsreife wachsen die Seeskorpione verhältnismäßig rasch. Nach dem ersten Laichen aber verlangsamt sich ihr Wachstum merklich. In unseren Gewässern werden die Tiere kaum mehr als 25 cm groß. Die Rogner werden stets größer als die Milchner. In den kalten Meeren, vor allem in der Arktis an den grönländischen Küsten, werden die Seeskorpione vereinzelt bis zu 60 cm lang und stellen in dieser Größe eine begehrte Beute dar. Das schneeweiße und feste Fleisch auch unserer Seeskorpione wird von Kennern sehr geschätzt. Allerdings bleibt nach dem Enthäuten und Abtrennen des Kopfes nicht mehr viel vom Fisch übrig. Der Rest jedoch eignet sich vorzüglich zur Herstellung von Fischsuppen aller Art. Die Berufsfischer unserer Küsten verwenden die Fische in Streifen zerschnitten als Köder für ihre Langleinen. Die Fische werden 6 und mehr Jahre alt.

Seeskorpion

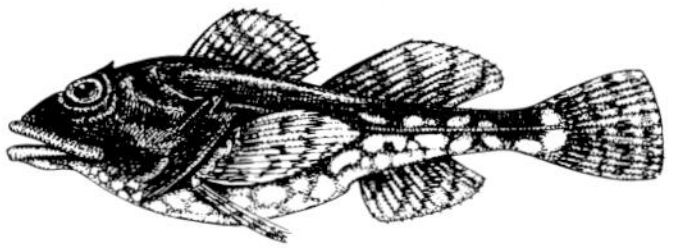

Biologische Besonderheiten

Anders als beim entfernt ähnlichen Petermännchen (Trachinus draco) enthalten die Stacheln des Seeskorpions kein Gift. Dem Fisch fehlt eine Schwimmblase. Die Haut ist völlig nackt und schuppenlos. Gefangene Seeskorpione können, in der Hand gehalten, einen vibrierenden Muskelton erzeugen, der wie ein leises Knurren klingt. Der Fisch wird deshalb auch mit dem gleichzeitig bei uns in der Nordsee vorkommenden Grauen Knurrhahn (Trigla gurnardus) verwechselt.

Fangzeiten

Die gefräßigen Wegelagerer haben beinahe immer Beißzeit. Sogar während der Laichzeit im Winter schnappen sie nach einer vorüberziehenden, leicht erreichbaren Beute. Die beste Fangzeit aber besteht von April bis Ende August, wenn die Seeskorpione, vom Laichen ausgezehrt, sich nicht nur aufs träge Lauern beschränken, sondern aus tieferen Wasserschichten bis in flachste Küstenbereiche vordringen. Geschickt schlüpfen sie dann von einer Deckungsmöglichkeit zur anderen, belauern und überfallen ihre Beutetiere am Tag genauso, wie in den Dämmerungszeiten und nachts. In dieser Zeit werden die Fische mancherorts häufige Beute der Brandungsangler. Allerdings lieben die kleinen Deckungskünstler nicht wie Aal und Flunder starke auflandige Winde mit hoher Brandung. An windreichen Tagen und auch während der kalten Jahreszeit ziehen sich die Seeskorpione mehr ins tiefere Wasser zurück.

Fangmethoden, Geräte und Köder

Wer sich einmal die Mühe gemacht hat, Seeskorpione daheim in der Küche zu verwerten, wird rasch auf den Geschmack gekommen sein und ist sicherlich nicht abgeneigt, einen schlechten Dorschangeltag in einen guten Seeskorpiontag umzuwandeln. Bei der Bootsangelei ist die fängigste Methode zweifellos das Fischen mit der Paternosterangel und dem Fetzenköder. Man verwendet dazu ähnliches Geschirr, wie es beim Flunder- oder Aalfang benutzt wird, nur wählt man das gesamte Geschirr wesentlich feiner. An die 0,25 mm starke Hauptschnur knüpft man einen kleinen Wirbel und hängt in dessen Karabinerhaken ein zweiarmiges Paternostergeschirr gleicher Schnurstärke und etwa 60 cm lang. Die Haken sollten voneinander und zum Endblei etwa 25 cm Abstand haben. An die etwa 5 cm langen Mundschnüre, die man wegen der erforderlichen Steifheit aus 0,50 mm dicker Kunststoffschnur fertigt, knotet man langschenklige Haken der Größen 1 bis 2/0. Das birnenförmige Endblei wählt man so, daß man bei der jeweils herrschenden Drift direkt am Boot und nicht zu weit achteraus (wegen der Hängergefahr!) angeln kann. Als Köder verwendet man halb daumengroße längliche Fetzen aus der weißen Flanke oder Bauchseite frischer Fische. Die Fetzen schabt man am freien Ende dünn, damit sie im Wasser flattern und eine lebende Beute beim langsamen Auf- und Abbewegen vortäuschen. Mit diesem Geschirr sucht man küstennahe Seegebiete ab. Gut eignen sich Gewässerabschnitte, die so tief sind, daß man bei klarem Wasser und ruhiger See gerade noch die Bodenbeschaffenheit erkennen kann. Helle Sandflecken, ständig unterbrochen von dunklen Bewuchszonen, bieten beste Voraussetzungen. Hat man ein Gebiet mit Seeskorpionen gefunden, so lohnt es sich, eine Markierungsboje auszubringen, denn die Fische sind ortstreu und dort, wo einige gefangen wurden, kann man stets auf weitere hoffen. Wichtig ist bei dieser Angelart, daß man das Boot stets wieder über den Fangplatz treiben läßt, denn der Angler muß zum am Boden lauernden Fisch kommen, damit er zupackt. In den Buchten entlang der Ostseeküste gibt es Bezirke, die Jahr für Jahr von den Seeskorpionen bevorzugt bewohnt werden. Es sind dies meistens Gebiete mit ruhigen, großräumigen Strömungskreiseln, so z. B. die Neustädter Bucht. Natürlich lassen sich Seeskorpione auch mit kleinen Blinkern fangen; es kommt oft genug vor, daß sich die freßwütigen Tiere sogar auf die großen 100 g schweren Pilker der Dorschangler stürzen. 20 bis 30 g schwere gedrungene Blinker eignen sich am besten. Sie werden einfach an der Bordwand herabgelassen und zupfend knapp über dem Grund geführt. Allerdings ist die Hängergefahr ungleich größer als beim Angeln mit dem Paternoster. Beim Angeln vom Ufer empfiehlt sich eine gänzlich andere Methode: Das Fischen mit dem Schwimmer. Mehr noch als weiter draußen im tiefen Wasser lieben die Seeskorpione entlang der flachen Ufer die Stellen mit besten Deckungsmöglichkeiten. Vor allem dichter Bewuchs von Blasentang und Meersaite oder Geröllzonen mit großen Steinen sagen den Fischen sehr zu. Hier ist das Angeln mit der Paternosterangel und dem Bodenblei unmöglich. Man fischt je nach Wassertiefe mit dem festgeklemmten oder gleitenden Floß knapp über den Tangen und Steinen, verwendet an einem Einzelhaken einen gut flatternden Fetzenköder und zieht den Köder nach dem Auswerfen mit kleinen Rucken langsam ans Ufer zurück.

Anhieb, Drill und Landung

Der Freßgier des Seeskorpions entspricht auch sein Beißverhalten. Mit Vehemenz stürzt er sich stets auf den Köder, reißt und zerrt Posen und Rutenspitzen mit solcher Macht nach unten, daß man im ersten Augenblick an einen größeren Fisch glaubt. Es gibt nur sehr selten Fehlbisse und ein einmal gehakter Seeskorpion hängt meistens mit tief geschlucktem Haken fest an der Angel. Geht ein gehakter Fisch ausnahmsweise einmal verloren, so schadet das nicht; oft genug ergreift der Fisch ganz ungeachtet der soeben gemachten schmerzlichen Erfahrungen den rasch wieder eingeworfenen Köder noch einmal. In der Hand des Anglers spreizt der Fisch unablässig seine bedornten Kiemendeckel und Flossen. Beim unsachgemäßen Hantieren kann es leicht zu Verletzungen kommen. Streift man von vorn über den Fisch und packt kräftig zu, können die Dornen nicht gefährlich werden; noch besser sind natürlich Handschuhe geeignet. Seeskorpione lassen sich für einen begrenzten Zeitraum hältern.

Rekordgrößen

Der Seeskorpion wird in keiner deutschen Rekordliste geführt. Auch in ausländischen Hitlisten sucht man ihn vergeblich. Das Durchschnittsmaß beträgt für diesen Fisch bei uns etwa 25 cm; Fische von 30 cm und mehr stellen schon eine Ausnahme dar. Unsere nordischen Nachbarn fangen etwas größere Exemplare, die Grönländer die größten: Dort beträgt die Durchschnittslänge rund 45 cm und die größten Seeskorpione werden bis zu 60 cm lang.

Freiwasserfische

Hering, Hornhecht, Makrele, Meeräsche, Stöcker

Im riesigen, dreidimensionalen Wasserraum der Ozeane lassen sich die Fische nach ihrem hauptsächlichen Aufenthaltsort in zwei große Gruppen einteilen: jene, die in erster Linie an das bodennahe Leben gewöhnt sind und jene, die sich in den verschiedensten Tiefen der freien Wasserräume aufhalten.
Das Leben am Boden hat für die darauf spezialisierten Fische manche Vorteile. Insbesondere beim Kampf ums nackte Dasein, bei der Verfolgung durch Räuber aller Art, lassen sich schnell rettende Verstecke finden. Die pelagisch, also im freien Wasserraum lebenden Fische, haben auf der Flucht vor Verfolgern keinerlei Deckungsmöglichkeiten. So wundert es nicht, wenn sich im harten Ausleseprozeß der Natur Fische und Lebensformen entwickelt haben, die sich ganz wesentlich von den Bodenfischen unterscheiden.
Allen gemeinsam ist der elegante, meist schlanke, torpedoförmige Körperbau, der das schnelle, gewandte Schwimmen ermöglicht. Die Schwarmbildung war der nächste Entwicklungsschritt zum Überleben, denn nur im großen Verband gelingt es den Kleineren, den großen Räubern zu entkommen. Ein einzelner versprengter Hering wird in wenigen Augenblicken Beute der gezielt zupackenden Makrele; diese wird wiederum, vom schützenden Schwarm getrennt, in wenigen Sekunden ein Opfer der unerhört schnellen und gewandten Thunfische. Der geschlossen schwimmende Verband aber irritiert die Räuber: Sie können nicht gezielt schnappen und verfolgen, zu viele zuckende Bewegungen erzeugen zu viele verwirrende Signale.
Aber auch im Schwarm müssen die pelagischen Fische stets auf der Hut sein; ein stetes rast- und ruhloses Wandern ist ihr Lebenslos. Es gibt kaum eine Möglichkeit, sich auszuruhen, und so wundert es nicht, wenn die meisten pelagischen Fische nur ein relativ geringes Lebensalter erreichen.
Dieser Nachteil wird ausgeglichen durch das ungleich größere und leichter zu erreichende Nahrungsangebot in Form der milliardenfach vorkommenden Plankter. Das reiche planktonische Leben insbesondere der gemäßig-

ten ozeanischen Gebiete hat dazu geführt, daß sich solche Fische wie Heringe, Sardinen oder sogar die viele Tonnen schweren Wale und Walhaie davon ernähren können. Selbst räuberische Schwarmfische, wie Makrelen oder Thunfische, sind in der Lage, sich während der winterlichen Jagdpausen vom Plankton zu ernähren. Viele Arten der pelagisch lebenden Fische wären längst ausgestorben, hätte die Natur sie nicht mit geradezu unglaublicher Fruchtbarkeit ausgestattet. Eine einzige Makrele laicht Jahr für Jahr über eine Viertelmillion Eier ab, und die zu Millionen in einem Schwarm vereinten Heringe bringen es pro Rogner auf bis zu 50.000 Eier. Der größte Teil der sich daraus entwickelnden Brut wird früher oder später von den Fischen selbst wieder gefressen; dabei machen die Räuber keinen Unterschied zwischen Nachkommen anderer und der eigenen Art. Nirgendwo sonst werden die grausamen Prinzipien vom „Fressen-und-Gefressen-werden" und der Macht des Stärkeren so deutlich, wie in den Weiten der Meere; nirgendwo sonst zeigt sich die Natur mit solcher Deutlichkeit so unfaßbar erbarmungslos.

Hering

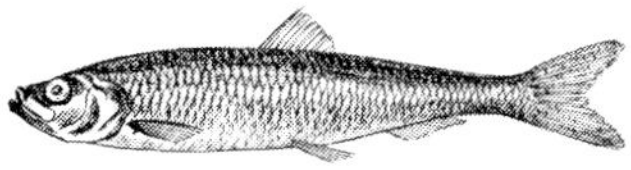

Wissenschaftliche Bezeichnung: Clupea harengus harengus L.

Weitere deutsche Namen: Spitze (kleine, etwa 8 cm lange Jungheringe); Strömling (kleine Heringsrasse der östlichen und mittleren Ostsee)

Ausländische Namen: Dän.: sild; engl.: herring; franz.: hareng; holl.: haring; isl.: sild; norw.: sild; port.: arenque; russ.: seldj; schwed.: sill

Erkennungsmerkmale

Allen Heringsrassen sind drei wesentliche Merkmale gegeben: Die Kiemendeckel sind glatt, ohne radiale Streifen; die Bauchflosse beginnt, von der Seite betrachtet, hinter dem vorderen Ansatz der Rückenflosse, und die Kielschuppen des Bauches sind nur mäßig dachfirstartig gekantet, ohne Dornen. Der ganze Fischleib ist deutlich beschuppt. Die Schuppen fallen leicht aus und sind bei dieser Art besonders gut zur Bestimmung des Fischalters anhand der Jahresringe geeignet. Der frischgefangene Hering ist außerordentlich schön gefärbt. Gelbgrüne und blauschwarze Farbzellen verleihen dem Rücken eine dunkle, blaugrüne Färbung mit dezentem Purpurschimmer. Die Seiten schimmern silbrig und sind von einem deutlichen Perlmuttglanz überzogen. Der Bauch ist weiß. Die Farben verlieren nach dem Tod rasch ihre Leuchtkraft. In unseren Gewässern kann der Hering leicht verwechselt werden mit der Sprotte (Sprattus sprattus (L.)). Bei diesem Fisch beginnt die Bauchflosse entweder vor oder unmittelbar unter dem vorderen Ansatz der Rückenflosse. Der Bauch besitzt eine Reihe scharfgekielter Schuppen mit kleinen Dornen, die man insbesondere beim Streichen von hinten nach vorn deutlich spürt. Überhaupt fühlt sich die Sprotte etwas rauher an. Weitere Verwandte sind unter anderem die Sardine und der Anchovis, die in ihrer Verbreitung aber auf die Küsten Portugals und Spaniens sowie auf das Mittelmeer und das Schwarze Meer beschränkt bleiben.

Lebensraum

Der Hering gehört zu den typischen nordatlantischen Fischen. Er meidet ausgesprochen warmes Wasser. Im Westatlantik bevölkern große Schwärme die Kaltwasserküsten Neufundlands, Kanadas und Nordamerikas. Südlich und westlich von Grönland wird der Fisch ebenso erbeutet wie rings um Island. Mit der Nordatlantikdrift ziehen die Fische schließlich weit über den Polarkreis hinaus bis nach Spitzbergen und Nowaja Semlja, bewohnen die gesamte norwegische Küste, die Nordsee, die britischen und irischen Gewässer, werden aber südlich bis in die Biskaya hinein sehr rasch spärlicher. Skagerrak und Kattegat werden ebenso bewohnt wie die Ostsee. Im gesamten Ostseebereich leben viele lokale Rassen, die nach Osten immer kleinwüchsiger werden.

Standplätze und Lebensweise

Die Lebensweise der Heringe ist seit Beginn der Fischereiforschung Gegenstand intensiver Studien. Man hat vieles über diesen Fisch, dessen Erscheinen oder Ausbleiben schon in vergangenen Jahrhunderten über das Wohl und Wehe Tausender von Fischern entschied, in den vergangenen Jahrzehnten erfahren. So weiß man auf Grund von Markierungen, daß sich die im Sommer auf dem Fladen-Grund in der Nordsee einfindenden großen Heringsschwärme im Herbst zerstreuen. Ein Teil zieht zur Küste Schottlands und laicht dort im Herbst, ein anderer Teil zieht durch die Nordsee bis in den Ärmelkanal, um dort zu laichen. Bei den vor der norwegischen Küste laichenden Heringen weiß man, daß es sich zur Hauptsache um Fische handelt, die alljährlich weite Wanderungen nach Island oder in die Barents See unternehmen; dagegen unternehmen lokale Rassen der westlichen Ostsee kaum weite Wanderungen. Manches noch vom Werden und Leben der Heringe blieb im Verborgenen. Sicher ist, daß dieser Fisch sich stets in Tiefen zwischen der Wasseroberfläche und 200 Metern aufhält, daß er, außer in der Laichzeit, Flachwasserbezirke und Brackwasser meidet, daß er nachts in den höheren Wasserschichten und tagsüber tiefer zu finden ist und daß er immer dort ist, wo reiches planktonisches Leben zu finden ist, also besonders an den Grenzlinien zwischen warmen Driftströmungen aus südlichen Bereichen und zurückfließendem arktischem Kaltwasser aus dem Eismeer. Stets bildet der Hering große Schwärme, die zerstreut vorkommen, sich aber zu Fischzügen gewaltigen Ausmaßes während der Laichzeit zusammenschließen.

Nahrung

Heringe ernähren sich während ihres ganzen Lebens vom tierischen Plankton. Die kleinen Plankter werden mit dem Atemwasser eingesogen und mit den Kiemen ausgefiltert. Die zwar kleinen, aber scharfen Zähne benutzen die Heringe bei ihrer Jagd auf die bis zu etwa 3 und mehr Zentimeter großen Tiere des Zooplanktons, vor allem auch auf Fischlarven aller Art.

Laichzeit und Fortpflanzung

Die schon erwähnten lokalen Rassen unterscheiden sich vor allem durch den Zeitpunkt des Laichens. Die Ostsee beispielsweise kennt viele Frühjahrslaicher, die im März und April in die Buchten unserer Küste kommen und sogar in die brackigen Gewässer wie Trave, Schlei, Kieler Förde einschließlich Nord-Ostsee-Kanal und Eckernförder Bucht eindringen. Andere Ostseegebiete und vor allem auch die Nordsee kennen hauptsächlich Herbstlaicher. Ein Rogner laicht etwa 20 000 bis 50 000 Eier ab. Die relativ großen, bis 1,5 mm im Querschnitt messenden Eier sinken zu Boden und kleben dort fest. In manchen Laichgebieten bilden die Eier am Boden dicke, kissenförmige Polster und werden begierig von vielen Seefischen verzehrt. Nach etwa 8 Tagen bis 7 Wochen (je nach Wassertemperatur) schlüpfen die 9 mm langen Larven und entwickeln sich allmählich, im Oberflächenwasser treibend, zu kleinen Fischchen. Bei etwa 4 cm Größe bilden sich die ersten Schuppen. Nach etwa 4 bis 7 Lebensjahren nehmen die Fische zum ersten Mal am Laichen teil; bei einigen Zwergformen der östlichen Ostsee setzt die Reife schon bei 10 cm Länge nach 2 Jahren ein.

Wachstum, Alter und fischereiliche Bedeutung

Der Hering war seit altersher für die Berufsfischer das wichtigste Fangobjekt. Auch heute noch macht die Gesamtbeute an Heringen pro Jahr im Schnitt über 13 Millionen Tonnen aus. Das ist etwa ein Drittel des gesamten Fischfanges der Welt, und damit hat der Hering auch heute noch mit Abstand seine Spitzenposition als wichtigstes Fangobjekt gehalten. Den größten Anteil am Heringsfang sichern sich traditionell die Norweger mit rund 1 Million Tonnen pro Jahr, gefolgt von den Russen und Isländern. Auch die deutschen Fischer sind am Fang mit bis zu 250 000 t beteiligt. Allerdings war die Ausbeute in jüngster Zeit rückläufig. 1973 betrug sie beispielsweise nur 71 365 t, wovon über 26 000 t als Filets angelandet wurden. Qualitativ hoch bewertet werden die Fettheringe, die auf ihren Nahrungswanderungen erbeutet werden und in ihren Körpern bis zu 15 % Fettanteil am Gesamtgewicht speichern können. Die Laichheringe sind dagegen sehr mager. Die Heringe werden hauptsächlich zu Fischöl und Fischmehl, aber auch zu Konserven verarbeitet. Ein guter Teil wird in Fässern eingesalzen oder geräuchert. Auf hoher See werden die Fische mit Schleppnetzen und noch mehr mit großen Treibnetzen erbeutet; in Küstennähe, vor allem vor unserer Ostseeküste, werden die wertvollen, wohlfeilen und wohlschmeckenden Fische hauptsächlich mit Stellnetzen erbeutet. Zappelfrisch kann man die Fische alljährlich in den Monaten März/April in den Ostseehäfen direkt von den Booten der Küstenfischer kaufen.

Hering

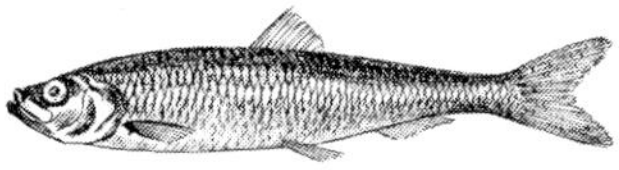

Biologische Besonderheiten

Der Hering besitzt keine Seitenlinie an den Flanken. Nur einige wenige vergleichbare Organe befinden sich auf dem Rücken des Fisches. Die Schwimmblase hat einen direkten Gang nach außen, der am After mündet; der Fisch ist so mühelos in der Lage, Luft aus der Schwimmblase beim Aufsteigen in höhere Wasserschichten abzulassen und so auch das Heraufholen mit Netzen oder Angeln unbeschadet zu überstehen.

Fangzeiten

Heringe beißen immer an, man muß die Schwärme nur finden. Beste Fangaussichten bestehen entlang unserer Ostseeküste ab November, wenn die Frühjahrslaicher näher zur Küste kommen und in den Bereich der Bootsangler gelangen. Später, im März und April, sind die Fische dann so weit in die Buchten und Häfen vorgedrungen, daß man sie nicht nur vom Ufer mit Angeln, sondern manchmal sogar mit Senken fangen kann. Das gilt vor allem für Zeiten mit starken östlichen Winden, steigendem Wasserstand und ganz besonders nachts.

Fangmethoden, Geräte und Köder

Heringe lassen sich bei geschickter Geschirrzusammenstellung sogar in großer Stückzahl fangen. Denn wo einer an die Angel ging, da ziehen meistens viele Tausende. Vor allem die Dorschangler haben bei der winterlichen Angelei schon so manchen Korb voller Heringe mitnehmen können. Basis aller Geschirrzusammenstellungen ist das Paternostergeschirr.

Beim Angeln vom Boot werden Heringe entweder rein zufällig beim Pilken festgestellt, wenn sich einer der silbernen Gesellen in einem umherschießenden Pilker verhängt hat. Oder der aufmerksame Bootsführer hat mit seinem Echolot einen Heringsschwarm ausgemacht. Tagsüber stehen die Fische nur wenige Meter über dem Grund, und während der Bootsführer versucht, durch geschicktes Manövrieren am ziehenden Schwarm zu bleiben, ersetzen die Angler die Dorschpilker durch ein Heringspaternoster. Es ist etwa 2 Meter lang und nur 0,20 mm dünn. Ans Ende knüpft man ein Blei, das möglichst klein und unauffällig gewählt wird. Im Abstand von etwa 15 cm knotet man mit sehr kurzen Mundschnüren oder direkt an die Paternosterschnur Haken der Größe 7 bis 12. Silberne oder goldfarbig bronzierte eignen sich besonders gut, aber auch Haken, die mit roten oder weißen Wollfäden umwickelt sind; ein Stückchen Ventilgummi, ein Büschel dünner Nylonfäden oder etwas Stanniolpapier am Hakenschaft ergeben ebenso brauchbare Köder. Am besten wird gefangen, wenn man möglichst verschiedenartige Köderhaken ans Paternoster knüpft. Die Öresundangler, die von Dezember bis März besonders viele Heringe vom Boot aus erbeuten, benutzen nackte, kleine und kleinste weiße Drillinge, die ohne Mundschnur in die Paternosterleine geschlauft werden. Man läßt das Paternoster bis zum Grund hinunter und beginnt dann mit dem langsamen Einholen. Dabei wird das Paternostergeschirr mit ständigen, feinen, vibrierenden Rucken in Bewegung gehalten. Es gilt, den Heringen lebendige große Plankter vorzutäuschen. Sobald man den ersten Hering an der Leine hat, knotet man zur Tiefenmarkierung ein Stückchen Gummiband in die Rollenschnur, denn in den meisten Fällen wird der Heringsfang für längere Zeit in stets der gleichen Tiefe weitergehen. Zappelt der erste Fisch am Paternoster, dann überläßt man ihm an ruhig gehaltener Schnur die weitere Bewegung der übrigen Köder. Mit energischen Rucken wird er dafür sorgen, daß seine Schwarmgenossen nach und nach auch auf die übrigen Köder beißen. Beim Aufholen gehen in der Regel wieder einige Fische verloren. Aber das stört die anderen nicht; ist man erst einmal am Schwarm, dann geht das Beißen munter weiter. Stehen die Heringe sehr tief und muß deswegen ein großes Blei verwendet werden, das beim Bewegen den Schwarm irritieren würde, dann kann es sehr nützlich sein, die Bleibeschwerung weit unterhalb des Paternosters zu befestigen, etwa in 3 bis 4 Meter Abstand. Natürlich sollte man nie einen Pilker anstelle des Bleies verwenden, denn große Dorsche stehen in der Regel unter einem Heringsschwarm. Sie würden den Pilker nehmen, das dünne Heringspaternoster zerreißen und anschließend möglicherweise verludern. Beim Fischen vom Ufer, vor allem von Molen im Hafenbecken, verwendet man ebenfalls ein Paternostergeschirr. Es kann genauso zusammengestellt werden wie das vorher beschriebene, nur sollte man auch die übrige Ausrüstung auf das feinfühlige Fischen umstellen. Dazu gehört vor allem eine lange, leichte Rute von etwa 3,5 bis 6 Meter Länge, eine sehr leichte Stationärrolle, eine Rollenschnur von etwa 0,20 mm Stärke und natürlich nur ein sehr kleines Bleigewicht. Geangelt wird auf die scheuen Gesellen am Tage nur, wenn es stürmt, das Wasser trübe ist und die Wolken tief hängen. Die weitaus beste Angelzeit ist nachts und dann vor allem in der Nähe von Kailaternen oberhalb steiler Ufermauern, die an wirklich tiefes Wasser grenzen. Das Paternoster wird ausgeworfen und mit zarten, vibrierenden Rucken herangeholt. Die Angler der englischen Südküste haben sogar herausgefunden, daß sich Heringe mit dem Floß von Kaimauern in den Hafenbecken angeln lassen. Sie benutzen eine Ausrüstung, die einem feinen Rotaugengeschirr nicht unähnlich ist. Auch sie verwenden eine Rollen- und Paternosterschnur von etwa 0,20 mm Stärke und ziehen auf die Rollenschnur ein außerordentlich leichtes, gleitendes Floß, wie es beim Rotaugenangeln im tiefen Wasser verwendet wird. Das eigentliche Paternoster besteht aus drei Haken der Größe 10. Der erste wird ans Ende geknüpft, in 75 cm Entfernung wird der zweite mit einer 5 bis 7 cm langen Mundschnur und in weiteren 50 cm Entfernung der dritte Haken mit eine Mundschnur befestigt. Zwischen dem Endhaken und dem mittleren Haken wird ein Bleischrot auf die Leine geklemmt, oberhalb der drei Haken werden auf der Schnur weitere Schrote befestigt. Auch mit dieser Ausrüstung wird an langen Ruten des Nachts gefischt. Als Köder verwenden die Angler in Plymouth kleine Stückchen vom Seeringelwurm, aber auch höchstens kleinfingernagelgroße Stückchen vom Wattwurm, weiße lebende Maden, angeklebte Zuckmükkenlarven, Asseln oder Heringsinnereien. Die Heringe ziehen das Floß dabei kräftig unter Wasser.

Anhieb, Drill und Landung

Heringe holt man zügig aus dem Wasser; nur allzu oft fallen sie beim Herumzappeln wieder ins Wasser zurück. Die Fische sollten unbedingt noch am Fangtag verarbeitet werden, weil das Vertranen, besonders der fetten Fische, sehr rasch einsetzt.

Rekordgrößen

42 cm lang soll der bisher größte von Wissenschaftlern gemessene Hering gewesen sein. In der britischen Rekordliste findet sich ein Hering von 1 lbs 1 oz, also ungefähr 480 g schwer. Wer wird ihn überbieten? Bis zu 700 g schwere Fischchen sind zu fangen!

Hornhecht

Wissenschaftliche Bezeichnung: Belone belone L. **Weitere deutsche Namen:** Hornfisch.

Ausländische Namen: engl.: garfish, garpike, greenbone; dän: hornfisk; finn: nokkahauki; franz: orphie; holl: geep; poln. u. russ: belóna; ital: Aguglia; Norw: horngjel; schwed: horngäddan, näbbgäddan; span: aguja.

Erkennungsmerkmale

Der fast drehrunde Körper ist gertenschlank, ganz ungewöhnlich langgestreckt und erinnert an die Form unserer Süßwasserhechte (mit denen Belone aber nicht näher verwandt ist). Die hornigen Kiefer sind außergewöhnlich lang und wie zu einem Schnabel ausgebildet. Sie sind auf voller Länge von zahlreichen kleinen spitzen Zähnen besetzt. Die Schwanzflosse ist wohl ausgebildet; alle übrigen Flossen sind dagegen nur schwach entwickelt, lassen sich dem Körper eng anschmiegen und erleichtern so das schnelle Dahinschießen im freien Wasser. Der Rükken ist dunkelblau, fast schwarz gefärbt. Von dort wandelt sich die Färbung an den Flanken herab rasch vom Blaugrün über Zartgrün zum perlmutterglänzenden Weiß der Bauchseite. Der Unterkiefer ist stets etwas länger als der Oberkiefer und rötlich gefärbt. Der gesamte Körper ist mit kleinen, leicht löslichen Rundschuppen bedeckt. Der Hornhecht kann eigentlich nur mit einem nahen Verwandten, dem Makrelenhecht (Scomberesox saurus), der nur ganz selten bei uns vorkommt, verwechselt werden. Letzterer besitzt als wichtigstes Unterscheidungsmerkmal zwei Reihen kleiner Flösselchen auf dem Schwanzstiel.

Lebensraum

Der Hornhecht ist ein ‚echter Europäer'. Sein Verbreitungsgebiet reicht von den Kanarischen Inseln nordwärts unter Einschluß der Biskaya, den gesamten irischen und britischen Gewässern und der Nordsee bis an den Polarkreis vor der norwegischen Küste. Auch das Mittelmeer, das schwarze Meer, die Ostsee bis in die äußersten, ausgesüßten Teile der Botten-See und zeitweilig auch die von der Nordatlantikdrift erwärmten Gewässer vor der Südküste Islands werden vom Hornhecht bewohnt. Dagegen fehlt der Fisch in den kalten, arktischen Gewässern ebenso wie in den stärker erwärmten, atlantischen Bereichen.

Standplätze und Lebensweise

Der Hornhecht ist ein ruheloser Schwarmfisch der offenen See. Seine Lebensweise ähnelt im hohen Maße dem Verhalten der westeuropäischen Makrelenstämme. Wie die Makrele, so taucht auch dieser Fisch frühestens im März aus den Tiefen des Atlantiks vor der irischen und englischen Südküste auf, bevölkert im zunehmenden Maße ab April den Kanal und die offenen Teile der Nordsee und wandert dann zielstrebig auf die Flachwasserbezirke der Küsten zu. Im Mai erscheinen die ersten Trupps als Vorläufer der Makrelen in der Deutschen Bucht; etwas später künden die Hornhechte mit ihrem Erscheinen in der westlichen Ostsee den baldigen Beginn der Makrelensaison an. Die Fische jagen stets nahe an der Oberfläche und sind selbst bei stürmischer See nur wenige Meter tief zu finden. Ende August, spätestens aber Anfang September, rotten sich die pfeilschnellen Fische zusammen und verschwinden oft über Nacht aus ihren sommerlichen Laich- und Jagdrevieren. Schon lange, bevor die Makrelen zum Rückzug in die Winterquartiere rüsten, haben die Hornhechte die Tiefen des europäischen Festlandschelfes im Westen und Südwesten der Britischen Inseln erreicht und verbringen dort zusammen mit den später ankommenden Makrelen den Winter.

Nahrung

Die erwachsenen Fische ernähren sich zur Hauptsache von kleinen Fischen bis zur Sprottengröße. Jungfische aller Art, vor allem Heringe, Spierlinge, Wittlinge, Makrelen, ja selbst die eigene Brut fallen der Freßgier der schnellen Hornhechte zum Opfer. Mit ihrem langen ‚Schnabel' packen sie ebenso geschickt Garnelen, Tintenfische und freischwimmende Krebse. Hornhechte jagen und fressen nur während der Tageszeit; nachts verharren sie meist regungslos nahe der Oberfläche. Tauchern, die sich vorsichtig nähern, gelingt es manchmal, die Fische dann mit der Hand zu greifen.

Laichzeit und Fortpflanzung

Gleich der Makrele sucht der Hornhecht zum Laichen die küstennahen Gewässer auf. Die Laichzeit beginnt in unseren Gewässern Ende Mai/Anfang Juni und kann sich manchmal bis in den August hineinziehen. Ein Rogner laicht je nach Größe zwischen 1000 und 35 000 Eier ab. Die 3 bis 3,5 mm großen Eier besitzen an der Oberfläche zahlreiche kleine, klebrige Härchen, so daß sich die zunächst freitreibenden Eier an schwimmenden Gegenständen, vor allem aber auf Tang- und Seegrasblättern anheften können. Nach etwa 5 Wochen schlüpfen die etwa 13 mm langen, aber noch schnabellosen Larven.

Wachstum, Alter und fischereiliche Bedeutung

Aber schon bei 45 mm Länge ist den kleinen Hornhechten der typische lange ‚Schnabel' gewachsen. In diesem Alter ist der Unterkiefer merkwürdigerweise fast dreimal so lang wie der Oberkiefer. Erst bei Fischchen ab 5 cm Länge beginnt der Oberkiefer nachzuwachsen, erreicht aber nie die Länge des kräftigeren Unterkiefers. Ende des ersten Lebensjahres sind die Jungfische 25 bis 30 cm lang. Mit dem Eintritt der Geschlechtsreife am Ende des zweiten Lebensjahres beträgt ihre Länge schon 45 bis 50 cm. Von nun an wachsen die Fische nur noch langsam weiter. Die Durchschnittslänge beträgt bei einem Alter von 5 bis 6 Jahren 70 bis 90 cm. Das Höchstalter wird mit 18 Jahren angegeben. Die fischereiliche Bedeutung ist in Deutschland gering; bei unseren Nachbarn werden Hornhechte allerdings in zum Teil beträchtlichen Mengen angelandet. Die dänischen Anlandungen betragen pro Jahr mehr als 2000 t, gefolgt von den spanischen (1 500 t) und den italienischen (1 000 t). Der europäische Gesamtfang dürfte bei etwa 5000 bis 7000 t jährlich liegen.

Biologische Besonderheiten

Typisch für den Hornhecht sind die grünlich gefärbten Gräten, was durch eine Eisenphosphatverbindung, das Vivianit, hervorgerufen wird. Die Grünfärbung hat keinerlei Einfluß auf die Genießbarkeit des Fisches (s. auch Hinweise im Kapitel ‚Aalmutter). Die schnabelförmig verlängerten Kieferknochen brechen sehr leicht und können ebenso wie die scharfrandigen Kiemendeckel beim Hantieren zu Verletzungen führen. Die Schuppen des Fisches lösen sich schon bei der leisesten Berührung ab und beschmutzen Angler und Gerät. Erfahrene Hornhechtangler benutzen stets einen Eimer mit Wasser beim Angeln.

Hornhecht

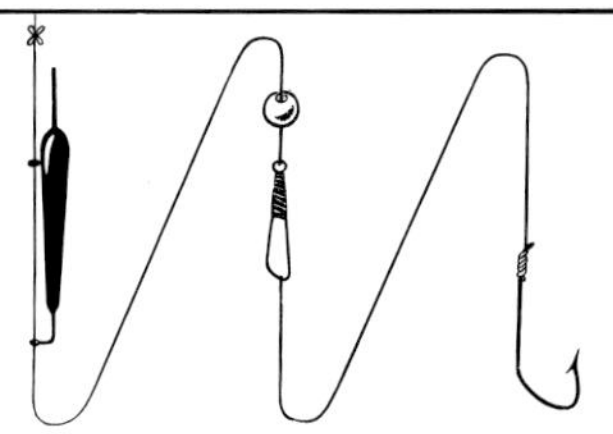

Gleitfloßangel für das Hornhechtangeln

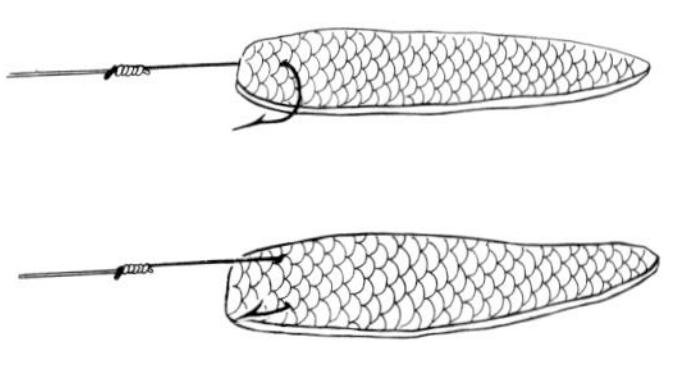

Fetzenköder-Ansteckmethoden

Fangzeiten

Die ersten Hornhechte der Saison sind meistens ab Mitte Mai rund um Helgoland zu beobachten, wenig später erscheinen die Fische dann in der Umgebung der Friesischen Inseln. Fast gleichzeitig werden die ersten Exemplare in den offenen Teilen der Ostsee erbeutet. Hornhechte sind „Augenfische", die tagsüber jagen und nachts eine Ruhezeit einlegen. Beste Voraussetzungen für den Fang herrschen an warmen , sonnigen Tagen, insbesondere bei Windstille oder bei ablandigen Winden. An der Nordsee gelten hochsommerliche Schönwetterlagen bei leichten östlichen Winden als bestes „Hornhechtwetter". Ein Tagesrhythmus im Beißverhalten ist nicht zu beobachten; solange es hell ist, lassen sich die Fische fangen. Die Saison endet Ende August/Anfang September.

Fangmethoden, Geräte und Köder

Belone läßt sich leicht von allem, was sich im Wasser bewegt und bewältigt werden kann, zum Anbiß verführen. Darauf gründen sich die drei wichtigsten Angelmethoden. Die einfachste Methode ist das Spinnfischen mit höchstens kleinfingerlangen verchromten oder vernicktelten schlanken Spinnerformen. Die leichten, gut rotierenden oder schwänzelnden Formen eignen sich am besten. Da beim Angeln vom Ufer mit diesem Gerät weite Würfe erforderlich sind, verwendet man zusätzlich ein Excenterblei, das in einiger Entfernung vor dem Blinker in die Hauptschnur geschlauft wird. Der Schwanzdrilling der verwendeten Blinker sollte so klein wie möglich gewählt werden, denn bei dieser Angelmethode gibt es zahlreiche Fehlbisse, weil der Fisch den Spinner zwar gepackt hat, der oft zu große Drilling aber nicht im Maul sitzt sondern nur außen am hornigen „Schnabel" verhakt ist, wo er keinen richtigen Halt findet. Bei forciertem Drill bricht überdies oft einer der Kiefer ab; der Fisch kommt frei und muß wahrscheinlich verludern. Deshalb ist nicht nur aus Gründen der Waidgerechtigkeit sondern auch des Erfolges wegen das Spinnfischen mit dem Fetzenköder vorzuziehen. Ein kleinfingerlanger Fischfetzen wird auf einen langschenkeligen Einzelhaken der Größe 1 bis 3 gesteckt und an ein ca. 1 Meter langes Vorfach geknotet. Das Vorfach wird in den Karabinerhaken eines Wirbels eingehängt. Vor dem Wirbel gleitet auf der 0,30 bis 0,35 mm starken Hauptschnur eine durchlochte Bleikugel, deren Gewicht so bemessen ist, daß einerseits Würfe genügender Weite möglich sind, andererseits der Köder ohne Schwierigkeiten möglichst nahe an der Wasseroberfläche geführt werden kann. Hornhechte werden meistens in 1 bis 2 Meter Tiefe unter der Wasseroberfläche erbeutet, selten stehen die Fische tiefer. Der Angelerfolg bei dieser Methode ist sehr von der Bewegung und Festigkeit des Fischfetzens abhängig. Der mit Abstand beste Fetzen wird aus der schneeweißen Bauchseite einer frischen Makrele geschnitten, aber auch Fetzen aus der Flanke eines gerade erbeuteten Hornhechtes sind fängig. Das Spinnfischen mit dem Fetzenköder und der Bleikugel ist ganz besonders bei ruhigem Wetter zu empfehlen. Sobald es jedoch aufbrist, erweist sich eine dritte Methode als besonders fängig: Das Angeln mit dem Floß und dem Fetzenköder. Im Prinzip wird dabei das soeben beschriebene Geschirr verwendet, es wird nur durch ein Gleitfloß von ca. 10 bis 15 g Tragkraft ergänzt. Das Floß wird auf der Schnur so gestoppt, daß der Köder in etwa 2 Meter Tiefe treiben kann. Je schlanker und unauffälliger das Floß ist, desto besser eignet es sich für das Hornhechtangeln, denn Hornhechte sind recht scheue Gesellen. Schon eine auffällige knallrote Pose erregt ihren Argwohn und läßt sie Reißaus nehmen. Die den Brassenanglern wohlvertraute Pfauenfederpose, ergänzt durch einen schlanken Balsaholzkörper, würde sich ideal eignen. Denn gleich dem Brassen, so packt auch der Hornhecht sehr oft den Köder in der Tiefe und schwimmt damit zur Oberfläche. Solche Bisse werden von einem schlanken Floß sofort durch Flachlegen angezeigt.

Anhieb, Drill und Landung

Bei einem solchen „Flachleger" des Floßes ist der Anhieb noch keineswegs angebracht, denn der Fisch hat nur den Fetzen quer zwischen seinen hornigen Kiefern. In der Regel kann man sich beim Floßangeln nach dem ersten Zeichen eines Bisses 10 bis 20 Sek. mit dem Anhieb Zeit lassen. Erst dann beginnt der Fisch mit dem Verschlucken des gepackten Köders, und der Haken findet nun weiter hinten zwischen den Kiefern festen Halt. Sofort nach dem Anhieb versucht der Fisch mit kräftigen Kreuz- und Querfluchten freizukommen und nicht selten vollführt er tollkühne, lange Sprünge über der Wasseroberfläche, was ihm den scherzhaften Beinamen „Tarpon des kleinen Mannes" eingebracht hat. Beim Fischen mit der Floßangel wird man aber selbst solche wehrhaften Fische kaum einmal verlieren, und schon bald gerät das Leichtgewicht außer Atem und läßt sich zum Angler drillen. Der Kampf ist in den Händen des Anglers aber nicht zu Ende; Belone schüttelt und windet sich ganz wild und leicht verletzt er dabei mit seinen spitzen Kiefern den ungeübten Angler. Hältern der Fische ist unmöglich. Sie rasen sich in den engen Gefäßen qualvoll zu Tode. Wie alle Seefische, so tötet man auch den Hornhecht nach dem Betäuben durch einen Kehlschnitt und reinigt den Fisch sogleich von den zahlreichen, nur leicht anhaftenden Gräten.

Rekordgrößen

Hornhechte werden 90 cm, in Ausnahmefällen auch bis zu 1 Meter lang. Der größte, bisher in deutschen Gewässern sportlich gefangene Fisch dürfte ein 100 cm langes Exemplar aus der Kieler Bucht gewesen sein. Er wog 1375 g. Aber auch ein Fisch aus der Nordsee, 1971 bei Westerland (Sylt) erbeutet und 1130 g schwer, zählt noch zu den Ausnahmen. Unsere Nachbarn, vor allem die Iren, fangen alljährlich zahlreiche Fische, die weit über der 1-kg-Marke liegen. Der irische Rekord liegt z. Zt. bei 1650 g.

Die wichtigsten Angelgebiete

Die Laichplätze der Hornhechte sind zugleich auch die besten Angelgebiete. Die Vorliebe der Fische für Seegraswiesen sind wohl der wichtigste Grund für das vermehrte Vorkommen dieses Fisches vor unserer Ostseeküste. Beste Fangplätze sind hier die Neustädter Bucht, namentlich die Flachwasserbezirke vor Haffkrug und Scharbeutz, ferner der Flüggesand an der Südwestecke der Insel Fehmarn und in manchen Jahren auch die Flachwassergebiete vor dem Graswarder bei Heiligenhafen. Auch die Schlei- und Travemündung werden von den Hornhechten bisweilen in großer Zahl aufgesucht; allerdings haben zunehmender Badebetrieb, Bootsverkehr und Wasserverunreinigungen die Fische mehr und mehr von ihren traditionellen Laichplätzen verdrängt. Entlang der Nordseeküste scheint die Häufigkeit des Fisches zuzunehmen. Mit einsetzender Flut unternehmen große Schwärme Wanderungen bis in die flachsten Watten, so vor allem bei Sylt, Amrum und Föhr und vor der hannoverschen Küste bei Juist und Norderney. Bei Flut lassen sich die Fische überall an den Hörns und zwischen den Buhnen der genannten Inseln fangen. Berühmte Fangplätze sind die Nord- und Südspitze von Sylt und die Helgoländer Molen.

Makrele

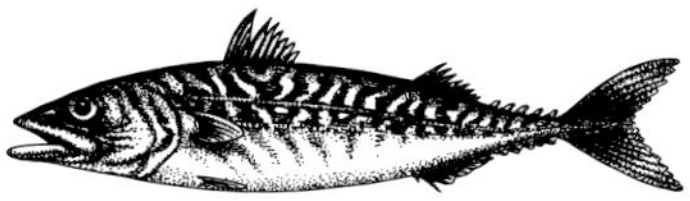

Wissenschaftliche Bezeichnung: Scomber scombrus L.

Ausländische Namen: Engl.: mackerel; finn: makrilli; franz: maquereau; holl: makreel; isl: makrill; norw. u. dän: makrel; port: makrela, cavala; russ: skumbnija; schwed: makrill; span: caballa.

Erkennungsmerkmale

Der Körper ist stromlinienförmig, langgestreckt, torpedoartig. Die ungewöhnlich stark verjüngte Schwanzwurzel mündet in eine tiefgegabelte Schwanzflosse. Auf der Ober- und Unterseite des Schwanzkiels befinden sich je eine Reihe von 5 kleinen Flösselchen. Die erste Rückenflosse ist fast gänzlich in eine Hautfalte einziehbar. Vor der Afterflosse befindet sich ein kurzer, scharfer Dorn. Der gesamte Körper ist mit ziemlich festsitzenden, kleinen Schuppen bedeckt. Die grünblaue Grundfärbung des Rükkens wird von zahlreichen unregelmäßig verlaufenden, dunklen Bändern bedeckt, die von dort zur Seitenlinie herunter und manchmal über diese hinausreichen. Die Flanken schimmern perlmuttern, oft leicht rosa; die Bauchseite ist absolut weiß. Die grünblaue Färbung des Rükkens verliert sich nach dem Tode des Fisches rasch und verwandelt sich in ein reines Blau bis Blauschwarz. Im Mittelmeer- und portugiesischen Atlantikbereich kann die Makrele verwechselt werden mit der Blasen- (Mittelmeer-)Makrele. Dieser nahe, fast gleich große Verwandte unterscheidet sich durch einen etwas plumperen Körperbau und vor allem durch den Besitz einer Schwimmblase, die der atlantischen Makrele fehlt.

Lebensraum

Der westeuropäische Stamm dieses wanderlustigen Fisches hat seine bevorzugten Aufenthaltsplätze südlich und westlich von Irland und England sowie im Skagerrak. Von dort ziehen die Fische während der warmen Jahreszeit bis zur mittelnorwegischen Küste, vereinzelt bis zum Nordkap und südlich bis zu den Kanarischen Inseln. Vom Kattegat dringen die Fische durch die Sunde und Belte bis in die westliche Ostsee vor. Das Schwarze Meer und das Mittelmeer werden ebenfalls in allen Teilen von der Makrele bevölkert, desgleichen die nordamerikanische Küste unter Einschluß der St. Lawrence Bay in Kanada.

Standplätze und Lebensweise

Im Herbst verschwinden die Makrelen oftmals schlagartig in den Tiefen der See. Zu großen Schwärmen vereint ziehen die Tiere dann vermutlich zu den Abhängen des Kontinentalschelfes im Westen und Süden Englands und Irlands. Im Herbst und Winter erwischen nur noch sehr tief fischende Trawler zeitweilig Makrelen in 400 bis 600 Meter Tiefe. Erst zu Beginn des Jahres erscheinen die Fische wieder; zuerst an der irischen und englischen Südküste (Jan/Febr.), dann im Kanal und vor der norwegischen Südküste (Mai) und schließlich in größeren Schwärmen überall, auch vor unseren Küsten (Juni/Juli). Dabei meiden sie Flachwasserbezirke und dringen nur bei der Verfolgung von Beutetieren vorübergehend in Gebiete mit weniger als 10 m Wassertiefe vor. Das ist der Grund, weshalb die Makrelenangelei vor unseren Küsten hauptsächlich auf die Bootsangelei beschränkt bleibt. In der Nordsee sind dies vor allem die Gebiete jenseits der 10-m-Tiefenlinie vor den Ost- und Nordfriesischen Inseln (Norderney, Borkum, Wangerooge, Sylt). Sehr beständig findet man Makrelen ab Mitte Juli in der Umgebung von Helgoland; das oft bis an die Molen angrenzende Tiefwasser erlaubt hier Fänge vom Ufer aus. Das gleiche gilt für die Nord- und Südspitze der Insel Sylt, um die besonders tiefe Priele scharf herumlaufen. Entlang der Ostseeküste liegen die besten Makrelenfangplätze einige Meilen außerhalb der Förden und Buchten über Bezirken mit mehr als 20 m Wassertiefe. So gehören die Kieler Förde mit ihrem Nordteil, die Gewässer um Fehmarn und der Südostteil der Lübecker Bucht zu den ergiebigsten Fangplätzen (Juli bis September). Die Kattegat- und Ostseemakrelen sind wegen ihrer Größe berühmt; gewichtsmäßig liegen sie im Schnitt um ein Drittel höher als die Kanal- und Atlantikmakrelen. In unserer Nachbarschaft werden Makrelen vor allem von Mai bis Oktober vor der holländischen Küste (Ijmuiden) erbeutet, ferner vor der jütländischen Küste Dänemarks (Hirtshals, Skagen, Frederikshavn, Grenaa).

Nahrung

Ähnlich den thunfischartigen Verwandten hat auch die Makrele eine Körpertemperatur, die etwas höher liegt, als die des sie umgebenden Wassers. Das Blut läßt sich aus Textilien, einmal angetrocknet, nur noch schwer entfernen. Makrelenfleisch verdirbt sehr schnell. Kühle Lagerung und und rasche Weiterverarbeitung – möglichst noch am Fangtag – sind wichtig für die Erhaltung des Wohlgeschmacks.

Laichzeit und Fortpflanzung

Mit dem Ende des dritten Lebensjahres bei einer durchschnittlichen Länge von 32 cm wird die Makrele geschlechtsreif. Im Frühjahr findet das Laichen im freien Wasser der küstennahen Gewässer statt. Die Hauptlaichzeit fällt in die Monate Juni/Juli. Die Eizahl beträgt pro Fisch etwa 350 000. In knapp einer Woche entwickeln sich daraus die etwa 4 mm langen Larven.

Wachstum, Alter und fischereiliche Bedeutung

Bis zur Geschlechtsreife ist die Makrele außerordentlich schnellwüchsig. Schon am Ende des ersten Lebensjahres sind die Tiere im Schnitt 21 cm, gegen Ende des zweiten Lebensjahres 28 und mit drei Jahren 31 cm lang. Von da an wachsen die Makrelen nur noch langsam weiter, das jährliche Längenwachstum beträgt etwa 2 cm. Das Höchstalter wird mit 10 bis 11 Jahren angegeben. Die fischereiliche Bedeutung ist ganz erheblich. Der europäische Gesamtfang schwankt jährlich zwischen 100 000 bis 150 000 t.

Biologische Besonderheiten

Während der winterlichen Ruhezeit fressen die Makrelen Plankton, das sie mit ihren Kiemen aus dem Atemwasser herausfiltern. Nach dem Laichen im Frühjahr steigt der Nahrungsbedarf der Fische sprunghaft an. Sie beginnen, sich auf alles zu stürzen, was sich bewegt und bewältigt werden kann. Während der Sommermonate jagen sie vor allem die einjährige Brut der Heringe, Sprotten, Wittlinge, Dorsche und Plattfische, mit Vorliebe auch Sandspierlinge.

Makrele

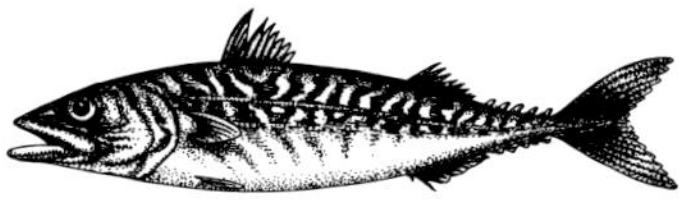

Gleitfloß für Makrelen; 15 - 50 cm lang

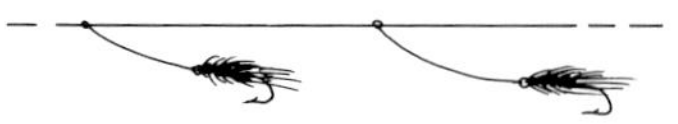

Sog. Makrelenfliegen an der Paternosterangel

Fangzeiten

Kanalmakrelen werden vor der holländischen Küste meistens ab Ende Mai bis in den Oktober hinein erbeutet. Vor der norwegischen Südküste und der jütländischen Küste erscheinen die Makrelen nicht vor Mitte Juni in Ufernähe. Vor unserer Nordseeküste werden Makrelen in der Regel nicht vor Ende Juni/Anfang Juli gefangen. In der Ostsee ist ebenfalls erst ab Mitte Juli mit größeren Schwärmen zu rechnen; hier endet die Saison meistens Ende September. Das Erscheinen und Verschwinden der Makrelen ist offenbar mit der Wassertemperatur gekoppelt, sinkt die Temperatur des Oberflächenwassers deutlich unter 15 Grad, dann beginnen die Fische mit dem Fortzug. Reichliche und frühzeitige Erwärmung des Wassers im Frühjahr bringt diese Fische in der Regel auch etwas früher an die Küsten. Beste Fangzeiten für Makrelen herrschen bei ruhiger See, klarem Wasser und sonnigem Wetter. Plankton und Kleinfische werden dann nahe der Oberfläche gefressen. Seegebiete mit kreisenden Wassermassen, in denen sich Treibsel (Algen, Tange) oder große Mengen von Quallen ansammeln, gelten als besonders gute Fangstellen, denn in der Regel finden die Makrelen hier viele Kleinfischschwärme. Namentlich die dem Larvenalter entwachsenen Wittlinge und Bastardmakrelen leben im Schutz der großen Quallen und werden dort von den Makrelen verfolgt. Bei Sturm oder getrübtem Wasser sind die Fangaussichten bei weitem nicht so gut. Ostwinde gelten an unseren Küsten als besonders gute Voraussetzung für den Makrelenfang.

Fangmethoden, Geräte und Köder

Zu Beginn der Saison beißen die Makrelen auf alles, was sich bewegt. Mit Folien oder Federn verkleidete Haken werden genauso begierig genommen wie flatternde Fischfetzen oder kleine Blinker. Besten Sport gewährt das Spinnangeln mit 20 bis 35 g schweren fischchenähnlichen Blinkern, die nach dem Absinken ziemlich schnell und ruckweise eingeholt werden. An der dabei verwendeten 0,30 mm starken Schnur liefert die Makrele eine langdauernde, heftige Gegenwehr und verheddert sich beim Angeln vom Boot leicht im Geschirr des Nachbarn. Daher hat sich beim Fischen vom dichtbesetzten Angelboot die Angelei mit dem Makrelenpaternoster durchgesetzt. Etwa 4 bis 8 Haken werden in ca. 30 cm Abstand mit kurzen Mundschnüren an die 0,50 bis 0,60 mm starke Hauptleine geknüpft. Das Paternoster wird je nach Angeltiefe und Driftgeschwindigkeit mit 100 bis 500 g Blei beschwert, an der Bordwand herabgelassen und im Wasser ruckartig auf- und abbewegt. Die Haken werden entweder mit Stanniol umwickelt, mit Hühnerfedern verkleidet oder mit bunten Nylonfäden einer Kunstfliege ähnlich zurechtgebunden (holl. Küste und Friesische Inseln). Gerät man mit der Paternosterangel in einen Schwarm, so hängt es vom Feingefühl des Anglers ab, erst dann die Angel heraufzuholen, wenn mehrere Haken besetzt sind. Auch das Schleppfischen mit einem Fetzenköder – am haltbarsten ist ein Fetzen aus der Bauchseite einer frisch gefangenen Makrele – am 1/0-Haken hinter einer bis zu 1 kg schweren Bleikugel in 5 bis 10 m Wassertiefe bringt viele Makrelen an den Haken (Helgoland). Gegen Ende der Saison werden die sehr fett gewordenen Makrelen beim Fressen wählerischer. Dann werden die besten Fänge mit Naturködern (tote kleine Heringe, Sprotten oder Sandspierlinge, Herings- oder Hornhechtfetzen, Innereien der Makrele) erzielt. Diese Köder werden am Haken der Größe 1/0 mit der Gleitfloßangel meistens in 7 m Tiefe angeboten. Diese Methode gewährt den Liebhabern der Floßangelei höchsten Sport. Gewöhnlich beißt die Makrele mit einem blitzschnellen, unerhört scharfen Ruck und zieht das Floß oftmals mehr als einen Meter tief unter Wasser, aber in vielen Fällen lassen die Fische ebenso schnell wieder den Köder los, so daß blitzschnelles Reagieren beim Anhieb notwendig ist. Die speziell für diese Angelei entwickelten Gleitposen sind sehr schlank und 15 bis 30 cm lang; sie besitzen eine Tragkraft von 15 bis 50 g. Für ihre Anwendung gilt: Je rauher die See, je stärker die Drift und je tiefer der Köder angeboten wird, desto tragfähiger und größer muß das Floß sein. Die Bebleiung erfolgt mit schlanken Bleioliven, die hinter einem Wirbel auf der Hauptschnur festgeklemmt werden. Die Vorfachlänge beträgt 1 bis 2 m. Lassen sich die Makrelenschwärme nur spärlich finden – was in der Ostsee leider häufig vorkommt – dann gelingt es, einen endlich gefundenen Schwarm durch Anfüttern am Boot zu halten. Dazu eignen sich besonders gut fein zerriebenes Fleisch von Heringen oder Sprotten und im besonderen Maße das Blut und die zerkleinerten Innereien von frisch gefangenen Makrelen. Das Anfütterungsgut wird portionsweise am Bug des verankerten Bootes eingeworfen. Die besten Angelplätze sind dann am Heck des Bootes zwischen den dort langsam absinkenden und vorbeitreibenden Anfütterungsbrokken.

Anhieb, Drill und Landung

Beim Spinnfischen hakt sich die Makrele sehr ungestüm selbst; beim Fischen mit dem Paternoster hängt es, wie bereits geschildert, vom Geschick des Anglers ab, herauszufühlen, wieviele Fische den Haken genommen haben, damit das Geschirr nicht zu früh eingeholt wird. Beim Fischen mit dem Floß erfolgt der Anbiß oft mit solcher Vehemenz, daß man nur allzu leicht den Anhieb „vor Schreck" zu spät setzt. Das Floß muß deshalb mit äußerster Konzentration beobachtet werden und die Schnur sollte zur Pose nie lose durchhängen. Makrelen wehren sich im Drill sehr tapfer. Sie versuchen zu Beginn des Drills mit kurzen, heftigen Fluchten in die Tiefe zu entkommen und schwimmen später rasend und nimmermüde in Kreisen nahe der Oberfläche, ohne allerdings zu springen. Es gelingt nicht so leicht, eine Makrele matt zu drillen. Wer es trotzdem mit dem Ausdrillen versucht, wird manchesmal erleben, daß der Fisch – insbesondere die großen Exemplare – Sieger bleibt. Beim Angeln vom Boot ist es ratsam, eine Flucht des Fisches in Richtung auf das Boot abzuwarten und ihn dann mit Schwung ins Boot zu holen. Das Hältern der Tiere ist unmöglich, denn die Fische rasen sich in kürzester Zeit in Setzkeschern oder anderen, zu kleinen Gefäßen zu Tode. Die Makrelen sollten sofort nach dem Fang abgeschlagen und ausgeweidet werden.

Rekordgrößen

Die durchschnittliche Größe der Kanal- und Atlantikmakrele beträgt etwa 30 bis 35 cm. Die Makrelen aus dem Skagerrak und Kattegat erreichen dagegen bisweilen Größen bis zu 45 cm. Eine der schwersten, von unseren Anglern aus deutschen Gewässern erbeuteten Makrelen war ein Exemplar von 1674 g aus der Ostsee. Aus Norwegen wurde eine Makrele von 60 cm Länge gemeldet, leider ohne Gewichtsangabe. Der schwedische Rekord liegt bei 1940 g (Kattegat, 1964). Alles in den Schatten aber stellt die Makrele eines amerikanischen Anglers: Sein Prachtfisch wog 3397 g! Sicherlich wird der deutsche Rekordfisch im Laufe der Zeit nur grammweise überboten werden; sorgfältiges Wiegen ist sehr zu empfehlen!

Meeräsche

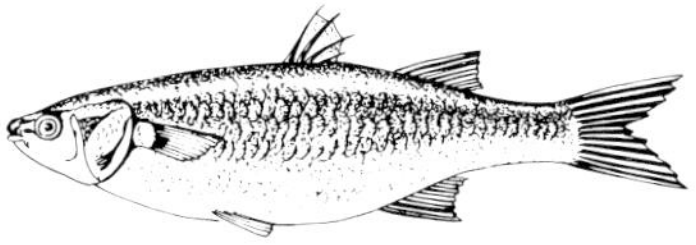

Wissenschaftliche Bezeichnung: Mugilidae.

Ausländische Namen: engl: mullet; dän: multe; franz: mulet; holl: harder; ital: muggine; jugo: skočac; norw: multe; schwed: multen; span: mugem; port: tainha.

Erkennungsmerkmale

Ungefähr 100 verschiedene Arten gehören zu dieser weltweit verbreiteten Familie. Sie sind zum Teil schwer voneinander unterscheidbar. Allen gemeinsam ist die döbelähnliche Gestalt und die einer Äsche ähnlichen Beschuppung und Streifenführung der Flanken. Alle Meeräschen besitzen zwei Rückenflossen; die erste davon besteht aus 4 Strahlen, die mehr oder weniger ausgeprägt zu Stachelstrahlen ausgebildet sind. Die Seitenlinie ist nicht oder nicht zusammenhängend erkennbar, und die Fische besitzen auf jeder Kopfseite 4 Kiemenbögen. Charakteristisch sind die großen Rundschuppen, die sich relativ leicht lösen lassen. In unseren Gewässern kommen hauptsächlich zwei Arten vor: Die Großköpfige oder Gemeine Meeräsche (Mugil cephalus Cuv.). Sie unterscheidet sich von ihren Verwandten hauptsächlich durch ein längsovales Fettlid über den Augen. Über der Pupille befindet sich ein deutlich erkennbarer senkrechter Schlitz. Die Dicklippige Meeräsche (Mugil chelo Cuv.) fällt durch eine stark verdickte und von zahlreichen kleinen Wärzchen übersäte Oberlippe auf. Typisch für diesen Fisch ist auch der ungewöhnlich schmale Kehlraum; die Kiemendeckel stoßen auf der Körperunterseite fast zusammen. Die Färbung beider Fische ist fast gleich. Der Rücken ist dunkelgrau und wird zu den Seiten hin rasch heller, die Flanken sind silberhell und von großen, teils dunkel geränderten Rundschuppen überzogen. Unregelmäßige Pigmentflecken in den hellen Schuppen bilden mehr oder weniger deutliche Längsstreifen. Sehr selten bei uns, aber ziemlich häufig im Mittelmeer werden ferner noch die dünnlippige Meeräsche (Mugil capito Cuv.) und die Goldmeeräsche (Mugil auratus Risso) erbeutet. Erstere unterscheidet sich durch annähernd gleich groß geformte Ober- und Unterlippe, die Oberlippe ist von zahlreichen, sehr feinen Borsten übersät; letztere besitzt eine mehr bräunliche Grundfärbung und je einen auffallenden goldgelben Fleck hinter jedem Auge und auf jedem Kiemendeckel.

Lebensraum

Die warmen bis mäßig warmen Meeresgebiete werden als Lebensraum bevorzugt. Alle hier beschriebenen Arten bewohnen hauptsächlich das Mittel- und das Schwarze Meer. Mugil cephalus und Mugil chelo sind ferner häufig vor der marokkanischen und westeuropäischen Atlantikküste bis hinauf nach Südengland und Südirland. In warmen Sommermonaten stoßen diese beiden Arten auch truppweise nach Norden bis Island, den Faröern, der norwegischen See bis zum Trondheim Fjord und durch die Nordsee, Skagerrak und Kattegat bis in die westliche Ostsee vor. Meeräschen werden bei uns erst seit etwa 100 Jahren beobachtet. Die vereinzelten Funde wurden in den vergangenen Jahren durch immer häufigeres Vorkommen größerer Schwärme an der Nordseeküste abgelöst. Vor allem auf Sylt im Hafen von Hörnum, am Auslauf des Rantumer Beckens, im Amrum-Hafen und vor den Molen Helgolands werden regelmäßig Meeräschen beobachtet und gefangen.

Standplätze und Lebensweise

Meeräschen sind typische Küstensaumbewohner. Sie bevorzugen die unmittelbare Nähe des Ufers und die Flachwasserbezirke von ruhigen Lagunen und Buchten. In Häfen und Flußmündungen dringen sie weit ins Brackwasser vor und scheuen auch nicht vor verschmutztem oder von Sedimenten stark getrübtem Wasser zurück. Zonen mit weichen, schlammigen Gründen sagen diesen Fischen sehr zu. Oft stehen sie zu Hunderten in der Nähe von Abwassereinläufen, wo von den Decks der Fischdampfer und von den Fischhallen viele Fischreste ins Wasser geleitet werden. An felsigen Steilküsten sammeln sie sich oft zu Tausenden in den Stillwasserbezirken zwischen der schäumenden Brandung, vor allem bei Tage im hellsten Sonnenschein.

Nahrung

Meeräschen sind keine Jäger. Sie fressen vor allem die größeren Tiere des Planktons, und man kann sie oft im ruhigen Zickzackkurs nahe der Oberfläche dahinschwimmen sehen und beobachten, wie sie die fast wehrlosen Plankter schmatzend einsaugen. Daneben werden Kleintiere aller Art, auch Fischlarven, die nicht weiter gejagt werden müssen, ja vermutlich sogar Pflanzenteile, wie Fadenalgen, gefressen. Man kann oft beobachten, wie sie mit ihren festen Lippen und feinen Bürstenzähnen den Bewuchs auf Steinen abweiden. Größere Nahrungsbrocken werden von den Fischen sehr selten aufgenommen.

Wachstum, Alter und fischereiliche Bedeutung

Das Durchschnittsgewicht der Meeräschen beträgt etwa 1 kg. Dieses Gewicht haben die Fische je nach Lebensumständen und Nahrungsangebot im Alter von 3 bis 8 Jahren erreicht. Die Fische werden bei günstigen Verhältnissen aber noch erheblich schwerer. Besonders die bei uns in der Nordsee vorkommenden Gemeinen und Dicklippigen Meeräschen sind schon bis zu 70 cm lang und über 10 Pfund schwer erbeutet worden. Für die Berufsfischerei spielen die Meeräschen besonders im Mittelmeerraum eine wichtige Rolle. Italien, Frankreich, Griechenland, Ägypten (Schwarzes Meer) dürften pro Jahr im Schnitt etwa 8000 bis 15 000 t dieser begehrten Fische erbeuten. Meeräschen stehen weltweit bei Feinschmeckern hoch im Kurs und erzielen überall gute Marktpreise. Sie stellen eine besonders schmackhafte Delikatesse dar und sollten in der Küche des Anglers stets mit besonderer Sorgfalt behandelt werden.

Laichzeit und Fortpflanzung

Die Laichzeit fällt in die Frühsommermonate. Merkwürdigerweise ist über die Laichgewohnheiten der Meeräschen nichts Genaueres bekannt. Die Tiere bevorzugen für das Laichen offenbar reines Salz- oder nur schwach brackiges Wasser. Beim Laichen wird ein großes Weibchen oft von mehreren kleineren Milchnern umdrängt. Die Eier sind relativ klein, besitzen eine Ölkugel und messen ca. 0,75 mm im Durchmesser. Bei Versuchen mit künstlich erbrüteten und befruchteten Eiern schlüpften die Larven bereits nach zwei Tagen aus.

Biologische Besonderheiten

Meeräschen besitzen einen muskulösen Kaumagen, in dem die aufgenommene Nahrung nicht nur mit Verdauungssäften vermischt, sondern auch noch weiter zerdrückt und zerkleinert wird. Auffallend lang ist der sich daran anschließende Darmtrakt. Die bei vielen Arten vorhandene schwarze Haut der Bauchhöhle sollte vor der Zubereitung entfernt werden.

Fangzeiten

Bei uns werden Meeräschen von etwa Mitte Juli bis Mitte September erbeutet. Berufsfischer haben um Helgoland auch schon in den Wintermonaten vereinzelt Meeräschen gefangen. Im Tiefwasser von Häfen und Buchten fangen unsere Nachbarn (Südengland, Italien, Jugoslawien)

Meeräsche

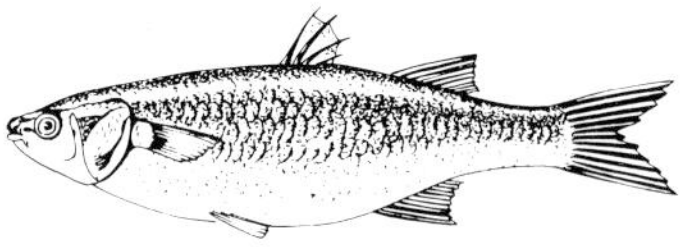

auch noch im Spätherbst und Winter Meeräschen, vor allem größere Fische. Ruhiges Wetter gilt als beste Voraussetzung für erfolgreiches Angeln, an windigen Tagen suche man die windgeschützten Stellen auf. Die frühen Morgenstunden sind die beste Angelzeit, aber die Fische lassen sich auch bei hellstem Sonnenschein am Mittag fangen. Sogar nachts können Meeräschen von Molen in der Nähe beleuchteter Plätze gefangen werden; Licht zieht die Fische anscheinend an. Im Unterschied zu anderen Seefischen beißen Meeräschen auch und gerade nach dem Einsetzen des Ebbstromes, vor allem in Gewässerteilen, die auch beim tiefsten Wasserstand nicht trockenfallen.

Fangmethoden, Geräte und Köder

Unter passionierten Meeresanglern gilt der Meeräschenfang als große Kunst. Kaum ein anderer Fisch ist so schwierig zu überlisten wie die Mugil-Arten. Die Fische sind keineswegs übermäßig scheu aber dafür um so wählerischer bei der Nahrungsaufnahme. Man weiß nie, was die Tiere gerade bevorzugt fressen. Hat man dies durch eine Mageninhaltsuntersuchung festgestellt, so fällt es schwer, die meistens winzigen Nahrungsbrokken als Köder zu beschaffen. Die erfahrenen Meeräschenspezialisten aller Länder sind sich darin einig, daß sich die begehrten Fische nur durch reichliches und geschicktes Anfüttern überlisten lassen. Es gilt, die Freßgewohnheiten der Fische den Wünschen des Anglers anzupassen. Die Portugiesen verwenden für das Anfüttern bevorzugt weiche Teile von Sardinen, die sie zu einem sehr feinen Brei zerstampfen; die Engländer schwören auf einen Brei aus gekochten Makkaronis, angereichert mit Pilchardöl, die Franzosen verwenden zermahlenes Weißbrot. In der Tat nehmen die anscheinend immer hungrig umherstreifenden Meeräschen beinahe jeden Köder an, wenn er nur fein genug ist und in reichlicher Menge vorkommt. Das wesentliche beim Anfüttern ist, daß sich im Wasser eine Duftwolke bildet, die umherstreifende Meeräschen neugierig macht. Das Anfütterungsgut muß also so fein zermahlen sein, daß es sich im Wasser sofort zerteilt und eine Trübungswolke bildet. Nur wenige Brocken von Stecknadelkopfgröße sollten dem Anfütterungsgut beigemischt werden und die Fische zum Probieren reizen. Erst wenn die Fische beginnen, diese kleinen Brocken aufzunehmen – und das kann manchmal eine Stunde und länger dauern! – beginnt man damit, die Tiere an etwas größere, hakengerechte Köderbrocken zu gewöhnen. Stets aber müssen diese Brocken in der Zusammensetzung genau dem Anfütterungsgut entsprechen. Das eigentliche Angeln beginnt erst dann, wenn die wählerischen Gesellen endlich damit beginnen, auch größere Brocken zu fressen. Unter „größeren Brokken" versteht der Meeräschenangler Nudelstückchen, Teig- oder Brotkugeln, Fleischmaden oder Fischstückchen von höchstens Maiskerngröße. Nur größere Fische ab 4 Pfund nehmen mit einiger Sicherheit und unter Einfluß des Futterneides auch größere Köder; die kleineren Exemplare aber stoßen die großen Köder nur an und schieben sie, daran saugend, vor sich her. Die Winzigkeit der Köder macht die zweite Schwierigkeit deutlich: Haken und Schnüre müssen äußerst fein gewählt werden. Erfahrene Angler wählen kurzschenklige Goldhaken in den Größen 10 bis 16 nach dem Motto: je feiner und kleiner, desto wirkungsvoller. Freilich sind dem Angeln mit feinstem Geschirr Grenzen gesetzt, denn die Meeräschen sind äußerst schneidige Kämpfer und zersprengen selbst erfahrenen Anglern oft genug die feine Schnur. Am meisten im Gebrauch sind Schnurstärken zwischen 0,12 und 0,22 mm, je nach Größe der Fische. Eine große Meeräsche wird bei solchen Schnurstärken nur zu bezwingen sein, wenn wenigstens 100 m davon auf die Rolle gespult werden. Meeräschen werden entweder nahe der Oberfläche im sichtigen Wasser oder in halber Wassertiefe erbeutet. Das Angeln in mehr als 2 Meter Tiefe ist selten erfolgreich. Aus diesen Gegebenheiten haben sich zwei Angelmethoden entwickelt. Das Angeln mit dem Gleitfloß wird überall dort angewandt, wo das feine und daher sehr leichte Geschirr weiter ausgeworfen werden muß oder wo eine Bißanzeige wegen der Unsichtigkeit des Wassers erforderlich ist. Man verwendet kleine, kompakte Schwimmer mit Eigenbeschwerung, die bei geringster Größe noch genügend Gewicht für das Auswerfen besitzen. Auch hier gilt: je kleiner und feiner, desto besser. Das Floß wird gleitend montiert, damit es beim Auswerfen bis kurz vor den Haken rutschen kann, dort wird es durch eine winzige angeklemmte Bleikugel gestoppt. Diese Bleikugel soll das Floß mit seinem Gewicht keineswegs aufrichten, sondern nur für das ganz allmähliche Absinken des Köders sorgen. In umgekehrter Richtung zur Rute stoppt man das Floß mit einem in die Schnur geknoteten Gummiband. Von dort bis zur Rute sollte die Schnur gut gefettet sein, damit ihr Eigengewicht beim Durchhängen im Wasser nicht den Köder am Absinken hindert. Fressen die Fische nahe der Oberfläche oder ist das Wasser sichtig, so fischt man nach Möglichkeit mit der zweiten, der „Oben-ohne-Methode", also ohne jedes Zubehör nach Sicht. Floß, Stopper und Bleikugel entfallen ganz, und der Köder wird mit einer möglichst langen und leichten Rute aufs Wasser gesenkt. Oft ist das dabei zu erzielende langsame Absinken des Köders, begleitet von einigen gleichzeitig eingeworfenen und im ähnlichen Tempo absinkenden Anfütterungsbrocken die einzige Methode, um Meeräschen mit Sicherheit zu überlisten, denn vielfach kann man beobachten, wie die Tiere zwar langsam absinkende Köderbrocken annehmen, einen ruhig im Wasser hängenden Köder aber verschmähen.

Anhieb, Drill und Landung

Bei der Angelei „auf Sicht" wie auch bei der Floßangelei kommt es auf blitzschnelles Reagieren nach dem Anbiß an, denn die Fische spucken den Köder sofort wieder aus, wenn sie den Haken mit ihren empfindlichen Lippen und Gaumen ertastet haben. Der Anhieb muß knapp und kurz gesetzt werden, denn allzu leicht schlitzt der Haken aus dem weichen Maul heraus. Sitzt der Fisch erst einmal am Haken, dann beginnt ohne Umschweife ein erregender Drill, der an Kraft und Einfallsreichtum dem eines Salmoniden in nichts nachsteht. Die Fluchten des Fisches sind nicht vorausberechenbar; häufig versuchen die Tiere, in die Tiefe zu entkommen und zerreißen oder zerfasern das feine Zeug an irgendwelchen Gegenständen. Im weiteren Verlauf des Kampfes verlagert der Fisch seine Ausreißversuche ins Mittelwasser und versucht mit wildem Zickzackkurs freizukommen, manchmal springen die Fische in voller Länge aus dem Wasser. Nicht wenige, ermattet erscheinende Fische gehen beim Herausheben aus dem Wasser oder bei der leisesten Berührung doch noch verloren, weil sie dann noch mit wildem Schütteln freikommen. Ein großes Unterfangnetz ist in jedem Fall das beste Landungsgerät. Beim Fischen von hohen Molen oder vom Felsen verwenden manche Angler ein Überwurfnetz, das unsere ausländischen Angelnachbarn über der Rute zusammenklappen und auf der Schnur gleitend mit separater Leine zum Fisch hinablassen. Wer eine große, über 5 Pfund schwere Meeräsche überlistet, matt gedrillt und sicher gelandet hat, darf sich getrost als tüchtigen Angler einschätzen.

Rekordgrößen

Die größte in deutschen Gewässern erbeutete Meeräsche wurde 1970 in Hörnum auf Sylt gefangen. Sie wog 9 Pfd. Fische dieser Größe und noch schwerere sind dort keine Seltenheit, und es bleibt abzuwarten, wann der britische Rekordfisch, eine Dicklippige Meeräsche von über 10 pounds, gefangen 1962 bei Portland, von einem deutschen Petrijünger überboten wird.

Stöcker

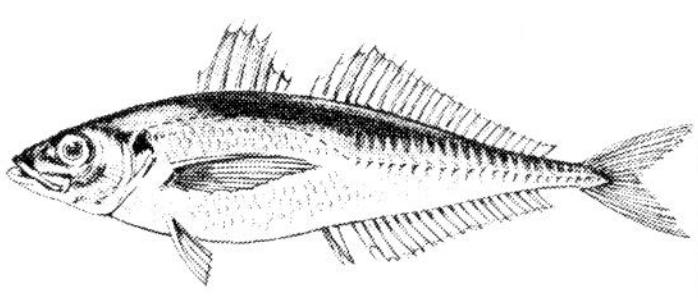

Wissenschaftliche Bezeichnung: Trachurus trachurus (L.)
Weitere deutsche Namen: Bastardmakrele, Stachelmakrele, Hanspeter.

Ausländische Namen: Dän.: hestemakrel; engl.: scad, horse mackerel; franz.: saurel, chinchard; griech.: savridi; holl.: marsbanker, horsmakreel; ital.: suro, sugarella; jugo.: sarun; norw.: taggmakrell; port.: carapao; span.: chicharro; schwed.: taggmakrillen; türk.: istavrit

Erkennungsmerkmale

Der deutsche Name „Stachelmakrele" scheint für diesen kantigen, stark beschuppten und stacheligen Gesellen weit besser gewählt als der Name Stöcker. An die Makrele erinnert äußerlich allerdings nur die Größe; ansonsten ist die Gestalt von der Seite gesehen gedrungener und von vorn gesehen kompresser. Auffallend sind die großen, von einem durchsichtigen Fettlid bedeckten Augen und die Seitenlinie. Sie verläuft parallel zum Rückenprofil bis zum Beginn der zweiten Rückenflosse, knickt dann scharf nach unten und verläuft dann wieder gerade bis zum Schwanzstiel. Die Seitenlinie ist durch einen deutlichen Grat kräftiger und spitzer (‚stacheliger') Schuppenkegel markiert. Zwei sehr spitze, scharfe Stachelstrahlen stehen vor der Afterflosse, vor der ersten, stachelstrahligen Rückenflosse befindet sich ein scharfer Dorn. Stöcker sollte man nur mit Handschuhen anfassen! Auffällig ist auch die lange, sichelförmige Brustflosse. Der Unterkiefer ist leicht vorragend. Die Färbung des Rückens variiert von Dunkelblau bis zum Blaugrün, in Braunalgenregionen bis zum Braun. Die Flanken leuchten unmittelbar nach dem Fang metallisch und gehen dann allmählich an der Luft in einen matten Perlmuttglanz über. Am Hinterrand des Kiemendeckels befindet sich bei den meisten Individuen ein deutlicher schwarzer Fleck.

Lebensraum

Dieser einzige bei uns vorkommende Vertreter der artenreichen Stachelmakrelen-(Carangidae)-Familie liebt die subtropischen Gewässer und ist weltweit verbreitet. Das europäische Hauptverbreitungsgebiet liegt vor den portugiesischen, marokkanischen und spanischen Küsten. Von hier aus breitet sich der Stöcker über das gesamte Mittelmeer bis hinein ins Marmarameer und – zögernd – auch ins Schwarze Meer aus. Über die Biskaya gelangen Stöcker in großer Zahl und regelmäßig in die britischen Gewässer, von dort durch den Kanal an der norwegischen Küste aufwärts bis nach Trondheim, durchs Skagerrak bis ins Kattegat. In die Ostsee wandert der Fisch nur sporadisch, manchmal jedoch in großen Mengen. Rund um Helgoland werden Stöcker regelmäßig gefangen.

Standplätze und Lebensweise

Die Lebensweise ähnelt sehr dem Lebensrhythmus der Makrele. Der Stöcker ist ein Schwarmfisch der offenen See und bevorzugt während der Sommermonate Tiefen zwischen 10 und 100 Meter Wasser. Besonders ausgeprägt ist das stoßweise und sehr unregelmäßige Auftreten der Fische; auf Jahre des massenhaften Vorkommens folgen bei uns Zeiten mit nur wenigen Exemplaren. Die Fische schwimmen oft in Gesellschaft mit den Makrelenschwärmen, meistens jedoch etwas tiefer. Ab Mai ziehen die Stöcker in die küstennahen Gewässer, meiden jedoch die großen Süßwassereinläufe und allzu flaches Wasser. Im Spätherbst verschwinden die Tiere gleich den Makrelen und ziehen sich in Tiefen bis zu 500 Meter am Festlandsockel zurück, um dort zu überwintern.

Nahrung

Stöcker ernähren bis zunächst von Planktern, mit wachsender Größe aber mehr von Fischen. Dabei verfolgen sie Jungfische aller Art und machen auch vor der eigenen Brut nicht halt. Im schwarmweisen Auftreten und Jagdverhalten ähneln sie dabei sehr den Makrelen, allerdings fressen sie weniger an der Oberfläche als mehr in der Tiefe. Kleine Sardinen, Heringe, Jungmakrelen und Spierlinge werden insbesondere nach dem Ablaichen in großen Mengen gierig gefressen.

Laichzeit und Fortpflanzung

Die Laichzeit beginnt im Mai und kann sich bis in den August hineinziehen. Bekannte Laichplätze liegen vor der holländischen Küste. Von hier aus verdriften die bis zu 1 mm großen, an einer Ölkugel anhaftenden Eier nordostwärts, oft in großer Zahl auch in die Deutsche Bucht. Die Larven und Jungfische schwimmen mit der Strömung weiter bis ins Kattegat und verschwinden dann im Herbst als 10 bis 12 cm große Jungfische zusammen mit den Elterntieren.

Wachstum, Alter und fischereiliche Bedeutung

Die laichreifen Stöcker sind mager und fettarm und wandern in erster Linie als Industriefische nach dem Fang in die Fischmehlfabriken. Herbst-Stöcker sind dagegen sehr fett und eignen sich für den menschlichen Konsum, sowohl geräuchert wie auch in allen anderen Zubereitungsformen. In Spanien und Portugal werden die bis zu einjährigen Fische oft zusammen mit Sardinen gefangen und zu Fischkonserven verarbeitet. Die geringen Fangmengen unserer heimischen Fischer und das stachelige Kleid des Stöckers ließen den Fisch bei uns kaum in die Fischgeschäfte gelangen. Anders ist es in den Mittelmeerländern, wo die Fische in allen Größen eine wichtige Rolle auf den Fischmärkten spielen. Portugal und Spanien fangen zusammen pro Jahr rund 110 000 t. Noch größere Bedeutung hat der Stöckerfang vor der Küste von Angola und der Südafrikanischen Union. Auch in Japan, Neuseeland und in Lateinamerika kann man diesen Fisch auf den Märkten finden. Die Stöcker werden im Schnitt 35 bis 40 cm groß und erreichen diese Länge mit etwa 5 bis 6 Jahren. Ganz ausnahmsweise werden einzelne Fische auch bis zu 50 cm lang.

Biologische Besonderheiten

Gleich den jungen Wittlingen leben auch die jungen, 1 bis 6 cm großen Stöcker in kleinen Rudeln häufig in Gesellschaft mit großen Brennquallen (Cyanea capillata L.). Bei Gefahr flüchten die Fische zwischen die Nesselfäden oder unter den Schirm der Qualle. Es zeigt sich, daß sie, im Gegensatz zu vielen anderen Lebewesen, immun gegen das Nesselgift sind. Überdies reißen sie aus den Ovarien der Qualle einzelne Eier heraus, und es bleibt unklar, welchen Nutzen die Qualle von dieser ungleichen Symbiose hat.

Fangzeiten

In der Nordsee und damit auch in der Deutschen Bucht erscheinen die ersten Stöcker manchmal schon im April, in der Regel aber erst im Mai. Ende August verschwinden die Tiere, meistens schon früher als die Makrelen. Im Ostseeraum, den die Stöcker in vielen Jahren nur sehr vereinzelt, in manchen Jahren aber in großen Schwärmen aufsuchen, findet man diesen Fisch vor allem im September bis Dezember, mit Schwerpunkt im November. Oft handelt es sich dabei um halberwachsene, unreife Exemplare von 12 bis 16 cm Länge. So wurden vor allem in den Jahren 1932/34 im November

Stöcker

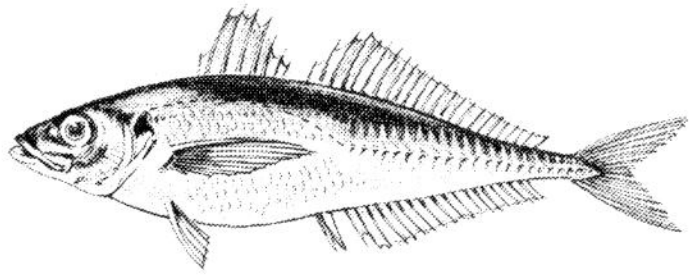

von vielen Booten in der Lübecker-, Kieler- und Eckernförder Bucht täglich pro Boot bis zu 50 Pfund dieser kleinen Kerle erbeutet. Das späte und manchmal massenhafte Auftreten der Fische, vor allem in den tief eingeschnittenen Buchten unserer Ostseeküste, läßt vermuten, daß diese Fische durch Drift- und Windverhältnisse in manchen Jahren aus ihren Abwachszonen im Kattegat durch die Sunde und Belte in die Ostsee vertrieben wurden und dann den Weg zurück zu den Ruheplätzen westwärts der britischen Inseln nicht wiederfinden konnten. Die großen Stöcker beißen im Sommer am besten bei ruhiger See in 7 bis 15 Meter Tiefe, vor allem in den Morgen- und Abendstunden. Bei rauher See stehen die Fische meistens tiefer. Licht zieht die Fische an; in der Dämmerung und nachts kann man Stöcker oft im Schein der Kailaternen von den Molen Helgolands erbeuten.

Fangmethoden, Geräte und Köder

Das Beiß- und Jagdverhalten der stacheligen, flinken Gesellen ist dem der Makrele sehr ähnlich. Allerdings ist der Stöcker nicht ganz so bereitwillig, auf künstliche Köder, vor allem Blinker und Spinner, zu beißen, wie die etwas wildere und ungestümere Makrele. Stöcker haben es mehr auf die kleineren Beutetiere abgesehen und lassen sich deshalb besser mit im Wasser tanzenden künstlichen Fliegen, Krebschen und Krabben, Leuchtgarnelen, kleinen Gummiaalen oder Leuchtschenkelhaken fangen. Wichtig ist dabei nur – wie bei allen anderen Raubfischen auch –, daß der Köder sich ständig bewegt und Lebendigkeit vortäuscht. Da man nie genau weiß, welchen Köder die Stöcker gerade bevorzugt jagen, verwendet man Paternostergeschirre, die aus 5 bis 8 der oben genannten Kunstködern zusammengestellt werden. Das Geschirr wird auf der Suche nach einem Schwarm vom treibenden Boot oder von der Mole (dort, wo tiefes Wasser unmittelbar ans Ufer reicht) weit ausgeworfen und sofort ruckweise wieder eingeholt. Hat man einen Schwarm am Boot, dann genügt es auch, das Geschirr direkt an der Bordwand hinabzulassen und es mit kleinen Rucken allmählich bis zur Fangtiefe wieder aufzuholen. Ganz offensichtlich lassen sich die kleinen Kerle von Ködern, die aus der Tiefe an die Oberfläche streben, weit mehr reizen, als von Ködern, die den umgekehrten Weg nehmen. Wesentlich reizvoller und oft auch erfolgreicher ist das Angeln mit der Gleitpose. Es kann sowohl von Molen wie vom verankerten oder driftenden Boot betrieben werden. Gefischt wird mit einem Einzelhaken der Größe 3–1/0 an einem ca. 1 Meter langen Vorfach. Eine genügend schwere Bleikugel wird auf die Hauptschnur geklemmt und das Vorfach in einen Wirbel gehängt. Kernstück der Ausrüstung ist ein Gleitfloß von 8 bis 15 g Tragfähigkeit und langer, schlanker Form. Es wird mit einem Stopper auf der Angelleine fixiert. Zur übrigen Ausrüstung bei dieser Angelei gehört eine leichte Wurfrute von ca. 3 Meter Länge mit guter Aktion, eine leichte Stationärrolle und Schnur der Stärke 0,30 mm. Als Köder verwendet man höchstens kleinfingerlange Fischfetzen, am besten Stückchen von frischen Heringen, Sardinen, Makrelen oder Hornhechten. Wichtig ist auch hier, daß die Fischfetzen bewegt werden, bei ruhiger See genügt oft ein leichtes Anheben der Gleitpose, also ein kurzes Auf- und Abbewegen des schlaff im Wasser hängenden Köders, um einen lauernden Stöcker zum sofortigen Anbiß zu reizen. Dünn ausgeschabte Enden des Fischfetzens erhöhen dessen „Spiel" im Wasser. Bei dieser Angelmethode lassen sich die Stökker oft längere Zeit am Boot halten, wenn man anfüttert. Dazu wirft man von Zeit zu Zeit kleine Mengen fein zerstückelter Fischstückchen, möglichst von derselben Art, mit der man angelt, ins Wasser. Bei dunklem Wetter, unruhiger See und guter Beißlust der Stöcker kann man sie auch mit einer Methode überlisten, die in ihrer Einfachheit ihresgleichen sucht: Man bestückt einen Einzelhaken der Größe 2 mit einem 4 cm langen Ventilgummi und läßt diesen Köder im Wasser mit den Wellen am Gleitfloß auf- und abtanzen. Es gibt Stunden, da beißen die Stöcker wie verrückt auf diese Köderimitation, und es läßt sich mit einem einzigen Gummistück ein ganzer Korb prächtiger, großer Stöcker fangen.

Anhieb, Drill und Landung

Stöcker beißen wie Makrelen oft ungestüm und lassen den Köder beim geringsten Verdacht sofort wieder los. Der Anhieb sollte in jedem Fall sofort gesetzt werden, das gilt ganz besonders beim Gleitfloßangeln mit der zuletzt beschriebenen Ventilgummimethode. Natürliche Fischfetzenköder lassen die Stöcker dagegen nicht so leicht los, insbesondere nicht, wenn sie durch Anfüttern auf den Geschmack gebracht wurden. Der rasch gesetzte Anhieb bringt den Stöcker meistens sicher an den Haken, denn selten nur packen die gestachelten Räuber ihre Beute nur an einem Ende, sondern verschlingen den Köder gleich ganz mit ihrem relativ großen Maul. Überdies findet der Haken in den festen Kiefern meistens guten Halt, so daß einmal gehakte Fische selten verloren gehen. Ganz gleich, wie man nun die Stöcker fängt: Zur Landung gehören in jedem Fall dicke Handschuhe, am besten aus Leder, denn die spitzen Stacheln der Flossen und der Seitenlinienschuppen dringen leicht durch Stoffe in die Haut. Die Verletzungen sind zwar ungefährlich, aber sehr schmerzhaft. Auch eine kräftige Schere sollte nicht fehlen, denn es empfiehlt sich, den Fischen schon vor der Heimreise am Fischwasser die stacheligen Flossen und Dornen abzuschneiden und die zahlreichen kleinen Schuppen zu entfernen, solange der Fisch noch frisch ist und die Schuppen locker sitzen. Wie schon erwähnt, verdient es der Stöcker, in die Fischküche zu wandern. Zwar sind Fische, die unmittelbar nach dem Laichen im späten Frühjahr gefangen werden, äußerst dürr und wenig schmackhaft. Je weiter aber das Jahr fortschreitet, desto besser, fetter und fester werden die Fische, und besonders die nach dem 1. August erbeuteten Exemplare verdienen es, geräuchert zu werden.

Rekordgrößen

Der Stöcker wird in deutschen Rekordlisten nicht geführt. In der irischen Rekordliste findet sich ebenfalls kein Exemplar, wohl aber die Aussicht auf einen „specimen award", also eine schriftliche Anerkennung durch das Irish Specimen Fish Committee für ein Exemplar, das mehr als 2 pounds zur Waage bringt. In der Tat sind die meisten Stöcker nur etwa 500 g schwer, Einzelgänger in der Deutschen Bucht wiegen manchmal aber bis zu 2 Pfund. Ganz ungewöhnlich groß war der britische Rekordfisch, der 3 pounds und 3 ounces zur Waage brachte. Er wurde 1934 gefangen, und seither gelang es keinem Angler, ein größeres Exemplar zur Waage zu bringen.

Haie und Rochen

Blauhai, Dornhai, Glattrochen, Heringshai, Hundshai, Kleingefleckter Katzenhai, Nagelrochen

Diese äußerlich so verschieden anmutenden Ordnungsgruppen unter den Fischen bilden zusammen mit der kleinen Gruppe der Seekatzen (Chimaerea) die Klasse der Knorpelfische (Chondrichtyes). Das Skelett dieser Fische wird aus Knorpelmassen gebildet, und mit dieser Eigenschaft unterscheidet sich die gesamte Tierklasse von allen übrigen Fischen, deren Skelett aus Knochen gebildet wird und die in weit größerer Artenzahl vorkommen, den Knochenfischen (Osteichtyes). Den ungefähr 500 Hai- und Rochenarten stehen über 20.000 andere Fischarten gegenüber.
Vermutlich haben insbesondere die Haifische in früheren erdgeschichtlichen Zeiten eine weit größere Rolle im Tierreich gespielt als heute. Aus Zahnversteinerungen ließen sich Haie rekonstruieren, die eine Länge von über 30 Meter gehabt haben dürften. Die größten heute noch lebenden Haie, die Wal- und Riesenhaie, beide friedliche Planktonfresser, erreichen dagegen nur noch Längen bis zu 15 Metern. Rochen und Haien gemeinsam ist aber nicht nur das knorpelige Skelett, sondern auch das sehr stark unterständige Maul, die direkt nach außen mündenden Kiemenspalten (bei Rochen stets 5, bei Haien 5 bis 7) und das Fehlen echter Schuppen. Anstelle der Schuppen finden sich viele stumpf- oder spitzkegelige Verdickungen in der Haut, die bei vielen heimischen Rochenarten zu spitzen Dornen ausgebildet sind.
Haie und Rochen bewohnen alle Weltmeere, die tropischen Gebiete noch im viel stärkeren Maße als die gemäßigten Zonen. Unter ihnen befinden sich die gefürchtetsten „Bestien der See", die großen menschenfressenden Weiß- und Tigerhaie oder auch so unglaublich entwickelte Tiere, wie die Zitterrochen, die in Staborganen elektrische Spannungen von einigen hundert Volt erzeugen können und sich so wirksam gegen Verfolger schützen.
Die heimischen Hai- und Rochenarten sind für den Menschen ungefährlich; sie greifen Menschen nicht an. Ausnahmen bilden die Zuwanderer aus südlichen Breiten, vor allem der Mako- und Blauhai (in großen Exemplaren). In deutschen Gewässern beschränkt sich das Vor-

kommen von Haien und Rochen auf die Deutsche Bucht (vor allem Helgoland). Rund um die britischen Inseln und weiter südlich ist die Arten- und Individuenzahl weit größer. Viele Haie sind eßbar, so der Heringshai und vor allem der Dornhai. Von den Rochen werden in der Regel nur die „Flügel" der Körperscheibe verwertet. Im allgemeinen ist aber das Fleisch der Knorpelfische nicht von der Güte der Knochenfische, so daß Hai- und Rochenfänge bisher keine große wirtschaftliche Bedeutung erreicht haben. Anglerisch von besonderer Bedeutung sind der Hundshai, der in deutschen Gewässern als größter, regelmäßig fangbarer Seefisch gilt, der Heringshai wegen seiner Größe und wilden Kampfbereitschaft und der Glattrochen, der in europäischen Gewässern zu riesigen Exemplaren heranwächst.

Blauhai

Wissenschaftliche Bezeichnung: Prionace glauca (L.)

Ausländische Namen: Dän: blaahaj; engl.: blue shark; franz.: requin bleu; holl.; blauwehaai; ital.: verdesca; jugo.: zupka; norw.: blaahai, menneskeeterhai; port.: tintureira; span.: tintorera; schwed.: blahaj

Erkennungsmerkmale

Vom Körperbau her ist der Blauhai einer der elegantesten Vertreter der großen Haifamilie. Der im Querschnitt fast dreieckige, typische Haiumriß mit lang vorgestreckter Schnauze und stark unterständigem Maul wirkt beinahe schlank gegen die massigen Mordsgestalten des Weißen Haies oder des Makohaies. Hinzu kommen beim Blauhai die besonders lange, sichelförmige Brustflosse und eine sehr hohe erste Rückenflosse. Weitere Merkmale sind die Nickhaut über den Augen, die fehlenden Spritzlöcher, die bei dieser Art im Vergleich zu anderen Haien nicht sehr großen, dreieckigen und einspitzigen Zähne mit gesägtem Rand und die fünf Kiemenspalten. Die letzte Kiemenspalte befindet sich immer über dem vorderen Brustflossenansatz. Die wichtigsten Unterscheidungsmerkmale aber sind eine sehr markante, quer zur Körperachse verlaufende Einkerbung auf der Oberseite des Schwanzstieles und die typische, dunkel- bis schwarzblaue Grundfärbung des Rückens, die dem Fisch seinen Namen gab. An den Flanken herab wird die Blaufärbung rasch heller und wandelt sich über Schiefergrau ins Weiß der Bauchseite. Die Haut fühlt sich mäßig rauh an, streicht man von hinten nach vorn über den Körper, dann fühlt man den Sandpapiercharakter der vielen, kleinen, aus der Haut herausragenden Placoidschuppen.

Lebensraum

Wie die meisten Haiarten, so bevorzugt auch dieser Hai die warmen Meere und dringt von dort weltweit in viele subtropische Breiten vor. Vor den Küsten Australiens, Amerikas, Japans und Indiens ist der Blauhai ebenso bekannt wie vor allen europäischen Küsten, außer Island und Nordnorwegen – dort wird es ihm zu kalt. Im Mittelmeer einschließlich der Adria, vor Portugal, Madeira und den Kanarischen Inseln wie auch vor den britischen und irischen Süd- und Westküsten zählt der Blauhai zu den häufigsten Haien.

Standplätze und Lebensweise

Flachwassergebiete meidet dieser Hai. In der durchschnittlich nur 40 Meter tiefen südlichen und mittleren Nordsee wird er daher nur sehr selten angetroffen. Durch das tiefe Skagerrak verirren sich ganz vereinzelt einige Exemplare ins Kattegat. Den Weg in die Ostsee hat bisher nachweislich nur ein einziges Tier gefunden; ausgesüßte Meeresgebiete wie die Ostsee sagen dem Fisch überhaupt nicht zu. Der Blauhai ist ein Fisch der hohen, weiten See; er bevorzugt Gebiete mit tiefem Wasser. Ganz selten werden kleinere Blauhaie in Gebieten mit weniger als 100 Meter Wassertiefe erbeutet; die großen Fische stehen immer über Gewässern mit mindestens 200 Meter Tiefe und mehr. Eine alte Blauhai-Anglerweisheit sagt: Je weiter man aufs Meer hinausgesegelt, desto größer wird der Fisch. Die Blauhaie jagen und fressen hauptsächlich im oberflächennahen Bereich. Die großen Blauhaie werden meistens in Wasserschichten um 100 Meter, die kleineren bei 15 bis 30 Meter Tiefe gehakt. Bekannte und ziemlich sichere Blauhaiangelplätze liegen vor den Häfen der englischen Südküste, insbesondere in Cornwall. Der kleine Hafen von Looe, westlich von Plymouth, erlangte mit mehr als 50 000 von Anglern erbeuteten Blauhaien die größte Berühmtheit und ist zugleich Sitz des Shark (Hai) Angling Club of Great Britain. Ebenso zahlreich und fast auf Bestellung zu fangen sind die Blauhaie vor der irischen Süd- und Westküste; berühmteste Ausgangshäfen sind Kinsale und Courtmacsherry. Die größten Blauhaie in europäischen Gewässern werden jedoch weiter südlich erbeutet, so vor allem vor der portugiesischen Küste. Wichtigster Fangplatz ist die Bucht von Sesimbra bei Lissabon, insbesondere im Bereich des Steilabfalles zu den Ausläufern des über 5000 Meter tiefen Iberischen Beckens. Auch von den Kanarischen Inseln, von Madeira und den Azoren werden alljährlich viele Blauhaifänge gemeldet.

Nahrung

Blauhaie sind in erster Linie Fischfresser. Vor allem die massenhaft vorkommenden Schwarmfische der hohen See, also Makrelen, Sardinen, Hornhechte, aber auch Bonitos und Thunfische, fallen ihnen zum Opfer. Daneben verfolgen Blauhaie auch tagelang Schiffe und schlingen Abfälle aller Art in sich hinein; Sackleinen und Blechbüchsen wurden ebenso in Blauhaimägen gefunden wie gut erhaltene Seevögel. Haie, die gewohnt sind, um Schiffe herumzulungern und Abfälle zu fressen, können auch Menschen gefährlich werden. Seeleute, die über Bord fielen, wurden von Blauhaien nachweislich angegriffen. So scheint es angebracht, daß Angler, die stundenlang Blauhaie durch Anfüttern angelockt haben, vorm Baden rings ums Boot gewarnt werden müssen.

Laichzeit und Fortpflanzung

Mit etwa 2,5 Meter Länge werden die Blauhaie geschlechtsreif. Die an ihren paarigen Griffelorganen leicht erkennbaren Männchen befruchten die Eier im Innern des Weibchens. In der Leibeshöhle der weiblichen Tiere entwickeln sich die Embryonen zu vollständig ausgebildeten kleinen Blauhaien, die nach einer langen Tragzeit bei einer Länge von 50 bis 60 cm geboren werden. Ein Weibchen gebiert in den Sommermonaten bis zu 54 Junge, meistens jedoch weniger. Diese, als vivipar bezeichnete Entwicklung der Jungtiere im schützenden Mutterleib hat ganz sicher zur großen Verbreitung der Blauhaie beigetragen.

Wachstum, Alter und fischereiliche Bedeutung

Die Altersbestimmung ist schwierig. Sicher scheint, daß Blauhaie 20 und mehr Jahre alt werden können. Sie sind dann 3,5 bis 4 Meter lang und werden ganz ausnahmsweise auch größer, angeblich bis zu 7,5 Meter. Fischereilich spielen Blauhaie bei uns keine Rolle. Das Fleisch verströmt einen widerlichen, ammoniak-ähnlichen Geruch und ist ungenießbar. Nur die kleinen, bis zu 1 Meter langen Blauhaie werden in Portugal im Sommer filetiert und an der Luft getrocknet. Sie sind für die Zeit der Winterstürme Nahrungsvorrat für die Küstenbewohner. Neuerdings werden die Zähne der großen Blauhaie, in Silber gefaßt, als Schmuck verkauft; aus der Wirbelsäule werden Spazierstöcke angefertigt.

Biologische Besonderheiten

Blauhaie werden sehr häufig von etwa 50 bis 70 cm langen Lotsenfischen (Naucrates ductor L.) begleitet. Sie leben vom Kot der Haie und werden merkwürdigerweise ebenso geduldet wie die Schiffshalter-Fische, die sich vor allem im Nakken der Haie mit ihrem Saugmaul festhalten und sich so von den Haien über weite Strecken in andere Seegebiete transportieren lassen. Der Nutzen des Haies ist nicht erkennbar und eine echte Symbiose daher fraglich.

Fangzeiten

Haie fressen zweifelsohne immer. Da sie warmes Wasser vorziehen und die Blauhaie im Winterhalbjahr bei uns kaum noch angetroffen werden, beschränkt sich die Angelzeit jedoch nur auf das Sommerhalbjahr mit dem Höhepunkt im September. Beste Voraussetzungen herrschen bei ruhiger See und Sonnenschein; es scheint, daß die Haie dann höher stehen. Dasselbe gilt für die Nachtzeit, wenn sogar die großen Haie im stillen Wasser ganz ruhig an der Oberfläche schwimmen, klar erkennbar an den weit aus dem Wasser ragenden Rücken- und Schwanzflossen. Die Angelsaison in Looe/England und Kinsale/Irland reicht von Anfang Juli bis Ende September, in Portugal von August bis zum Einsetzen der Winterstürme im November.

Blauhai

Fangmethoden, Geräte und Köder

In England und Irland, wo das Gewicht der Blauhaie selten die 150-Pfund-Marke überschreitet, benötigt man eine Leine von etwa 36 kg Tragkraft und eine Rolle vom Typ Penn-Senator 6/0, dazu Haken vom Typ Mustad Seamaster der Größe 6/0 bis 8/0. In Portugal werden die Blauhaie in größeren Exemplaren gefangen; Fische von über 300 Pfund sind in jeder Saison dabei. Für diese Burschen verwendet man besser eine Rolle der Größe 9/0 mit geklöppelter Schnur von 400 Meter Länge, dazu Haken der Größe 10/0. Allen Ausrüstungen gemeinsam ist das Stahlvorfach. Es sollte ungefähr doppelt so lang sein wie der größte erwartete Fisch, also etwa 8 Meter. Es hat sich bewährt, das Stahlvorfach mindestens einmal, besser zweimal zu unterteilen und die Verbindungen mit gut drehenden Wirbeln herzustellen. Favorit unter den Stahlvorfächern sind wegen ihrer Geschmeidigkeit nylonummantelte Materialien. Nach dem Kampf mit einem Hai wird man sie aber in der Regel auswechseln müssen, weil die Sandpapierhaut der Haie fast immer den Nylonmantel zerstört hat. Erfahrene Angler verwenden deshalb lieber aus mehreren Litzen zusammengeschlagene, rostfreie Stahlvorfächer ohne Nylonmantel. Zur Ausrüstung gehören schwere Bootsruten, aber mit Aktion, damit nicht nur der Endring die Hauptzuglast zu tragen hat. In Gebrauch sind Ruten zwischen 2,1 und 2,4 Meter; je länger die Ruten sind, desto schwerer sind sie zwar im Laufe eines langen Angeltages, aber desto besser sind sie geeignet, auch einen Fisch zu drillen, der beispielsweise unters Boot zieht oder nahe der Bordwand zu kämpfen beginnt. Schließlich darf ein Harness, bestehend aus einem Rutenhalter und einem Rückengurt mit Karabinerhaken zum Einhängen der Rolle, nicht fehlen. Gefischt wird fast immer vom treibenden Boot. Die wichtigsten Vorteile sind dabei, daß die Strömung den im Wasser hängenden Köder nicht ständig hochtreibt und beim Drill keine Ankerleine stört. Bei gutem Wetter und ruhiger See fischt man vorzugsweise mit der F l o ß a n g e l . Man benutzt gleitende Posen auf der Rollenschnur und stoppt sie in der Regel durch ein eingeschlauftes Streichholz, das beim Anhieb zerbricht. Form und Größe des Floßes sind Geschmackssache, wesentlich ist nur, daß der Schwimmer nicht zuviel Auftrieb besitzt und nicht zu auffällig gefärbt ist. Weiße, schlanke Formen sind am vorteilhaftesten. Es hat sich gezeigt, daß Blauhaie keineswegs immer stürmisch beißen, sondern angesichts großer, knallroter Ballonfloße mißtrauisch werden oder bei zu großem Floßauftrieb den Köder wieder loslassen. Dies gilt natürlich nur für die Angelei auf kleinere Haie in Tiefen bis zu 30 Meter. Mit der O b e n - o h n e - M e t h o d e fischt man vor allem dann, wenn das Wetter sehr windig ist oder die Angeltiefe 30 Meter überschreitet. Man benutzt das zuvor beschriebene Geschirr, läßt das Floß weg und zieht statt dessen einen „running boom" auf die Rollenschnur. Das in den boom gehängte Bleigewicht wählt man je nach Tiefe und Drift schwerer oder leichter. Als Köder verwendet man bei allen Methoden frische Fische. Am beliebtesten sind frische Makrelen, die in den Haiangelgebieten meistens leicht zu fangen sind. Angelt man auf kleinere Haie, dann ködert man etwa 2 bis 4 Filets von kleineren Makrelen an; sind größere Haie zu erwarten, dann verwendet man eine tote ganze Makrele, sticht den Haken im Schwanzdrittel ein und führt ihn einmal durch die Augenöffnung. Die Haut der Makrele wird mehrfach eingeritzt, damit der ausströmende Körpersaft den Geruchssinn des Haies zusätzlich reizt. Bei ruhiger See wirkt die zweiteilig wiederholte kurze Auf- und Abbewegung des Köders auf einen umherstreifenden Hai aufreizend. Noch aufreizender und für den Erfolg beim Haiangeln beinahe unentbehrlich ist das Anfüttern. Alle erfahrenen Haiangler fischen nur bei gleichzeitiger Anfütterung. Das Anfütterungsgut, international als rubby dubby bekannt, besteht in erster Linie aus zerquetschten Fischen, aus Fischöl und einem Bindemittel, z. B. Kleie. Der Brei wird in feinmaschige Säcke gefüllt und außenbords so befestigt, daß er möglichst von Haien nicht angegriffen und zerfetzt werden kann. Eine Befestigung in Höhe der Wasserlinie hat beim Dümpeln den Vorzug, daß der Beutel immer wieder ins Wasser getaucht wird und sich nach und nach alle Duft- und Futterstoffe lösen können. Oft zieht die unter dem Boot mittreibende Futterwolke Tausende von Makrelen an, und diese bilden einen zusätzlichen Reiz für die witternd umherziehenden Haie. Fischt man in großen Tiefen, dann ist es ratsamer, den Futterbeutel mit einem schweren Gewicht in Höhe der Angeltiefe aufzuhängen; durch Befühlen muß ständig kontrolliert werden, ob der Beutel von Haien angegriffen wird. Beißt ein Fisch an der daneben ausgelegten Angel, dann muß vor dem Anhieb der Beutel eilig eingeholt werden.

Anhieb, Drill und Landung

Haie, vor allem die kleinen, beißen keineswegs immer stürmisch. Oft genug machen sie sich in aller Seelenruhe über den schlaff im Wasser hängenden toten Köder her und ‚sägen' mit ihren scharfen Zähnen den Köder vom Haken. Hat ein Hai dagegen den Köder samt Haken geschluckt und zieht mit der Beute ab, dann lasse man ihm Zeit. Erfahrene Blauhaiangler erwarten den Anbiß stets mit ausgekuppelter Rolle und lassen nach dem Anbiß die Leine solange auslaufen, bis der Hai stehen bleibt, den Köder im Maul wendet, zerbeißt und schluckt. Bald darauf beginnt die Schnur zum zweiten Male abzulaufen. Erst jetzt wird mit dem Fisch Fühlung aufgenommen und der Anhieb mehrfach gesetzt, nachdem die Rolle eingekuppelt worden ist. Der Blauhai verrät sich rasch durch sein Verhalten beim Drill: Auf die erste lange Flucht folgt eine unerwartet schnelle Ermattung, man möchte manchmal meinen, die Fische hätten schon einen langen Drill hinter sich, so schnell geben sie auf und lassen sich ans Boot holen. Dabei vollführen sie aber stets ein unangenehmes Kunststück. Sie drehen sich oft rasend um die eigene Achse und verwickeln sich dabei total im Vorfach. Wer es versäumt hat, sein Vorfach lang genug aus Stahl zu wählen, wird dabei manchen guten Fisch verlieren, weil die rauhe Haihaut die Kunststoffleine zerfasert. Ist ein Fisch längsseits vom Boot, so kuppelt man die Rolle stets wieder aus und überläßt einem Helfer das Gaffen. Dafür eignen sich nur flying gaffs, also Gaffhaken, die sich nach dem Einschlagen in den Fisch von der Stange lösen lassen und mit einer Leine an der Reling vertäut werden. In England und Irland geht man immer mehr dazu über, die Blaihaie unter 100 Pfund nicht zu gaffen, sondern zu markieren und wieder auszusetzen.

Rekordgrößen

Der irische Rekord steht bei 206 lbs (engl. Pfd.). Für Fische über 100 lbs verleiht das Irish Specimen Fish Committee eine Urkunde. Der britische Rekordfisch wurde 1959 in Looe/Cornwall gefangen und wog 218 lbs. Wer Mitglied des Shark Angling Clubs of Great Britain werden will, muß einen Blauhai von mindestens 75 lbs zur Waage bringen. Der Blauhaiweltrekord wird von 2 Fischen à 410 lbs gehalten. Sie wurden 1960 und 1967 bei Rockport/USA erbeutet. Der schwerste Blauhai neuerer Zeit aus Sesimbra (Portugal) wog 310 Pfund (1975).

Dornhai

Wissenschaftliche Bezeichnung: Sqalus acanthias L.

Ausländische Namen: Dän.: pighaj; engl.: spur-dog, spike-dog; franz.: aiguillat; holl.: doornhaai; isl.: háfur; ital.: spinarolo; jugo.: koscenjak; norw.: pighai; port.: cação galhudo; russ.: koljuchaja akula; schwed.: pigghaj, han; span.: mielga, galludos

Erkennungsmerkmale

Auch der Dornhai besitzt die typische, furchteinflößende Form seiner viel größer werdenden, menschenfressenden Verwandten. Der Körper ist langgezogen, die Schnauze weit vorgestreckt, das Maul tief unterständig; gleich dahinter befinden sich die 5 typischen Kiemenspalten, knapp hinter den Augen je ein Spritzloch. Die Schwanzflosse ist weit hochgezogen. Der Rücken ist grau, manchmal mit einem Stich ins bräunliche gefärbt. Die Flanken werden zum Bauch hin allmählich heller; der Bauch ist weiß, manchmal mit schwachem Perlmuttglanz. Besonders bei Jungfischen sind der Rükken und die Flanken mit auffälligen weißen Punkten durchsetzt. Das Maul ist mit mehreren Reihen kleiner spitzer Zähne besetzt; nur die Innenränder der Zähne sind schneidend. Wichtigstes Unterscheidungsmerkmal von anderen Haien sind je ein kräftiger Dorn vor jeder Rückenflosse und das Fehlen der Afterflosse. Die Haut des Dornhaies ist schuppenlos, aber sehr rauh.

Lebensraum

Dieser Hai ist weltweit verbreitet, viele nahe Verwandte unseres Dornhaies leben in allen Ozeanen. Im Nordatlantik ist der Dornhai ganz außergewöhnlich häufig. Er ist nicht nur ein Fisch der Küstenzonen, sondern vor allem der offenen, hohen See und bevorzugt die gemäßigten Klimazonen mit nicht zu warmem und nicht zu kaltem Wasser. Brackwasser wird gemieden, aus diesem Grunde fehlt er im ganzen ausgesüßten Ostseeraum. Sein Verbreitungsgebiet reicht nordwärts bis Island und um das Nordkap herum über die britische, französische und portugiesische Küste bis hinunter nach Marokko, die Kanarischen Inseln und Madeira. Das gesamte Mittelmeer und auch der westliche Teil des Schwarzen Meeres werden von diesem Fisch bewohnt. In Süd- und Westgrönland ist der Fisch ebenso bekannt, wie vor Neufuhdland und der Ostküste Kanadas und Nordamerikas.

Standplätze und Lebensweise

Dornhaie sind ruhelose Wanderer. Zu oft großen Schwärmen von tausend und mehr Tieren vereint, legen sie bei Tag und Nacht große Strecken zurück. Angler wissen davon ein Lied zu singen: Heute noch werden viele Zentner vom Boot aus erbeutet; das Beißen will nicht enden. Am nächsten Tag wird nicht ein Fisch gefangen. Dieser Hai bevorzugt Gebiete mit glattem, weichem Boden und Wassertiefen von 20 bis 200 Meter. In der kalten Jahreszeit sind auch schon vereinzelt Fische in über 900 Meter Tiefe erbeutet worden. Der Fisch ist an unserer Ostseeküste außerordentlich selten. In der Nordsee wird der Fisch in einigem Abstand von der Küste vereinzelt gefangen. Rund um Helgoland gehört der Dornhai zum regelmäßigen Beifang beim Hundshaiangeln. In manchen Jahren umschwärmen die Dornhaie die Insel in solchen Mengen, daß z. B. 1970 zwei Angler in knapp 14 Tagen allein 318 Dornhaie erbeuten konnten. Berühmte Dornhaiangelplätze sind im Kattegat die schwedische Westküste, die norwegische Süd- und Südwestküste bis nach Stavanger, die Shetland-Inseln, die irische Westküste und der Ärmelkanal.

Nahrung

Dornhaie stürzen sich auf alles, was als Beute groß genug erscheint und sich bewegt. Ihre Freßgier ist unbeschreiblich; an Angeln gehakt, stürzen sie sich noch auf weitere, im Wasser hängende Köder und lassen dabei jegliche Schmerzreaktion vermissen. Nicht ohne Grund sprechen Fischer von den ‚Wolfsrudeln des Meeres', wenn die Dornhaie zu vielen Hunderten in die großen Buchten eindringen und binnen weniger Stunden alle Fische verschlingen, deren sie habhaft werden können. Von Dornhaien heimgesuchte Seegebiete sind auch nach dem Verschwinden der Haie oft noch tagelang völlig fischleer. Hauptbeute der Dornhaie sind offenbar Dorsche, die von den Haien gepackt und oft mittendurch gebissen werden. Dabei machen sie auch nicht vor Dorschen halt, die so groß sind, wie sie selbst. Daneben werden Plattfische, Makrelen, Hornhechte, Heringe und wandernde Aale, aber auch Tintenfische und Krebse wahllos verschlungen.

Laichzeit und Fortpflanzung

Ab etwa 60 cm sind die Milchner, ab 75 cm die Weibchen geschlechtsreif. Es erfolgt eine paarweise Kopulation und eine innere Befruchtung der Eier. Dabei leisten die zu Klammerorganen umgebildeten griffelähnlichen verdickten Innenkanten der Bauchflossen den männlichen Haien wichtige Dienste. Aus den befruchteten Eiern schlüpfen im Mutterleib 4–8 Junge, die in einer gemeinsamen gelatinösen Hülle eine embryonale Entwicklung durchmachen. Diese vivipare Entwicklung findet nach einer verhältnismäßig langen Tragezeit von rund 20 Monaten ihren Abschluß in der Geburt der 20 bis 30 cm langen, wohlausgebildeten Junghaie. Die Geburt erfolgt in den Sommermonaten über Flachwassergebieten.

Wachstum, Alter und fischereiliche Bedeutung

Dornhaie wachsen sehr langsam. Das Höchstalter dürfte bei 24 Jahren liegen. Die Fische sind dann etwa 1,20 m lang und wiegen rund 10 kg. Das Durchschnittsgewicht dieser Haie beträgt aber nur 3 bis 4 kg bei eine Länge von ungefähr einem Meter. Der europäische Gesamtfang wird auf etwa 45 000 t pro Jahr beziffert; England und Norwegen sichern sich traditionell davon den Löwenanteil. Die deutschen Fischer sind am Dornhaifang nur gering beteiligt. Die Fangstatistik für 1973 weist nur einen Gesamtfang von 186 t aus. Vielleicht hängt es damit zusammen, daß die Massenfänge der Profis häufig innerhalb der nationalen Hoheitsgewässer gemacht werden. Größere Dornhaifänge wären den am Fischhandel Beteiligten nur recht, erzielt der Fisch doch oftmals bessere Preise, als beispielsweise Köhler oder Hering. Das feste Fleisch kommt fast nur enthäutet auf den Markt und wird in Gelee als ‚Seeaal', geräuchert als ‚Schillerlocke' und frisch als ‚Königsaal' verkauft.

Biologische Besonderheiten

Der Dornhai besitzt einen ungewöhnlich kurzen Darm, jedoch ist die fehlende Länge durch zahlreiche spiralig angeordnete Falten und Windungen ausgeglichen. Ausdrücklich gewarnt sei vor den sehr spitzen Dornen, in deren Hautfalten sich ein Gift befindet. Anders als beim gleichfalls mit Giftstacheln bespickten Petermännchen, geht die Gefahr beim Dornhai weniger vom nur mäßig anschwellend wirkenden Gift, als mehr von den stabilen Dornen aus. Beim unsachgemäßen Hantieren sind schon krankenhausreife Verletzungen vorgekommen, so einmal während der Europameisterschaft der Hochseeangler in Strömstad/Schweden (1970), als ein Angler in aller Eile mit zerrissener Pulsader am Unterarm ins Krankenhaus eingeliefert werden mußte.

Fangzeiten

Sobald sich im Frühjahr die ersten Dornhaischwärme den Küsten nähern, beginnt die Angelzeit. Sie dauert meistens den ganzen Sommer über an und endet erst im Herbst mit dem Einsetzen der ersten Stürme. Dornhaie gehen leicht an die Angel, sie sind offenbar immer hungrig und der Futterneid im Rudel spornt ihre Freßgier nur noch an. Beste Angelzeit ist am Tage und stets in der Tiefe, in der gerade die jeweiligen Futterfische stehen.

Dornhai

Fangmethoden, Geräte und Köder

Fangmethode und Fanggerät richten sich danach, ob ein Angler beispielsweise in einem Angelwettbewerb viele Fische in kurzer Zeit erbeuten will oder aber weniger an der Menge, wohl aber an einem sportlichen Drill seine Freude haben will. Beim Wettkampfangeln verwenden unsere Nachbarn vor allem das Paternostergeschirr. Gefischt wird im allgemeinen mit einem Pasternoster aus 3 Haken der Größe 3/0 bis 6/0. Der Mustad-Beak-Haken ‚Hollow Point' hat sich hierfür besonders gut bewährt, besonders jene mit extra langem Schaft, weil das Hakenlösen damit leichter fällt. Die meisten Angler fertigen ihr Paternoster aus monofiler Kunststoffschnur von 0,70 bis 0,90 mm von etwa 2 Meter Länge. Die Haken werden an kurzen Mundschnüren aus demselben Material in das Vorfach geknüpft, und zwar in je 35 cm Abstand, beginnend vom Endblei. Die kurzen steifen Mundschnüre sollen ein Vertwisten der Leinen verhindern; die besonders dick gewählte Kunststoffschnur soll das Durchscheuern der Leine an der rauhen Haihaut und das Zerbeißen verhindern. Die eigentliche Rollenschnur kann erheblich dünner gewählt werden, denn selbst drei gleichzeitig gehakte Haie wiegen selten mehr als 20 Pfund, so daß Schnur der Stärke 0,50 ausreicht. Manche Angler vertrauen lieber einem Stahlvorfach und basteln es sich nach dem hier beschriebenen Paternosterschema. Paternostersysteme aus Stahl haben zweifellos den Vorteil, daß sie von den relativ kleinen Haien weder zerbissen noch zerrissen werden können, jedoch werden die Vorfächer durch die rasenden Drehbewegungen der Haie sehr oft zerknickt und schnell unbrauchbar. Weiches, nylonummanteltes Material ist zwar nicht so knickempfindlich, wird von den Haien aber sehr schnell zerrieben. Ganz gleich, für welches Material man sich entscheidet: Die Haie stört die Dicke und Auffälligkeit des Vorfaches wenig; sie stürzen sich in blinder Freßgier auf Köder, die an dünnen, dicken oder stählernen Vorfächern hängen. Erfahrene Angler haben in ihrem Rucksack stets mehrere fertig montierte Vorfächer dabei und wechseln zerschundene oder zerknickte Vorfächer einfach aus. Ein Wirbel mit kräftigem Karabinerhaken zwischen Rollenschnur und Vorfach erleichtert das Wechseln. Da die Haie bei dieser und der nachfolgend beschriebenen Methode stets vom treibenden oder verankerten Boot geangelt werden, gehört zur übrigen Ausrüstung eine mittelschwere, ca. 2,5 Meter lange Bootsrute und eine passende Multirolle. Wem es weniger auf die Fischmenge, sondern mehr auf die Qualität des Angelns ankommt, der fischt mit dem running boom und Einzelhaken. Die Bleibeschwerung wird bei dieser Methode nicht ans Ende des Vorfaches, sondern in den Karabinerhaken eines running booms eingehängt. Der ‚boom', ein Haltearm, der aus England zu uns kam, gleitet auf der Rollenschnur und wird am Ende der Schnur durch einen Wirbel mit Karabinerhaken gestoppt. In diesen Haken wird das etwa 1,5 Meter lange Vorfach mit einem Einzelhaken der Größe 3/0 bis 6/0 eingehängt. Ein Verwickeln des Vorfaches mit der Rollenschnur ist nahezu unmöglich, auch wenn am Haken ein Hai um sein Leben kämpft. Da bei dieser Angelmethode stets nur mit einem Fisch am Haken zu rechnen ist, kann die Rollenschnur noch dünner gewählt werden, sogar 0,35 mm würde noch ausreichen. Die Vorfachdicke von etwa 0,80 mm sollte aber bestehen bleiben. Mit dieser Geschirrzusammenstellung läßt es sich wesentlich gefühlvoller angeln, besonders, wenn auch die Rute noch etwas länger und leichter, als vorher beschrieben, gewählt wird. Erwähnt werden sollte noch, daß bei beiden hier beschriebenen Methoden die Bleie mittels Karabinerhaken leicht auswechselbar sind und damit der jeweiligen Tiefe (meistens 20 bis 50 Meter) und Driftgeschwindigkeit angepaßt werden können. Als Köder werden bei bewegter See mit gutem Erfolg vor allem Gummiaale an Einzelhaken verwendet; die von den Wellen erzeugten Auf- und Abbewegungen von Boot, Angler und damit der künstlichen Köder genügen schon als Reiz für den Anbiß. Noch wirkungsvoller sind natürliche Köder, vor allem Fischfetzen. Besonders ölende Stücke von fetten Fischen, wie Hering, Sprotte, Makrele, eignen sich gut. Aber auch Stücke oder große Fetzen von allen anderen Fischen werden von den Dornhaien verschlungen. Gerät man in einen größeren Schwarm, dann spielt die Köderfrage nur noch eine untergeordnete Rolle; die Haie stürzen sich beinahe auf alles Freßbare. Sind die Haie nicht zahlreich vorhanden, dann kann man sie, genau wie fast alle anderen Haiarten, durch Anfüttern längere Zeit am Boot halten. Erfahrene Angler praktizieren dies auch, um die Haie aus größeren Tiefen ins Mittelwasser oder gar an die Oberfläche zu locken, um so bequemer angeln zu können. Beim Anfüttern sollte für längere Zeit ein steter Strom von grob zerkleinerten Fischresten aus einem grobmaschigen, außenbords hängenden Beutel in die Tiefe strömen können. Bei schwacher Drift wird dabei das Boot verankert, ansonsten läßt man sich treiben.

Anhieb, Drill und Landung

Was ein Dornhai erst einmal gepackt hat, das läßt er nicht gern wieder los. Beim Angeln aus der Hand fühlt man den Anbiß ganz deutlich. Der Fisch schnappt nach dem Köder und beginnt sofort im Wegschwimmen mit dem Verschlingen – es könnte ja ein Nahrungskonkurrent zuvorkommen. Der Anhieb kann deshalb ohne Übereile, aber doch viel früher als bei anderen Haien gesetzt werden, und es wird selten vorkommen, daß ein Fisch nicht gehakt wird. Am leichten Geschirr wehrt sich der Fisch ebenso, wie man es von einem nicht allzu temperamentvollen Fisch dieser Gewichtsklasse erwarten kann. Der Dornhai entwickelt keine besonderen Taktiken, Schliche und Künste im Drill, sondern folgt im allgemeinen brav dem Zug der Schnur an die Oberfläche und läßt sich dort meistens ohne große Schwierigkeiten landen. Aber aufgepaßt: Der Fisch verläßt sich offenbar auf die schlimme Wirkung seiner Stacheln. Jede Landung mit der Hand sollte vermieden werden, der Schwanzwurzelgriff kann fatale Folgen haben, denn dieser Hai beginnt bei einem solchen Griff sofort mit schlangenähnlichen Rückwärtsbewegungen, wobei der Dorn der hinteren Rückenflosse der Hand immer näher kommt. Auch versteht es der Fisch, sich geschickt herumzuschnellen, so daß man Dornhaie lieber entweder mit einem Landungsnetz oder mit einem Gaff landen sollte. Der Stiel des Gaffhakens muß so lang sein, daß der gegaffte Fisch beim Herumzappeln die Hände des Anglers nicht erreichen kann. Ist ein Dornhai an Bord gebracht, so sollte man unverzüglich nach dem Betäubungsschlag den Fisch weidgerecht töten und anschließend mit einer kräftigen Zange die beiden Rückendornen abkneifen. An den Rückendornen läßt sich übrigens bei diesem Hai noch am leichtesten anhand der Jahresringe das Alter bestimmen.

Rekordgrößen

Dornhaie gehören mit zu den kleinen, für den Menschen völlig ungefährlichen Haien. Das Gewicht des größten Dornhaies aus deutschen Gewässern ist leider nicht bekannt. In Norwegen wurden schon Haie bis zu 8,6 kg gefangen, der größte britische Dornhai wog 20 lbs 3 oz, was einem Gewicht von über 18 Pfund entspricht. Der irische Rekordfisch wog 16 lbs 4 oz. Für jeden Dornhai über 12 lbs ist das Irish Specimen Fish Committee bereit, eine Auszeichnung zu verleihen.

Glattrochen

Wissenschaftliche Bezeichnung: Raja batis L.
Weitere deutsche Namen: Fleten, Tepen

Ausländische Namen: Dän.: skade, sletrokke; engl.: common skate, blue or grey skate; franz.: pocheteau gris; holl.: vleet; isl.: skata; ital.: razza bavosa; norw.: glattrokke, storskate; port.: raia oirega; schwed.: slätrocka

Erkennungsmerkmale

Dieser Fisch verkörpert die größte europäische Rochenart. Die Unterscheidung von anderen Rochenarten ist schwierig, weil es nur ganz wenige gleichbleibende Merkmale gibt. Allen voran sind die Zähne zu nennen. Bei dieser Rochenart stehen sie in 44 bis 55 Reihen nebeneinander im Oberkiefer; auch der Unterkiefer ist dicht besetzt. Vor allem bei erwachsenen Tieren sind die Zähne abgeflacht mit konischen Spitzen. Beim männlichen Tier sind die einzelnen Zahnreihen säuberlich voneinander getrennt; beim Weibchen sind die Reihen ineinander verzahnt, etwa so, wie bei einem Reifenprofil. Ein weiteres gutes Merkmal sind die vielen feinen, schwarzen Punkte auf der Blindseite der Tiere. Es sind die Endungen der Schleimkanäle, die in der Haut verlaufen. Die Schnauzenform dieses Rochens ist spitzer als die des häufigeren Nagelrochens; die Länge der Schnauze beträgt etwa das 2,5- bis 3,5fache des Augenzwischenraumes. Auf die Unterscheidung durch die Färbung ist wenig Verlaß. Die Grundfarbe der Augenseite wechselt je nach Lebensbereich des Fisches von braun mit grünlichem Schimmer zu graubraun oder braunokker. Viele dunkle Flecken und Marmorierungen durchziehen diese Hauttöne. Bei jüngeren Exemplaren kommen oft noch zahlreiche, deutlich abgegrenzte, helle Flekken dazu, oft mit einem spiegelbildlichen Grundmuster auf beiden Flügeln. Die Bauchseite ist meistens dunkelgrau bis graublau, manchmal, vor allem bei älteren Tieren, aber auch weißlich. Die Blindseite ist stachelig im Kopf und Brustbereich. Die Augenseite ist bei Jungtieren um die Augen herum bedornt, bei den Alttieren fehlen diese Dornen. Jungtiere besitzen meistens nur eine Dornenreihe auf dem Schwanz, Alttiere dagegen immer zwei. Der knappe Zwischenraum der beiden kleinen Rückenflossen auf dem Schwanz ist stets mit ein bis zwei Dornen besetzt. Jungtiere besitzen häufig zwei hellgesäumte größere ‚Augenflecke' auf den Flügeln.

Lebensraum

Dieser Rochen ist nicht so kaltwasserempfindlich, wie viele seiner Verwandten. Rings um Island wird er häufig gefunden und mit dem mäßig warmen Wassern der Nordatlantik-Drift wandert der Fisch auch ums Nordkap herum bis zur Murmanküste. Südlich geht die Art bis nach Madeira und ins Mittelmeer, namentlich in den Westteil, aber auch in die Adria. Hauptfangplätze sind die Gewässer westlich und nördlich der Britischen Inseln, so vor allem die Färöer, die Shetland Inseln, die schottische Westküste, die irische Westküste und schließlich noch das Kattegat, hauptsächlich im Bereich der schwedischen Westküste. Bei uns in der Ostsee kommen Glattrochen nur sehr vereinzelt vor; nur wenige Exemplare wandern durch den Öresund in unser Gebiet, und es ist zweifelhaft, ob sie sich bei uns vermehren. Einziger ständiger Fundort ist der Fehmarn Belt. Im flachen Wattenbereich der Nordsee fehlt diese Art ebenfalls. Rund um Helgoland werden Glattrochen gefangen; die Fangquote im Vergleich zum Nagelrochen beträgt 1:3. Weiter draußen in der Nordsee, westlich von Sylt und vor der dänischen Nordseeküste mit ihren Stein- und Geröllgründen, nimmt die Häufigkeit dieses Fisches aber rasch zu. Die seltenen Fänge vor unseren Küstenabschnitten sind ein schlechtes Spiegelbild seiner sonst viel größeren Häufigkeit.

Standplätze und Lebensweise

Die meisten Glattrochen werden von den Berufsfischern im Tiefenbereich von 100 bis 200 Metern gefangen. Die ganz großen Tiere gehen auch noch tiefer und sind schon in über 600 Meter Tiefe erbeutet worden. Anders als der Nagelrochen bevorzugt diese Art gemischte Böden. Vor allem glatte Rinnen und Becken zwischen größeren Geröllzonen oder felsigen Gebieten sagen dem Fisch sehr zu. Hier residiert der große Glattrochen wie ein wahrer König der Tiefe, der keinen anderen Fisch zu fürchten hat. Die Fische wandern nicht viel und sind ziemlich standorttreu. Nur im Frühjahr und Frühsommer steigen sie in flachere Gebiete auf. Die großen Fische ab 1,5 Meter Länge werden aber auch dann nur ganz ausnahmsweise in weniger als 50 Meter Wassertiefe angetroffen.

Nahrung

Glattrochen leben räuberisch vor allem von Fischen aller Arten und überwältigen dabei auch Haie (Dornhai, Glatthai, Katzenhai). Die großen Rochen verschonen auch nicht die eigene Art. Krabben und Langusten, Hummer und große Taschenkrebse werden ebenfalls nicht verschmäht.

Laichzeit und Fortpflanzung

Die Männchen sind erst mit einer Länge von 1,5 Metern geschlechtsreif; sie sind von den weiblichen Tieren leicht durch die großen, griffelähnlichen Klammerorgane neben den Bauchflossen zu unterscheiden. Die Eier werden im Innern der Weibchen befruchtet, die Reifezeit im Uterus dauert viele Monate. Im Spätherbst und Winter werden die Eier dann einzeln abgelegt. Mit ihrer kissenförmigen Form unterscheiden sich die Eier des Glattrochens nicht sehr wesentlich von anderen Raja-Arten, wohl aber in der Größe. Sie schwankt zwischen 8x15 bis 14x24 cm. Die Eier sind anfangs gelb, später grünlich und schließlich hartschalig und schwarz. Eine dicke, filzige Faserschicht bedeckt die Kapseln. Einige besonders lange Fäden tragen zur Verfilzung untereinander oder mit Pflanzen und Treibseln bei. Erst nach vielen Monaten schlüpfen aus den Eiern die vollkommen entwickelten Jungrochen. Sie sind bereits bei der Geburt über 20 cm lang.

Wachstum, Alter und fischereiliche Bedeutung

Die durchschnittliche Länge der Glattrochen beträgt etwa 1 bis 1,5 Meter. Es werden aber auch regelmäßig Exemplare von über 2,5 Meter Körperlänge erbeutet. Für die Berufsfischer, die diesem Fisch vor allem mit Langleinen und Schleppnetzen nachstellen, ist der Glattrochen die wichtigste Rochenart. Besonders die Isländer wissen den Fisch zu schätzen. Sie verarbeiten ihn hauptsächlich als Salzfisch, damit das Fleisch, besonders von den großen Exemplaren, reifen kann. Bei uns wird das Fleisch in Dosen als ‚Dosenhummer' oder geräuchert als ‚Seeforelle' verkauft.

Biologische Besonderheiten

Alle Rochen und Haie gehören in die Unterklasse der Knorpelfische (Chondrichthyes). Sie gehören damit zu jenen Fischen, die erdgeschichtlich viel älter sind als die übrigen Knochenfische (Osteichtyes).

Fangzeiten

Glattrochen lassen sich ganzjährig fangen. Allerdings versprechen die Sommermonate insofern bessere Erfolge, weil die Fische dann etwas flachere Gewässerzonen aufsuchen. Der Höhepunkt der Glattrochen-Angelsaison fällt in die Monate August/September.

Glattrochen

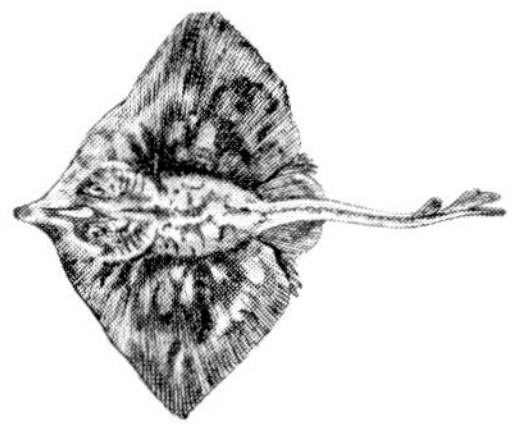

Fangmethoden, Geräte und Köder

Das Knackgebiß eines Großrochens von über 150 Pfund gehört mit zu den begehrtesten Trophäen eines jeden echten, begeisterten Hochseeanglers in Europa. Solche Fänge sind keineswegs utopisch. Fische von über 200 Pfund sind schon mehrfach mit Rute und Rolle bezwungen worden (siehe Abschnitt ‚Rekordgrößen'). Es dürfte aber nicht mehr lange dauern, bis noch weit größere Fische von gut vorbereiteten Anglern gefangen werden, denn bei den Färöern haben die Profis schon einen Glattrochen von 432 lbs gefangen. Gut vorbereitet sein, heißt vor allem, die richtige Ausrüstung bereit zu haben. Für den Fang eines Großrochens, der leicht mit seinem Körper einen ganzen Volkswagen bedekken könnte, benötigt man zuerst eine sehr stabile, aber nicht zu steife Bootsrute von etwa 2,5 bis 2,8 Meter Länge, dazu eine Multirolle von der Größe einer PENN-Senator 6/0 bis 9/0 und schließlich einen Harness, bestehend aus Rutenhalter und breitem Schultergurt. Die Rollenschnur sollte wenigstens 36 kg tragen. Monofile Schnüre von 0,80 bis 1 mm Stärke sind am besten geeignet, weil sie der Wasserströmung beim Angeln in großen Tiefen weniger Widerstand entgegensetzen als geflochtene Schnur; geflochtene Schnüre sind dagegen geschmeidiger und verdrallen nicht auf den oft zu klein dimensionierten Schnurtrommeln der Multirollen. Die Bleibeschwerung – oft sind 1 kg und noch mehr notwendig – wird gleitend und auswechselbar entweder mit einem großen Wirbel mit Karabinerhaken oder mit einem running boom auf die Rollenschnur montiert. Das gleitende Blei wird am Ende der Rollenschnur von einem großen Seewirbel gestoppt. In diesen Wirbel knüpft man das Vorfach. Es muß mindestens so lang sein, wie die zu erwartenden Großrochen, also 2,5 Meter, besser 3 Meter. Das weitaus größte Stück des Vorfaches kann aus monofiler Kunststoffschnur bestehen, nur die letzten 60 bis 80 cm müssen wegen des scharfen und kräftigen Gebisses der Rochen aus Stahldraht gefertigt sein. Beide Teile werden abermals mit einem Seewirbel verbunden. Das Vorfach übernimmt die Funktion einer im Big Game Fishing gebräuchlichen Vorschnur und sollte eine wesentlich höhere Tragkraft besitzen als die Rollenschnur. Dies aus zwei Gründen: Erstens soll der Großrochen bei seinen Fluchtversuchen am Grund daran gehindert werden, mit seinen ‚Flügeln' das Vorfach zu zersprengen und zweitens soll bei der gefährlichsten Phase des Kampfes, nämlich bei der Landung, der erhöhten Bruchgefahr des Vorfaches vorgebeugt werden. Die Hakengröße ist in gewissen Grenzen Geschmacksache, die Größe 6/0 ist die Minimalforderung; besser erscheinen Haken der Größe 9/0 aus allerbestem Stahl. Die großen Glattrochen sind Fischräuber und reagieren vor allem auf bewegte Köder. Wenn trotzdem geraten wird, nur tote Köder (eine halbierte große oder eine ganze kleine Makrele) zu verwenden, dann wegen des Jagdverhaltens des Rochens: Mit wenigen kräftigen Schwimmstößen schießt der Rochen pfeilschnell über seine Beute und bedeckt sie mit seiner gewaltigen Körperscheibe, drückt sie zu Boden und führt sie erst ganz allmählich zum Maul. Wenn man mit bewegtem Köder fischt, also mit einem lebenden Fisch oder den Köder ständig auf- und abbewegt, dann werden die meisten Rochen dabei von außen gehakt. Viele Fische gehen dabei verloren oder werden beim Wettangeln nicht gewertet. Der größte Fisch bei der Europameisterschaft der Hochseeangler 1971 in Thurso/Schottland war beispielsweise ein Glattrochen von 143 lbs; er wurde nicht gewertet, weil der Haken in einem der Körperflügel saß. Der ruhig am Boden liegende, tote Köder wird vom Rochen zwar in derselben Weise angegriffen, also bedeckt, aber der Angler wird im allgemeinen erst dann reagieren, wenn der Rochen mit seiner, nach einiger Zeit verschluckten Beute davonschwimmen will. Auf Großrochen fischt man nur vom verankerten Boot. Die genaue Kenntnis der lokalen Standplätze ist unerläßlich. Manchmal sind es nur Gebiete von höchstens 100 Metern im Quadrat innerhalb eines meilenweiten Seegebietes, die als Lieblingsaufenthalt infrage kommen. Die berühmten Angelplätze in Ullapool/Westschottland, in Lerwick/Shetland-Inseln oder bei Strömstad vor der schwedischen Westküste sind gute Beispiele dafür. Ohne die Beratung und Führung durch Einheimische mit bester Gewässerkenntnis wird man sonst nur durch Zufall an die Großrochenstandplätze herankommen. Zumindest ist das genaue Studium von Seekarten unerläßlich, je größer der Maßstab der Karten, desto geeigneter sind sie. Schließlich sei noch darauf hingewiesen, daß auch der Glattrochen seine Beute nicht nur mit den Augen, sondern mit der Nase findet. Es erwies sich als besonders wichtig, nur fangfrische Köder zu verwenden, die Haut der toten Köder anzuritzen, damit Körpersaft vom Seewasser ausgewaschen werden kann, und den Köder lieber zu oft als zu wenig durch einen neuen zu ersetzen. Das Anfüttern spielt bei diesem Rochen, genau wie bei allen anderen Artgenossen, eine wichtige Rolle. Das Anfütterungsgut (frische, zerkleinerte Fische) wird in einen Sack oder in ein Netz gefüllt und mit einer Beschwerung auf den Grund hinabgelassen. Von Zeit zu Zeit bewegt man den Beutel kräftig auf und ab, damit die Körpersäfte eine Duftspur ins Wasser legen. Keinesfalls füttere man mit großen Fischstücken an; der Rochen könnte sonst das Interesse an dem ausgelegten Köder verlieren.

Anhieb, Drill und Landung

Wie schon gesagt: Rochen lassen sich beim Anbiß Zeit. Der erfahrene Rochenangler kalkuliert bei dem ersten, verdächtigen Leinenzug ein, daß sich der Fisch zu diesem Zeitpunkt vielleicht erst einmal auf die Beute geworfen hat und wartet geduldig darauf, daß der Fisch damit beginnt, noch mehr Leine zu nehmen. Es ist ein Geduldsspiel, daß der Angler fast immer gewinnt, wenn er nicht die Ruhe verliert. Selten verschmäht der Rochen einen Köder, für den er sich erst einmal interessiert hat. Auch große Haken scheinen ihn nicht weiter zu stören, ist er doch ganz andere Dornen und Panzerschalen von seinen Beutetieren gewöhnt. Zieht der Fisch endlich ab, so beginnt für den Angler ein reiner Kraftakt, der weniger einem Box- oder Ringkampf, sondern viel mehr dem Gewichtheben ähnelt. Gleich nach dem Anhieb gilt es, den Fisch mit der Nase nach oben zu zwingen. In der allerersten Phase des Kampfes gelingt das meistens; dann aber will der Fisch nach unten. Es beginnt ein unerbittliches Tauziehen, das vom Fisch weniger durch listige Einfälle und Finten gewürzt wird als durch unerhörte, sture Kraft. Der Angler muß nicht nur den viele Kilo schweren Fisch nach oben zwingen, sondern auch den schweren Wasserdruck, der auf dem breiten Körper des Fisches lastet. Es gibt nicht wenige Angler, die sich nach stundenlangem Hochpumpen eines Rochens geschworen haben, dies nie wieder zu tun.

Rekordgrößen

Der schwedische Rekord-Glattrochen wurde 1970 von einem Schweizer gefangen, der Fisch wog 111 Pfund. Der größte britische Glattrochen wurde von einem Schweden gefangen; er wog 226 lbs 8 oz. Auch der irische Rekordfisch kann sich sehen lassen: 221 lbs.

Heringshai

Wissenschaftliche Bezeichnung: Lamna nasus (Bonn.)

Ausländische Namen: Engl.: porbeagle; dän.: sildehaj; franz.: taupe; holl.: neushaai; ital.: smeriglio; jugo.: kučina; norw.: haabrand; port.: sardo; schwed.: haabrand; span.: cailón

Erkennungsmerkmale

Dieser Hai wirkt gedrungener als die meisten Haie. Die Gestalt erinnert an die der großen Thunfische. Die erste, große Rückenflosse beginnt immer über dem Ansatz der Brustflosse und die zweite, winzige Rückenflosse liegt genau spiegelbildlich über der kleinen Afterflosse. Der Schwanzstiel ist oben und unten eingekerbt und besitzt auf jeder Seite einen kräftigen Kiel. Die Zähne stehen in drei Reihen. Die Körperfarbe schwankt zwischen einer dunklen, schiefergrauen oder blauschwarzen Rückenzeichnung, heller werdenden Flanken und cremefarbigem Bauch. An auffälligen Zeichnungen besitzt der Fisch nur weiße Säume am Hinterrand der Rückenflossen und der Schwanzflosse.

Lebensraum

Die Ausbreitung dieser Haiart reicht von Gibraltar an aufwärts über die britische und norwegische Küste bis in die Barents See. Auch die Fischer des Mittelmeeres kennen den Heringshai. Darüber hinaus bewohnt der Fisch alle gemäßigt warmen Teile der Ozeane sowohl auf der nördlichen wie auch auf der südlichen Halbkugel. Durch das Skagerrak zieht der Fisch regelmäßig ins Kattegat bis zum Öresund. In der Ostsee ist der Fisch ein seltener Irrläufer. Im Ostteil wurde er nur ein einziges Mal bei Finnland gefangen. Vor unserem Küstenabschnitt wurde er dreimal in der Neustädter Bucht und einige Male vor anderen Orten erbeutet. Auch in unserem Nordseeküstenbereich wird der Heringshai nur selten gefangen.

Standplätze und Lebensweise

Der Fisch bevorzugt ganz offensichtlich Gebiete, in denen er tiefes Wasser unter sich weiß, und dringt nur kurzzeitig in flachere, angrenzende Küstengewässer vor. Meistens findet man diese Haiart im oberflächennahen Bereich der offenen See und fängt ihn selten unter 150 Meter Wassertiefe. Er ist ein schneller, ausdauernder Schwimmer und jagt die pelagisch lebenden Schwarmfische. Dabei rotten sich die Haie meistens paarweise oder zu kleineren Gruppen zusammen; manchmal werden auch Schulen von 20 bis 30 Fischen beobachtet. Die Haie wandern viel umher. Ein vor der irischen Westküste markiertes Stück wurde wenig später am Kap Finisterre/Nordspanien wiedergefangen. Es sind hauptsächlich die kleineren, jüngeren Haie, die im Sommer und Herbst bis nahe an die Küsten ziehen, die wirklich großen Fische findet man erst ab 10 Meilen Abstand von der Küste. Die höchste Bestandsdichte findet man vor der irischen Westküste. Hier bei Achill Island und den Cliffs of Moher sind auch die besten irischen Hochseeangelplätze zu finden. Aber auch die Süd- und Westküste von England ist bei Heringshaianglern als gutes Revier bekannt. Jagende Heringshaie werden manchmal durch große kreisende und zeitweilig ins Wasser stürzende Möwenschwärme verraten, vor allem dann, wenn sie Heringe, Sardinen, Makrelen oder Bastardmakrelen an die Wasseroberfläche gejagt haben. Zuweilen treiben sie die großen Makrelenschwärme bis tief in die Buchten, Lagunen und Meerengen hinein (in Irland: Galway und Clew Bay) und sind dann tagelang in einem eng begrenzten Seegebiet anzutreffen.

Nahrung

Heringshaie sollen angeblich alles, was ihnen in den oberen Wasserschichten begegnet, fressen. Dazu gehören natürlich in erster Linie Fische, wie Makrelen, Heringe usw., aber auch Dornhaie und Tintenfische. Angler haben mehr als einmal erlebt, daß sich die Fische auch auf die farbigen Ballons und Schwimmer ihrer Haiangeln gestürzt haben.

Laichzeit und Fortpflanzung

Das Männchen ist leicht durch den Besitz von zwei griffelähnlichen Organen an den Bauchflossen von den weiblichen Tieren zu unterscheiden. Mit Hilfe dieser Organe findet eine paarweise innere Befruchtung statt. Die befruchteten Eier entwickeln sich im Mutterleib zu etwa 6 cm langen Jungfischen. In diesem Entwicklungszustand haben die Jungen ihren Dottersack verzehrt und beginnen nun damit, die unbefruchtet gebliebenen Eier im Uterus zu fressen. Dabei wachsen die Fische bis auf 60 cm heran und werden in dieser Größe im Laufe der Sommermonate geboren. Man hat noch nie mehr als 5 Jungtiere im Leib des Muttertieres gefunden. Im Zusammenhang mit dieser niedrigen Geburtsrate und in Anbetracht dessen, daß die Weibchen erst ab 1,5 m Länge geschlechtsreif werden, sind die Bestrebungen der irischen und britischen Hochseeangler, zum Schutz des Heringshaibestandes möglichst viele Fische wieder zurückzusetzen, sehr zu begrüßen. Immer mehr Angler gehen dazu über, die gefangenen Fische mit einer Schwanzschlinge zu landen, zu markieren, zu wiegen und zu registrieren und dann wieder ins nasse Element zu entlassen. Leider werden die an Bord auf See ermittelten Fanggewichte nicht anerkannt; es ist zu hoffen, daß auch hier ein Ausweg von allen Beteiligten gefunden werden kann.

Wachstum, Alter und fischereiliche Bedeutung

Die Fische wachsen nicht sehr schnell, erreichen eine Durchschnittsgröße von 2 Metern und werden maximal 3,5 Meter lang bei etwa 200 kg Gewicht. Das schwach rötliche Fleisch strömt im frischen Zustand einen ammoniakähnlichen Geruch aus, der aber beim Kochen verschwindet. In Deutschland erzielen Heringshaie hohe Marktpreise. Das Fleisch mit kalbfleischähnlichem Geschmack wird als Karbonadenfisch, Kalbsfisch, Seestör oder auch als Thunfisch verkauft. Der Jahresfang ist, gemessen an anderen Haiarten, gering. Deutsche Fischer brachten 1973 nur rund 10 000 kg auf die Märkte. Die Norweger sind im Fangen am erfolgreichsten. Sie erbeuten die Haie mit treibenden, auf geringe Tiefe gestellten Langleinen vor ihrer Küste.

Biologische Besonderheiten

Die Fortpflanzung der Haie verdient an dieser Stelle eine besondere Betrachtung. Bei allen Haien findet eine paarweise Kopulation mit innerer Befruchtung der Eier statt. Nach der Befruchtung unterscheidet man drei verschiedene Entwicklungsarten der Embryonen. Die Katzenhaie legen hartschalige Eier ab (ovipar), die Heringshaie gebären voll ausgebildete Junge, die im Mutterleib aber von vorhandenen Dottermassen gelebt haben (ovoviviapar). Schließlich gibt es einige Arten mit viviparer Entwicklung, d. h. die Embryonen werden im Mutterleib durch eine Nährzottenhaut direkt ernährt.

Fangzeiten

Die Angelei beginnt im Sommer und endet im Spätherbst mit dem Wegzug der Makrelen. Hochsaison ist im August/September.

Fangmethoden, Geräte und Köder

Heringshaie sind kraftvolle Gesellen, die dem Angler am anderen Ende der Leine einen aufregenden Kampf liefern. Die Ausrüstung sollte immer einer starken Kraftprobe gewachsen sein. Sie besteht aus einer stabilen Bootsrute von 2,1 bis 2,4 Meter Länge mit Roller-

Heringshai

ringen. Die Rute sollte über eine Spitzenaktion verfügen und nicht zu steif sein, damit die ersten wilden Fluchten des Fisches besser abgefangen werden können. Die Multirollengröße 9/0 ist im allgemeinen ausreichend. Allerdings ist zu überlegen, ob die 400 Meter lange Leine von 36 kg Tragkraft nicht besser auf einer größer dimensionierten Trommel aufgewikkelt werden sollte. Denn während eines aufregenden Drills achtet man meistens nicht darauf, die Schnur beim Zurückspulen gleichmäßig auf der Trommel zu verteilen; es bildet sich leicht ein ‚Schnurberg' auf der Spulenachse, der schließlich an den Verbindungsstegen scheuert und den Drill unmöglich macht. Als Vorfach hat sich bei den meisten Anglern mehradriger, rostfreier Stahldraht durchgesetzt. Je feiner die Litzen sind, desto elastischer ist das Material, desto leichter läßt es sich aber auch von den sehr scharfen Heringshaizähnen zerschleißen. Material aus 7 Litzen (7 stranded stainless steel) wird von den meisten Anglern bevorzugt. Nylonummantelte Qualitäten sind weniger beliebt, weil der Kunststoffmantel von den Haizähnen und der rauhen Haihaut leicht zerfasert wird und das Vorfach dann meistens nicht mehr zu verwenden ist. Die Mindestlänge für das Vorfach sollte 5 Meter betragen, weil Haie generell dazu neigen, sich während des Kampfes blitzschnell mehrfach um die eigene Achse zu drehen. Dabei verwickeln sie sich oft total ins Vorfach. Wäre es zu kurz, dann bestünde Gefahr, daß der Hai die Rollenschnur mit seinen Zähnen zerbeißt oder mit seiner Sandpapierhaut zerreibt. Das Stahlvorfach sollte stets mindestens die doppelte Tragkraft der Rollenschnur besitzen, damit man für den Endkampf am Boot gerüstet ist. Man bedenke, daß gegen Schluß des Drills, wenn der Fisch an der Oberfläche neben dem Boot liegt, nur noch das Vorfach draußen ist. Oft ist es notwendig, den tobenden Fisch beim Gaffen stramm am Boot zu halten, sei es nun mit der Rute oder, wie es oft der Fall ist, mit der behandschuhten Hand am Vorfach. Jeder Schlag des Fisches wirkt jetzt doppelt kräftig, weder die Elastizität einer lang ausgelaufenen Leine noch die Rutenspitze fangen die Stöße ab, die Schnurbruchgefahr ist also besonders groß. Ein 60 bis 80 kg tragendes Stahlvorfach ist deshalb das Minimum; manche Angler wählen noch wesentlich stärkere Drähte. Fast alle Haiangler sind sich darin einig, daß man das Vorfach besonders gut gegen Verdrehen absichern muß, und verwenden dazu erstklassige Seewirbel. Ein Wirbel verbindet stets die Rollenschnur und das Stahlvorfach, mindestens ein weiterer unterteilt das Vorfach, z. B. in der Mitte. Manche Angler fügen noch 1 bis 2 weitere Wirbel hinzu. Über den geeigneten Haiangelhaken gibt es unter Experten kaum Diskussionen. Es wird fast nur der Mustad Seamaster-Haken in der Größe 12/0 verwendet – außer beim Schleppen, bei dem sich etwas kleinere Haken meistens besser bewähren. Mit dieser Ausrüstung betreibt man die Driftangelei. Geangelt wird vom treibenden Boot. Bei unruhiger See und starker Abdrift läßt man das beköderte Geschirr einfach achteraus treiben. Läßt sich der Köder dabei nicht in der gewünschten Tiefe (7 bis 20 Meter) halten, dann befestigt man mit einem running boom ein Blei auf der Rollenschnur. Erfahrene Angler empfehlen, bei dieser Methode stets mit dem Köder Fühlung zu halten, denn manche Haie knabbern ganz genüßlich und in aller Ruhe den Köder vom Haken, ohne dabei Leine abzuziehen. In solchen Fällen reizt kurzes, ruckweises Hochziehen des Köders den Hai zum energischen Zupacken. Bei ruhiger Wetterlage und schwacher Drift wird das Angeln mit einem Floß bevorzugt. Es ist dabei gleichgültig, ob man kunstvoll geformte Korken oder Balsahölzer verwendet oder, wie viele britische Haiangler, mit farbigen Luftballons angelt. In Irland gibt es nicht wenige Angler, die ausgediente Plastikflaschen verwenden. In jedem Fall geht es darum, den Köder etwa 20 Meter hinterm Boot in der gewünschten Tiefe zu halten. Das Floß muß also gleitend auf der Rollenschnur befestigt werden und wird mit einem in die Schnur geschlauftem Streichholz gestoppt. Diese Methode hat sich fast überall durchgesetzt. Man verwendet eine Schlaufe, die beim Anhieb das Streichholz zersprengt und sich auflöst. Je auffälliger ein Floß gefärbt ist, desto eher wird man erleben, wie Haie sich von hinten mit aus dem Wasser herausragender Rückenflosse dem Geschirr nähern. Die Heringshaie, als wenig scheu bekannt, beißen nicht selten ins Floß (schade um ein teures Kork- oder Balsaholzfloß). Fast immer tauchen sie nach dem Inspizieren des Schwimmers nach unten ab und nehmen Sekunden darauf den angebotenen Köder. Es ist eine besonders erregende Angelei, die es überdies dem Angler gestattet, seine Rute in einer Halterung ruhen zu lassen, weil das Floß optisch alles übermittelt, was in der Tiefe vor sich geht. Als Köder verwendet man fast nur frische Makrelen. Wie bei allen Haiangelarten, so ist auch hier das Anfüttern von großer Wichtigkeit (siehe Abschnitt ‚Blauhai'). Der Beutel mit zerquetschten Fischen wird stets unmittelbar am Boot befestigt, denn, wie schon angedeutet, Heringshaie sind aufdringliche Gesellen und würden einen in der Tiefe hängenden Beutel glatt zerfetzen. Schließlich sei noch auf eine zwar ungewöhnliche, aber offenbar sehr erfolgreiche Methode hingewiesen: Die Schleppangelei. Der bekannte britische Hochseeangler Leslie Moncrieff beschreibt zusammen mit Michael Prichard im BLINKER 4/71 seine Schleppmethode, mit der er unmittelbar vor den Cliffs of Moher (Westirland) 23 Heringshaie in einer Woche erbeutete. Bei einem Tempo von etwa 4 bis 5 Knoten schleppte Moncrieff eine an einem 8/0 Doppelhaken befestigte Makrele hinter dem Boot. Dem Köder wurde das Rückgrat entfernt, damit er gut im Wasser ‚schwänzelte'. Das Vorfach bestand aus 2 Meter langem, 250 kg tragendem Stahldraht, einem Zwischenfach von 4 Meter Länge mit gleicher Tragkraft und einer Rollenschnur von 25 kg Tragkraft. Angelockt wurden die Haie durch ‚Teasers'. Das sind etwa 6 Makrelen, die, an eine einfache Leine gebunden, etwa 50 Meter hinter dem Boot hergeschleppt werden und den Haien einen fliehenden Schwarm vortäuschen sollen. Taucht eine Haiflosse hinter den ‚teasers' auf, so werden diese unverzüglich eingeholt und nur der mit einer Makrele beköderte Haken bleibt im Wasser.

Anhieb, Drill und Landung

Meistens ergreift der Hai den Köder, schwimmt ein Stückchen damit fort, bleibt stehen, schluckt und schwimmt dann weiter. Erst dann wird der Anhieb gesetzt, und zwar möglichst mehrmals kurz hintereinander, damit der Haken wirklich tief eindringen kann. Der Heringshai wehrt sich sehr tapfer mit langen Fluchten und wechselt in der Endphase des Kampfes oft in die Tiefe. Scheinbar müde gedrillte Fische entwickeln bei der leisesten Berührung mit dem Gaff wieder ungewohnte Energie, Vorsicht ist geboten.

Rekordgrößen

Der britische Rekord steht bei 430 lbs (1969, Jersey), der irische bei 365 lbs (Achill Island).

Hundshai

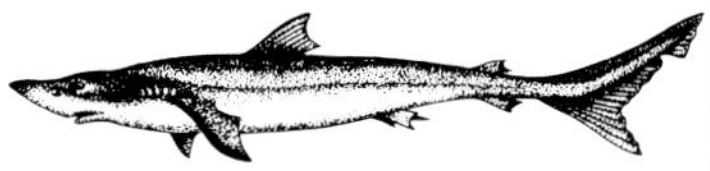

Wissenschaftliche Bezeichnung: Galeorhinus galeus L.

Weitere deutsche Namen: Grundhai, Bithai (Helgoland), Sierhai (Nordseefischer), Gashai

Ausländische Namen: Dän.: graahaj; engl.: tope; franz.: milandre; holl.: steenhai, ruwe hai; ital.: canesca; jugo.: pas butor; norw.: graahaj; port.: cacâo; schwed.: grahaj, bethaj; span.: mozuella, tolla

Erkennungsmerkmale

Alles am Hundshai erinnert an die furchterregenden Gestalten der großen, in fernen Meeren lebenden, menschenfressenden Bestien: Der spindelförmige, walziggestreckte Rumpf, die unpaarig ausgebildete, bumerangförmige Schwanzflosse, das stark unterständige, scharf bezahnte Maul und die lange, weit vorragende Schnauze. Die erste Rückenflosse ist bei diesem Hai zwei- bis dreimal größer als die zweite R-Flosse. Die Augen besitzen im vorderen Winkel eine helle Nickhaut. Im Gegensatz zu seinen weit größeren Verwandten besitzt der Hundshai keine extrem großen Zähne, wohl aber ein besonders scharfes Gebiß. Die Zähne stehen dichtgedrängt in 3 bis 4 Reihen hintereinander und sind durch einen glatten Innen- und einen spitzen, fast sägeartig gezackten Außenrand gekennzeichnet. Befühlt man die Haut von hinten nach vorn, dann spürt man eine Oberfläche, die an Sandpapier erinnert. Der Rücken ist stahlgrau, manchmal mit bräunlichem Schimmer; die allmählich heller werdenden Flanken gehen in ein schmutziges Weiß der Bauchpartie über.
Galeus kann mit den nahe verwandten Glatthaien verwechselt werden. Vor allem mit den Glatthaien Mustelus asterias und Mustelus mustelus, die zusammen mit dem Hundshai vor allem in britischen Gewässern gefangen werden. Die Mustelusarten besitzen jedoch als wichtigstes Unterscheidungsmerkmal pflastersteinartige Zähne. Der beim Haiangeln in unseren Gewässern hin und wieder erbeutete Dornhai (Squalus acanthias L.) unterscheidet sich vor allem durch je einen kräftigen Dorn vor dem Ansatz der Rückenflossen.

Lebensraum

Der Hundshai bevorzugt wärmeres oder mäßig warmes Wasser. Das Hauptverbreitungsgebiet ist das Mittelmeer, ferner die ostatlantischen Küsten bis über Marokko hinaus zu den Kanarischen Inseln, nordwärts bis zu den Färöern, spärlicher bis zur Küste Islands und zur Küste Mittelnorwegens. Die Nordsee wird von diesem Fisch in allen Teilen bewohnt, ebenso das Kattegat, wenn auch in wesentlich geringerer Bestandsdichte. Aus der Ostsee sind bisher keine Fänge bekannt geworden.

Standplätze und Lebensweise

Der Hundshai ist ein nächtlicher Räuber. Tagsüber halten sich die Fische fast nur in Grundnähe auf, ziehen kaum umher, sondern suchen Deckung in Rinnen und Furchen des Meeresbodens. Dabei bevorzugen sie Gebiete, die von großräumigen glatten und weichen Böden durchzogen sind. Die Hundshaie schätzen Tiefen zwischen 40 und 100 Meter, nur im Sommer dringen sie zeitweilig in flachere Zonen vor. Brackwassergebiete meiden sie gänzlich. Ein Hundshai wird fast nie allein angetroffen; zumindest wird in seiner Nähe ein zweites, ähnlich großes Tier zu erwarten sein. Oft kann man beobachten, wie ein solcher Begleiter einem gehakten Artgenossen bis an die Oberfläche nachschwimmt. Gewöhnlich treten Hundshaie aber nicht nur paarweise, sondern in größeren Trupps von 10 bis 50 und noch mehr Exemplaren auf. Sie streuen sich dabei meistens über eine größere Fläche, bleiben aber oft für viele Monate diesem Gebiet treu. Diese Standorttreue vor allem während der Sommermonate hat dazu geführt, daß Hundshaie über viele Jahrzehnte immer wieder an der gleichen Stelle erbeutet werden. Entlang unserer Nordseeküste ist an sich erster Hundshaiangelplatz die Helgoländer Nordosttonne, etwa 1,5 sm von der Badedüne entfernt, bekannt geworden. Außerdem werden diese Haie zwischen den Ost- und Nordfriesischen Inseln erbeutet, vor allem zwischen Sylt und Amrum. Berühmtestes Hundshaiangelgebiet in Europa ist die Cardigan Bay am Rande der Irischen See vor der Küste von Wales.

Laichzeit und Fortpflanzung

Die männlichen Tiere sind beim Hundshai leicht durch zwei griffelähnliche Klammerorgane neben den paarigen Bauchflossen von den weiblichen unterscheidbar. Es findet eine paarweise Befruchtung der Eier im Innern der weiblichen Tiere statt. In den Monaten Juni bis September gebären die Weibchen vollausgebildete, etwa 40 bis 50 cm lange Nachkommen, die sofort das räuberische Leben ihrer Elterntiere aufnehmen. Je nach Größe der Weibchen werden 20 bis 40 Junge geboren.

Nahrung

Fische spielen die Hauptrolle als Beutetiere. Plattfische, Schellfische, Dorsche und Knurrhähne, aber auch alle anderen Arten, die vorzugsweise in Bodennähe leben, werden von den Hundshaien gefressen. Oft richten diese Haie großen Schaden an, wenn sie rudelweise die an den Langleinen der Berufsfischer gehakten Fische abreißen oder sich in Stellnetzen total verwickeln und verbeißen. In den Sommermonaten machen die Hundshaie bisweilen Jagd auf im Mittelwasser lebende Fische; vor allem Makrelen spielen dabei eine wichtige Rolle. Die Haie lösen sich nachts oder an dunklen, stürmischen Tagen, wenn die Makrelen etwas tiefer stehen, vom Grund und jagen im freien Wasser.

Wachstum, Alter und fischereiliche Bedeutung

Wie alle Haie, so wachsen auch Hundshaie nur sehr langsam. Die durchschnittliche Größe beträgt etwa 1,5 Meter bei einem Alter von 10 bis 15 Jahren. Weibliche Tiere können auch ausnahmsweise Größen bis zu 2 Meter erreichen und dürften dann über 20 Jahre alt sein. Obwohl die Haie in manchen Gebieten zum ständigen Beifang der Berufsfischer zählen, bleiben sie doch wenig geschätzt, denn das Fleisch wird als geringwertig erachtet und verliert erst während der Zubereitung seinen strengen, abstoßenden Geruch. Auf den Trawlern und Fischdampfern wandern die Haie meistens in die Gammelkisten und damit in die Fischmehlfabriken. In der Vergangenheit wurde die rauhe Haut getrocknet und als Sandpapierersatz benutzt. In Südafrika begründete der massenhafte Fang von Hundshaien zeitweilig die Existenz einer kleinen Industrie, die das wertvolle Vitamin A aus den Lebern der Tiere gewann.

Biologische Besonderheiten

Auffallend ist der unangenehme aufdringliche Gas- oder Hundsgeruch des Fisches, der sich schon beim Ausweiden bemerkbar macht. Erwähnenswert ist je ein kleines Spritzloch hinter den Augen, was vermuten läßt, daß die Tiere zumindest zeitweilig (am Tage?) in der Lage sind, sich bis über die Kiemen im weichen Grund zu verbergen und das Atemwasser dann durch diese Spritzlöcher fließen zu lassen. Die vivipare (lebendgebärende) Fortpflanzungsweise ist für die Unterordnung der Haifische zwar nichts Ungewöhnliches, für unsere Gewässerverhältnisse jedoch von ziemlicher Seltenheit. Nur die Aalmutter (Zoarces viviparus) macht dem Hundshai in unseren Gewässern diese exklusive Stellung streitig. Hundshaie sind für den Menschen im Wasser ungefährlich.

Fangzeiten

Gegen Ende des Frühjahrs verlassen die Hundshaie ihre Überwinterungsplätze im Tiefwasser. Ende Mai, Anfang Juni, spätestens Ende Juni, erscheinen die ersten Tiere in der Deutschen Bucht. Hier bleiben sie bis zum

Hundshai

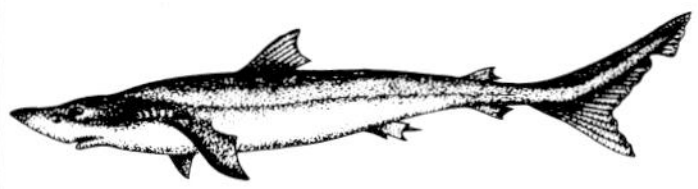

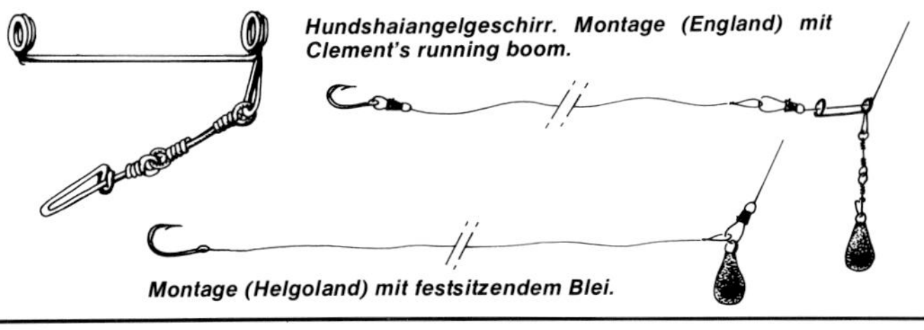

Hundshaiangelgeschirr. Montage (England) mit Clement's running boom.

Montage (Helgoland) mit festsitzendem Blei.

Oktober, oft noch länger. Die beste Fangzeit beginnt nach dem Eintreffen der großen Makrelenschwärme um Mitte Juli und steigert sich in den Herbst hinein. Der nächtliche Räuber ist am besten in Vollmondnächten zu überlisten, die Fische jagen dann zeitweilig in allen Wasserschichten. Dunkle, wolkenverhangene Tage und das nach einem Sturm von Luftbläschen und Sedimenten getrübte Wasser sind beste Voraussetzungen für den Fang am Tage. Ruhige, sonnige Tage mit kristallklarem Wasser gelten als weniger gute Fangzeit, die Fische sind dann oft nur durch ausgiebiges Anfüttern ans Boot zu locken.

Fangmethoden, Geräte und Köder

Das Anlocken durch Anfüttern ist wie bei fast allen Haiangelmethoden so auch hier ausschlaggebend für den dauerhaften Erfolg. Zum Anfüttern eignen sich fast alle Arten von frischgefangenen Seefischen. Am besten haben sich Heringe und Makrelen bewährt; Dorsche scheinen die geringste Anziehungskraft auszuüben. Die zerkleinerten Fische (in England ‚rubby dubby' genannt) werden mit Blut und Innereien in einen engmaschigen Sack oder ein Netz gefüllt und so am Bug eines verankerten Angelbootes befestigt, daß der Beutel knapp unter der Wasserlinie hängt und beim Dümpeln des Bootes ständig aus dem Wasser gehoben und wieder untergetaucht wird. Etwa 2 bis 3 kg reichen zum Befüllen. Nach etwa einer halben Stunde ist das Anfütterungsgut ausgewaschen und muß erneuert werden. Auf diese Weise bildet sich im Kielwasser alsbald eine kilometerlange Duftspur, die früher oder später umherziehende Haie erreichen wird. Und selbst an ungünstigen sonnigen Tagen mit sichtigem Wasser werden die am Grund dösenden Haie von dieser Duftspur mächtig gereizt und verlassen ihre Verstecke. Nachts kommen die Tiere dann bis in Bootsnähe und werden nicht nur am Grund, sondern auch im Mittelwasser gefangen. Am Tage lösen sich die Fische ungern vom Grund und sind dort zu suchen, wo die herabschwebenden Anfütterungsbrokken zuerst den Grund berühren, also in der Regel – je nach Tidenstrom – 20 bis 50 Meter hinter dem Boot. Gefischt wird mit der Grundbleiangel. Das Blei wird von den Helgoländer Anglern meistens fest, von den britischen Sportfreunden aber gleitend montiert. Die Rute sollte etwa 2,5 bis 3 Meter lang sein und eine gute Aktion zum Abfangen des ersten, sehr stürmischen Zuges eines Fisches besitzen, sie sollte aber auch steif genug sein, um einen ermüdeten Fisch aus der Tiefe hochpumpen zu können. Multirollen eignen sich am besten zum Hundshaiangeln, Rollen wie PENN 4/0, ABU 9000 oder GARCIA 624 sind Beispiele für die richtige Größe. Die Rolle wird mit einer Leine von 20 bis 40 Pfd. Tragkraft gefüllt. Die richtige Länge errechnet sich aus der Angeltiefe und zusätzlichen 200 Metern für den Drill des Fisches. Ans Ende der Hauptschnur wird ein schwerer Wirbel mit Karabinerhaken geknotet. In den Karabinerhaken wird das unbedingt notwendige Stahlvorfach eingehängt. Es sollte 1,5 bis 2 Meter lang und von gleicher Tragkraft wie die Leine sein. Manche Angler verwenden einfädigen Stahldraht, andere schwören auf mehrfädiges Material, das mit einem Nylonmantel umgossen ist. Das letztgenannte Material ist zwar viel weicher, aber nach dem Drill eines Haies unbrauchbar, weil der Nylonmantel an der rauhen Haihaut total auffasert. Viele Angler unterteilen das Vorfach in der Mitte noch einmal mit einem kräftigen Seewirbel in der Hoffnung, daß jeder zusätzliche Wirbel der Verdrallung vermehrt entgegenwirkt. Das gilt auch für den Wirbel, den manche Angler mit Karabinerhaken zum Befestigen des Hakens benutzen. Der Haihaken wird in Größen von 6/0 bis 8/0 verwendet. Das Gewicht der Bleibeschwerung sollte so bemessen werden, daß der Köder dort am Boden angeboten wird, wo das Anfütterungsgut zerstreut in kleinen Portionen am Boden aufliegt. Die Helgoländer Angler befestigen ihre Bleie mit einer Schlaufe am Wirbel der Hauptschnur, also festsitzend. Die erfahrenen britischen Angler fischen jedoch nur mit Bleien, die gleitend auf der Schnur montiert sind, denn jeder zweite Hai, so behaupten sie, wird mißtrauisch, wenn er beim Abziehen Widerstand verspürt, und spuckt Haken samt Köder wieder aus. Für die Montage der gleitenden Grundbleie haben sich am besten „running booms" bewährt, z. B. der Clement's running boom (siehe Skizze). Diese Haltearme verhindern vorzüglich ein Verheddern des Vorfaches mit dem Blei. Ganz gleich, ob man nun mit festsitzendem oder gleitendem Grundblei angelt, in jedem Fall läßt man das Blei bis auf den Grund herab. Beim Angeln mit ganzen oder halbierten Makrelen, Schollen, Wittlingen oder Hornhechten verbleibt das Blei auf dem Grund; beim Angeln mit Fischfetzen, beispielsweise einem Filet aus der Flanke einer Makrele, zieht man das Blei nach der Grundberührung wieder soweit hoch, daß der Köder knapp über dem Grund hin- und herschwänzeln kann. In allen Fällen wird der Biß mit daumengebremster Schnurtrommel erwartet, denn es gilt, dem Fisch nach dem ersten spürbaren Zug Leine zu geben und mit dem Anhieb zu warten.

Anhieb, Drill und Landung

In der Regel beißt der Hundshai in den ersten Sekunden sehr vorsichtig; es ist, als ob er seine Beute ‚beschnuppert'. Dann aber trägt er den Köder mit einem ersten, mächtigen Satz davon, um ihn dann beim darauffolgenden Halt zu verschlingen. Erst jetzt darf der Anhieb gesetzt werden. Der Angler mache sich dann auf einen Kampf gefaßt, der in den ersten Minuten auf Biegen und Brechen hin- und herwogen wird. Eine Rute mit guter Aktion und eine Rolle mit sorgfältig abgebremster Schnurtrommel sind notwendig, um die wilden und oft sehr langen Fluchten sicher abzufangen und ein Zerreißen der Schnur zu vermeiden. Die ersten 5 Minuten wird der Fisch das Geschehen bestimmen, aber danach kann der Angler dazu übergehen, das Kommando zu übernehmen. Man beginnt mit dem Hochpumpen des Fisches und spürt dabei, wie der wilde Zug des Fisches allmählich erlahmt. Nach 10 bis 15 Minuten ist der Kampf meistens beendet, der Hai erscheint ermattet an der Oberfläche, zeigt dabei aber selten eine Seiten- oder Rückenlage. Die eleganteste Form der Landung stellt der Flossengriff dar: Man packt den Hai mit einer Hand zuerst an der Basis der Brustflossen und dann mit der anderen Hand an der Schwanzwurzel und hebt das Tier aus dem Wasser. Die Griffolge aber nie umgekehrt anwenden. Der Hai kann sich beim Griff zur Schwanzwurzel herumschnellen und dem Angler böse Verletzungen zufügen. Die Flossengriff-Methode ist schon im Hinblick auf die von den verantwortungsbewußten Sportfischern angestrebten Schonmaßnahmen sehr zu empfehlen, gestattet sie doch, den Fisch möglichst unversehrt an Bord zu nehmen und nach dem Wiegen und Vermessen wieder zurückzusetzen. Besonders den trächtigen Weibchen sollte man die Rückkehr ins nasse Element ermöglichen und von einer sinnlosen Tötung absehen.

Rekordgrößen

Der Hundshai ist in unseren Küstengewässern der größte angelbare, regelmäßig auftretende Fisch. Die Helgoländer Haiangelunternehmer erbeuten pro Jahr etwa 400 Exemplare. Der bisher schwerste Hai war ein Weibchen von 99 Pfd. und 1,98 Meter Länge. Es wurde im Boot von R. Eilers bei Helgoland gefangen. Drei weitere Haie von 92, 87 und 84 Pfund stehen an der Spitze der Deutschen Rekordliste. Diese Gewichte stellen gleichzeitig Europarekorde dar. So schätzen sich z. B. die Engländer glücklich, in ihren Gewässern einen Hai von über 70 pounds (ca. 64 Pfd.) erbeutet zu haben; der britische Rekord steht bei 74 pounds 11 oz. Schon mit einem gefangenen 30-Pfünder ist man berechtigt, Mitglied des Tope Angling Club of Great Britain zu werden und kann an dem alljährlich stattfindenden Hundshai-Angelfestival teilnehmen, bei dem im Schnitt 1300 kg Hundshaie gefangen werden.

Kleingefleckter Katzenhai

Wissenschaftliche Bezeichnung: Scyliorhinus canicula (L.)

Ausländische Namen: Dän.: smaaplettet rödhaj; engl.: small-spottet dogfish; franz.: petit roussette; holl.: zeehond; ital.: gattuccio; jug.: mačka; norw.: samplettet rödhai; port.: pintarroxa; schwed.: smafläckiga rödhaj; span.: pintarroja; türk.: kedi

Erkennungsmerkmale

Der kleine Hai kann sein unteres Augenlid hochziehen und damit das Auge verschließen; auch die Pupille kann zu einem schmalen Schlitz zusammengezogen werden. Ganz sicher haben ihm diese Fähigkeiten den Namen ‚Katzenhai' eingetragen. Der schlanke Fisch ist auf dem gesamten Körper und den Flossen von kleinen, dunklen Punkten übersät; nur die gelblich-weiße Bauchseite ist davon frei. Die Grundfärbung des Fisches ist sandfarbig-braun mit einem deutlichen Anflug von Rosa, besonders auf den Brustflossen. Der Ansatz der 2. Rückenflosse beginnt, von der Seite betrachtet, ziemlich genau über dem hinteren Ende der Afterflossenbasis. Die erste Rückenflosse beginnt stets hinter der Basis der Bauchflosse. Die hinteren Enden der Bauchflosse sind zugespitzt. Die Nasenlöcher unter der vorragenden Schnauze sind von je einer Klappe geschützt, die bei dieser Haiart fast zu einem Organ zusammengewachsen sind, das bis auf den Oberkiefer herunterreicht und diesen sogar noch ein wenig überlappt. Die Haut ist sehr rauh. Der Fisch wird in seinem Verbreitungsgebiet mit einem nahen Verwandten, dem Großgefleckten Katzenhai (Scyliohinus stellaris (L.)), oft verwechselt. Dieser Fisch, im englischen Sprachraum auch „bull huss" genannt, besitzt als sicherstes Unterscheidungsmerkmal zwei weit auseinanderliegende Nasenklappen, die nie über den Oberkiefer hinausreichen. Die Flecken auf dem Körper sind größer, auch der ganze Fisch wird größer und erreicht bei 1,5 Meter Maximallänge etwa 20 kg Gewicht.

Lebensraum

Beide Arten bewohnen das Mittelmeer und das südwestliche Schwarze Meer sowie das ostatlantische Kontinentalschelf bis zu den Britischen Inseln. Der Kleingefleckte Katzenhai wird auch vor der norwegischen Südküste erbeutet und breitet sich zögernd und vereinzelt durch das Skagerrak bis ins Kattegat aus. In der westlichen Ostsee fehlen beide Arten gänzlich. Rund um Helgoland werden zwar regelmäßig, aber nur sehr vereinzelt, einige Kleingefleckte Katzenhaie gefunden; der größere Bruder fehlt auch hier. Vor der irischen wie auch englischen Süd- und Westküste zählt der Kleingefleckte Katzenhai zu den häufigsten Haiarten, im Mittelmeer ist diese Art der absolut häufigste Hai.

Standplätze und Lebensweise

Der kleine Hai bevorzugt Flachwassergebiete von hauptsächlich 40 bis 60 Meter Tiefe, mit sandigkiesigem Grund und schwachem Bewuchs. Steil abfallende Küsten, Felsgrund oder große Bewuchsfelder meidet er. Die Fische ruhen tagsüber flach auf dem Boden liegend in Mulden und Rinnen gut getarnt. Nachts werden sie aktiv und streifen unruhig auf dem Boden umher. Nur gelegentlich steigen sie in mittlere Wasserschichten auf. Stets leben sie in Schulen von mehreren Dutzend, oft sogar nach Hunderten zählenden Exemplaren. In der Irischen See, im Ärmelkanal oder in der Cardigan Bay ist es oft nicht schwer, 20, 30 oder gar 50 dieser Fische pro Angeltour und Angler zu erbeuten.

Nahrung

Katzenhaie ernähren sich in erster Linie von Bodentieren aller Art, viel weniger von Fischen. Man sagt, daß sie auf ihrem Weg über den Grund alles Freßbare mitnehmen, vorzugsweise Garnelen, Krabben und Krebse, mit Vorliebe offenbar allerlei Schnecken, wie beispielsweise die Wellhornschnecke. Mit ihrem kräftigen Gebiß zertrümmern sie auch Muscheln und sogar die Panzer größerer Krebse. Auch Würmer aller Art und natürlich die vielen am Boden lebenden Kleinfische, wie Sandspierlinge und Plattfische, werden nicht verschont.

Laichzeit und Fortpflanzung

Im Frühjahr findet eine paarweise Begattung statt, bei der das Männchen das Weibchen ringförmig umschlingt. Bald danach werden die Eier im Flachwasser der Küsten abgelegt. Die etwa 6 cm langen Eikapseln besitzen über ein Meter lange Haftfäden, von denen bei der Ablage zunächst einer aus dem Mutterleib herausragt. Beim Umherschwimmen verfängt sich dieser Faden irgendwo im Bewuchs, und beim Fortschwimmen werden die immer paarweise daran hängenden Eier aus dem Mutterleib herausgezogen. Die Haftfäden wickeln sich sehr bald spiralig auf und gewähren den hartschaligen, leicht durchsichtigen, hellen Eiern einen sicheren Halt. Die Brutdauer ist ungewöhnlich lang. Erst nach 8 bis 10 Monaten schlüpfen die dann etwa 10 cm langen Katzenhaie. Mit etwa 60 cm Länge sind die Fische geschlechtsreif.

Wachstum, Alter und fischereiliche Bedeutung

Die gefräßigen, stets in großer Zahl auftretenden Haie sind bei den Fischern vieler Länder nicht sonderlich beliebt. Oft halten sie fast sämtliche Haken einer ausgelegten Langleine besetzt. In England allerdings wird der Fisch im zunehmenden Maße enthäutet und das Fleisch als ‚rock salmon' (Steinlachs) oder ‚rock eel' verkauft. Das zunächst streng riechende Fleisch sollte vor der Verarbeitung stets geraume Zeit abhängen. Zum Enthäuten hängt man die Fische mit dem Kopf an einem Haken auf, schneidet die Haut hinter dem Kopf ein und zieht die Haut zum Schwanz herunter. Nach Entfernung des knorpeligen Rückgrats bleibt dann ein gutes Stück reines Fleisch übrig. Die Fische werden auch vielfach von den Berufsfischern zerkleinert und als guter Köder für die Langusten- und Hummerkörbe verwertet. Dieser Hai wird bis zu 80 cm lang.

Biologische Besonderheiten

Katzenhaie werden offenbar besonders häufig von Parasiten befallen. Innere wie äußere Schmarotzer werden vor allem beim Großgefleckten Katzenhai beobachtet. Zwar sind anhaftende Seeläuse oder verschiedene, im Körper lebende Wurmarten nicht gerade appetitanregend, aber diese Parasiten sind kein Grund, die Fische nicht zu verwerten, denn die Parasiten sind für den Menschen ungefährlich.

Fangzeiten

Die beste Angelzeit reicht von Mitte Mai bis in den September. In den Wintermonaten ziehen sich die Tiere in etwas tieferes Wasser zurück. Die Weibchen erscheinen zuerst an der Küste, um ihre Eier abzulegen. Es scheint, daß die Katzenhaie bei stark strömendem Wasser am aktivsten sind; beim Kentern des Tidenstromes endet das Beißen im allgemeinen. Die Fische beißen nachts am besten.

Fangmethoden, Geräte und Köder

An den irischen und britischen Küsten ist man auf den Katzenhai so wenig gut zu sprechen wie etwa auf die Seeskorpione in deutschen oder auf die Petermännchen in

Kleingefleckter Katzenhai

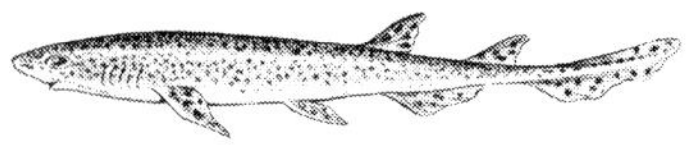

dänischen Gewässern. Da die Fische bei der Grundangelei jeden Köder, sogar die großen, für Rochen, Dorsche oder Lengfische bestimmten, annehmen und zernagen, reagieren die meisten Angler bei Erscheinen der ersten, von ihnen als ‚dogfishes' titulierten Katzenhaie mit mehr oder weniger deutlichen Flüchen, holen den Anker auf und verlegen das Booot in ein anderes Seegebiet. An der Küste spricht es sich rasch herum, wo die ‚dogfish pest' ausgebrochen ist und die anspruchsvollen Hochseeangler meiden diese Gebiete. Auf der anderen Seite ist dieser Fisch bei so manchem Angelwettbewerb derjenige, der die zum Sieg ausschlaggebenden Pfunde auf die Waage bringt, läßt er sich doch dort, wo er einmal entdeckt wurde, meistens in großer Stückzahl erbeuten. Und auch der weniger geübte Angler erhält mit dem Katzenhai die Möglichkeit, sich in der Hochseeangelei zu üben, denn vom Anbiß bis zur Landung ist der Fisch ein Hai en miniature mit allen Eigenschaften der größeren Vettern. Zur Grundausrüstung gehören deshalb auch immer Fingerhandschuhe, am besten aus dikkem nylonbeschichtetem Gewebe, und eine Zange als Hakenlöser. Das Angelgeschirr könnte, verglichen mit sonstigem Hochseeangelgerät, leicht sein. Aber stets ist in den Gebieten, wo Katzenhaie vorkommen, mit größeren Gesellen zu rechnen, so vor allem mit Dornhaien und Hundshaien. Sehr oft werden die Katzenhaie auch von Nagelrochenschwärmen begleitet. Es empfiehlt sich deshalb, einen goldenen Mittelweg bei der Geschirrauswahl zu beschreiten, insbesondere, was die Schnurstärke anlangt. Monofile Leine der Stärke 0,45 ist ausreichend, wenn man die Länge etwa fünfmal länger als die Angeltiefe wählt. Hundshaie können auf diese Art ziemlich sicher ausgedrillt werden, und für die übrigen, obengenannten Fische ist die Schnurstärke sowieso ausreichend. Für die Katzenhaie wäre ein Stahlvorfach nicht unbedingt erforderlich, wohl aber für die Nagelrochen und andere Haie. Man sollte deshalb ans Ende der Rollenschnur immer einen Wirbel mit Karabinerhaken knüpfen und zwei Vorfachsorten zum Auswechseln bereithalten: Ein schweres, etwa 2 Meter langes für Hundshaie (siehe dort) und ein Paternostergeschirr für die Katzenhaie. Die Mundschnüre wie auch das ganze Paternoster müssen etwas dicker als die Rollenschnur gewählt werden, damit die Katzenhaie die Schnur nicht zerbeißen können; 0,55 mm monofiles Nylon ist ausreichend. Man fischt mit einem Zwei- oder Dreihakenpaternoster und einem Endblei vom verankerten Boot direkt auf dem Grund. Nur langschenkelige Haken der Größen 3/0 bis 5/0 kommen infrage. Das Paternoster bewährt sich vor allem bei starker Strömung und neigt dann wenig zum Verheddern; bei Nipptiden oder in Gebieten mit geringem Strom verwendet man besser das Einhakengeschirr mit einem auf der Rollenschnur an einem running boom befestigten und gleitendem Blei. Vorfachlänge: ca. 1 Meter. Der Anbiß der Katzenhaie ist wenig erregend. Meistens knabbern die Tiere am Köder herum, ohne ihn davonzutragen. Es ist deshalb von Vorteil, nur fleischige, kleine Köderbrocken zu verwenden. Der Haken muß möglichst mit verborgener Spitze im Köder stecken. Würfelförmige Brocken aus der Flanke einer Makrele, eines Hornhechtes oder eines Wittlings haben sich gut bewährt. Spürt man den Anbiß eines Hundshaies – der Köder wird meistens aufgenommen und mit einer langen Flucht weggezogen –, dann ist es an der Zeit, das Vorfach zu wechseln, mit Stahlvorfach zu angeln und große Makrelenfilets auf den Haken zu stecken. Durch einen abgebissenen Haken lassen sich die meistens in kleineren Trupps jagenden Hundshaie nicht aus der Fassung bringen; ist das Geschirr hinabgelassen, kann man bald auf den nächsten Anbiß hoffen. Auch die kleinen Katzenhaie lassen sich durch einen fehlgegangenen Anhieb nicht stören, im Gegenteil: Sobald der Köder wieder auf dem Grund gelangt, stürzen sie sich erneut darauf. Zu den häufigsten Begleitern der Katzenhaie gehören übrigens auch die in der Küche sehr begehrten Wittlinge. Sollten sich nach dem Landen mehrerer Katzenhaie die Fehlbisse mehren, dann sei geraten, das Vorfach abermals auszuwechseln und jetzt ein Wittlings-Paternoster (siehe dort) einzuhängen. Man sieht, daß ein Angeltag, der mit dem Fang von einigen der so oft verspotteten Katzenhaie beginnt, noch lange nicht verdorben sein muß, wenn man sich auf die häufigen Begleitfische einstellt. Für Wittlinge, Katzenhaie und Nagelrochen, das sei hier noch angefügt, reicht natürlich eine leichte Bootsrute von etwa 2,4 bis 2,7 Meter Länge und dazu eine Multirolle zur Aufnahme von ca. 250 Meter Schnur von 0,45 mm Stärke. Je leichter die Rute gewählt wird, desto besseren Sport wird man erleben – aber desto schwieriger wird es natürlich, einen eventuell gehakten Hundshai zu meistern. Die Rute will also mit Bedacht gewählt werden, und vielleicht sollte man überhaupt zwei komplette Ausrüstungen zusammenstellen: Eine für den Katzenhai und seine leichtgewichtigen Begleiter und eine für die Hundshaiangelei. Aber ganz gleich, welche Entscheidung man trifft, stets erhöhen sich die Fangchancen, wenn man anfüttert. Man verwendet entweder grob zerkleinerte frische Fische und wirft sie an der Angelstelle über Bord oder man benutzt einen Drahtkorb mit einem Gemisch aus zerstampften Fischen, Fischöl und Kleie. Der Korb wird an einer Leine mit einer starken Beschwerung achteraus zum Grund oder knapp bis über dem Grund hinabgelassen. In der Duftspur der Anfütterung werden dann die beköderten Haken ausgelegt.

Anhieb, Drill und Landung

Wie schon erwähnt: Katzenhaie sind zwar ewig hungrig, und es ist nicht schwer, sie für einen Köder zu interessieren, aber sie beißen nur vorsichtig und schlucken den Köder nur selten. Es kommt deshalb vor, daß der Anhieb daneben geht; aber die Fische stört das wenig. Sie gehen immer wieder an den Köder, bis dieser entweder ganz abgefressen ist oder der Fisch sich endlich verhängt hat. Besonders vom Großgefleckten Katzenhai wird berichtet, daß er sich, am Köder hängend, oft bis an die Oberfläche ziehen läßt und dann erst losläßt. Der Haken findet in den hornigen Kiefern nur schwer Halt. Schon beim Drill, spätestens aber beim Landen, dreht sich der Katzenhai wie seine großen Vettern rasend um die eigene Achse. Oft genug verwickelt er sich dabei in die Rollenschnur, und der Anfänger lernt, dies nicht nur durch sachgemäßen Umgang zu verhindern, sondern auch die richtigen Wirbel an der richtigen Stelle zu befestigen. Die rauhe Haut des Katzenhaies gibt überdies einen guten Anschauungsunterricht für Novizen, wie sehr Kunststoffschnüre damit zerscheuert werden können. Ist der Fisch erst einmal an Bord, dann heißt es, sofort zuzupacken. Mit der behandschuhten Hand umgreift man den Fisch knapp hinter den Kiemen und betäubt ihn mit einem Schlag. Keineswegs greife man das Tier am Schwanz, es kann sich sehr weit krümmen und in die Hand beißen. Die Haken löst man grundsätzlich mit einer Zange oder Löseschere, nie mit den Fingern.

Rekordgrößen

Der Kleingefleckte Katzenhai wird nur selten über 80 cm lang und bleibt stets ein Leichtgewicht. Der britische Rekordfisch wog 4 lbs 8 oz und ziert die Rekordliste seit 1969. Die Iren haben erst einmal das Specimengewicht auf 7 lbs festgelegt und warten nun darauf, daß ein Fisch mit etwas größerem Gewicht in die Rekordliste aufgenommen werden kann – bisher vergeblich. Der Große Katzenhai kann sich schon eher sehen lassen. Der größte irische Fisch wog 20 lbs 4 oz, der größte britische 21 lbs 3 oz. Er wurde 1955 in Looe gefangen.

Nagelrochen

Wissenschaftliche Bezeichnung: Raja clavata L.

Weitere deutsche Namen: Stachelrochen; für die Milchner: Klöter, Keulenrochen

Ausländische Namen: Dän.: sömrokken; engl.: thornback ray, roker; franz.: raie bouclêe; isl.: dröfnuskata; ital.: razza chiodata; norw.: piggrokken; port.: raia lenga; span.: raya de clavos; schwed.: knaggrocka

Erkennungsmerkmale

Dieser Rochen ist der mit Abstand häufigste aller Rochen in unseren europäischen Gewässern. Er läßt sich von seinen vielen nächsten Verwandten, von denen allein 11 mit ihm zusammen leben, noch am leichtesten unterscheiden (in der irischen Rekordliste werden 10 verschiedene Rochenarten geführt!). Wichtigstes Merkmal sind die zahlreichen, unregelmäßigen, auf der Augenseite verteilten Dornen. Sie sehen wie kurze, krumm geschlagene Nägel aus, die mit ihrer glatten Basalplatte in der Haut des Fisches sitzen. Die Blindseite dieses Fisches ist in der Regel ebenfalls bedornt; jedoch findet man bei männlichen Tieren manchmal einige kleinere glatte Inseln. Bei Jungtieren und Weibchen verläuft außerdem noch eine vollständige Reihe von Dornen auf der Augenseite vom Kopf bis auf das Schwanzende; meistens ist diese Dornenleiste noch von zwei weiteren im hinteren Körperdrittel eingefaßt. Bei den Männchen ist die mittlere Dornenreihe häufig nur auf die hintere Körperhälfte beschränkt. Die Breite der Körperscheibe ist bei dieser Rochenart größer als die Länge. Die Männchen unterscheiden sich deutlich von den Weibchen durch zwei griffelähnliche Klammerorgane neben den Bauchflossen. Die Grundfärbung der Augenseite variiert sehr und sollte weniger zur Artenunterscheidung herangezogen werden. Meistens findet man ein graubraunscheckiges Grundmuster mit dunkler und gelblichbrauner Marmorierung, manchmal mit deutlich gesäumten helleren Flecken. Die Blindseite ist weiß, zum Rand hin grau. Die genaue Bestimmung weiterer Rochenarten ist oft schwierig; das Irish Specimen Fish Committee, in dessen Bereich sehr viele Rochenfänge fallen, läßt Rekord- oder Specimenmeldungen nur zu, wenn von dem gefangenen Rochen eine Photographie beigefügt wird. Rochenfänge in deutschen Gewässern bestehen dagegen fast ausnahmslos aus Nagelrochen.

Lebensraum

Die Verbreitung ist außerordentlich groß. Sie reicht im Ostatlantik vom Nordkap bis hinunter zu den Kanarischen Inseln und ins Kattegat hinein. In diesem Bereich sind die Gebiete mit größter Häufigkeit südlich und westlich Irlands und der Britischen Inseln zu finden, gefolgt von der Biskaya und der Nordsee. Darüber hinaus bevölkern Nagelrochen auch das gesamte Mittelmeer und große Teile des Schwarzen Meeres. Der Fisch meidet Brackwasser und fehlt in der ausgesüßten Ostsee. Bei Helgoland wird er nicht häufig, aber regelmäßig gefangen.

Standplätze und Lebensweise

Dieser Fisch bevorzugt die küstennahen Gewässer bis zu einer Tiefe von 280 Metern mit schlammigem, weichem Grund. Ausgesprochen kaltes Wasser wird gemieden; die Tiere wandern in der kalten Jahreszeit aus den flachen Küstenbezirken in die tieferen Gewässerteile ab. Die Wanderungen sind jedoch nie sehr weit ausgedehnt, auch nicht in der Laichzeit, wenn die Weibchen nach der Begattung größere Schwärme bilden und zur Eiablage in die flachen Gewässerzonen schwimmen.

Nahrung

Diese Rochenart ernährt sich hauptsächlich von Krabben, Garnelen, Muscheln, Schnecken und allerlei Krebsen. Aber auch Fische, vor allem Plattfische, werden nicht verschmäht. Die hartschaligen Beutetiere werden von den besonders bei den Weibchen sehr gut ausgebildeten „Pflastersteinzähnen“ zermalmt. Bei der Nahrungssuche spielt der ganz hervorragend entwickelte Geruchssinn eine wichtige Rolle.

Laichzeit und Fortpflanzung

Die Befruchtung der Rocheneier erfolgt im Innern des Muttertieres. Bei der paarweisen Kopulation umklammert das Männchen mit seinen Staborganen und den Klauendornen der Brustflossen das Weibchen. Die Weibchen ziehen in den Sommermonaten in die Flachwassergebiete und legen nach und nach bis zu 20 kissenartige Eikapseln ab. Die Größe dieser Kapseln variiert von 4x6 bis 6x9 cm. Die Eier stecken meistens ein Stückchen im Sand, und in den langen Fäden der Kapseln verfängt sich nach und nach allerlei Treibsel, so daß die Eier sehr gut getarnt sind. Die langausgezogenen „Kissenzipfel“ besitzen feine, offene Gänge, durch die frisches Meerwasser zur Belüftung strömen kann. Nach etwa 4 bis 5 Monaten schlüpfen aus den Eiern die etwa 12,5 cm langen Jungrochen und gehen sofort zum bodennahen Leben über. An den Küsten, so bei uns überall im Wattenmeer, kann man nach dem Schlupf oft die leeren Eikapseln finden. Der Volksmund nennt sie „Seemäuse“.

Wachstum, Alter und fischereiliche Bedeutung

Die männlichen Tiere wachsen bis zum Reifealter ziemlich rasch heran. Sie sind dann ungefähr 60 cm lang und wachsen dann nur noch sehr zögernd weiter.
Meistens werden sie nicht viel mehr als 70 cm lang, wiegen dann etwa 10 Pfund und sind 7 bis 9 Jahre alt. Die Weibchen werden dagegen wesentlich größer, es sind schon vereinzelt Fische von 125 cm Länge erbeutet worden. Das Höchstalter dieser Fischart ist unbekannt; in einem Fall wurde eine über 20jährige Lebensdauer in einem Aquarium nachgewiesen. Die fischereiliche Bedeutung des Rochenfanges ist nicht klein, der Nagelrochen spielt dabei eine wichtige Rolle. In Nordeuropa werden allein pro Jahr 50 000 t Rochen auf die Fischmärkte gebracht, allerdings ohne Unterscheidung der einzelnen Arten. Die größten Fangmengen bringen Irland und England auf. Die deutsche Fischerei ist nur sehr gering am Rochenfang beteiligt; 1973 betrug der Gesamtfang nur 26,8 t. Vielleicht hängt es damit zusammen, daß der Rochen als Konsumfisch bei uns weitgehend unbekannt ist. Nur die fleischigen „Flügel“ werden verwendet. Kopf, Rumpf und Schwanz wandern in die Fischmehlfabriken.

Biologische Besonderheiten

Normalerweise beziehen die Rochen ihr Atemwasser durch die 5 Kiemenspalten beiderseits des Kopfes. Sie sind auf der Blindseite deutlich sichtbar. Um die Kiemen beim Liegen auf dem Boden vor dem Versanden zu schützen, saugen die Tiere das Atemwasser dann durch zwei große „Spritzlöcher“ hinter den Augen auf der Körperseite.

Fangzeiten

Die Hauptfangzeit fällt in die Monate Mai bis Oktober; im Winter stehen die Rochen tiefer und sind mit der Angel nur schwer erreichbar. Während der Sommermonate fressen die Rochen vor allem nachts und in der Dämmerung. Besonders die Abenddämmerung ist, nach Schluß der Tagesruhezeit, für den Rochenfang geeignet. Auch die Tide spielt eine wichtige Rolle: Auflaufendes Wasser bringt stets die besten Fänge.

Fangmethoden, Geräte und Köder

Wo immer man auf Rochen angelt, stets sollte man anfüttern. Mehr als die meisten anderen Fische sind

Nagelrochen

Rochen Nachttiere und tagsüber inaktiv, teils im Sand vergraben. Nichts kann sie aus ihren Verstekken hervorlocken außer der Geruch einer nahen Beute. Der Geruchssinn ist, wie schon erwähnt, ganz besonders gut entwickelt. Wer am hellichten Tage erfolgreich Rochen angeln will, sollte dies beherzigen und für eine gute Anfütterung sorgen. Gefischt wird stets vom verankerten Boot. Man wartet das Kentern des Tidenstromes ab und beginnt beim Einsetzen der Flut mit dem Anfüttern. Dafür eignen sich alle Seefischarten, ganz besonders aber Krabben und Krebse. Nach Möglichkeit sollte man immer einige Strandkrabben dem Anfütterungsgut beifügen. Fische und Krabben werden zerkleinert und zerquetscht und in einen feinmaschigen Beutel gefüllt. Mit einer Beschwerung wird der Beutel achtern befestigt und bis auf den Grund herabgelassen. Man läßt ihn mehrmals auf dem Grund aufstoßen, zieht ihn wieder einige Meter hoch und wiederholt dies alle 10 Minuten. Nach etwa einer Stunde muß das ausgewaschene Anfütterungsgut erneuert werden. Es kommt nicht darauf an, daß größere Nahrungsbrocken ins Wasser geraten, wichtig ist vielmehr eine feine Duftspur, die sich achteraus vom Boot schließlich viele Meilen weit hinzieht. Oft werden Haie, vor allem Hunds- und Katzenhaie, ebenfalls angezogen. Diese Fische greifen im freien Wasser den Beutel an und sind in der Lage, ihn völlig zu zerfetzen. Wo diese Gefahr besteht, füllt man die Anfütterung besser in Drahtkörbe. Hat man Gewißheit, daß Haie diese Körbe angreifen, so kann man sogar auf zusätzliche Bewegung des Anfütterungsgeschirrs verzichten: Die Haie werden schon für ein genügendes Durchschütteln sorgen. Manche Angler sind voller Ungeduld und geben, wenn sich nach einer halben Stunde Anfüttern nichts rühren will, den Ankerplatz auf, um einen neuen Platz zu suchen. Erfahrene Angler üben sich dagegen auch beim Anfüttern in Geduld. Es kann manchmal Stunden dauern, bevor fangfähige Rochen den Weg zum Boot gefunden haben; dann aber kann innerhalb weniger Minuten ein großartiges Beißen beginnen und den Geduldigen schließlich reiche Beute bescheren. Die Rochen kommen meistens rudelweise ans Boot, ziehen witternd umher und nehmen willig die angebotenen Köder. Als Köder haben sich alle Arten von Fischen bewährt, am besten Filets oder Stücke von Plattfischen und Makrelen. Je frischer diese Köder sind, desto besser. Es ist für den Rochenfang nicht so erheblich, daß die Köder fischchenähnlich zugeschnitten sind und im Wasser „flattern". Viel wichtiger sind die Duftstoffe, die dem Köderbrocken entströmen, und ganz besonders wirkungsvoll sind die Körpersäfte von Krabben und Krebsen geeignet, die Rochen zum Fressen zu reizen. Das Angelgeschirr für den Nagelrochenfang ist einfach. Es ist das Einhakengeschirr mit Laufblei, wie es viele Angler auch im Süßwasser beim Grundangeln benutzen. Man braucht eine nicht zu schwere Rute von etwa 2,5 bis 3 Meter Länge, dazu eine Multirolle mit einer 0,45 bis 0,55 mm dicken Rollenschnur. Auf die Rollenschnur wird ein Wirbel mit Karabinerhaken gezogen; er soll frei auf der Schnur laufen können. In den Karabinerhaken wird das Blei eingehängt, das so schwer bemessen sein sollte, daß der Köder ruhig auf dem Grund aufliegen kann. Pyramidenförmige Senkbleie oder kreisrunde, durchlochte Bleie („watch-grip-Bleie") eignen sich gut dafür. Anstelle des Karabinerhakenwirbels kann man natürlich auch den in England viel benutzten „running boom" benutzen. Dieses Gerät beugt dem Verhängen des Vorfaches in der Rollenschnur vor. Ans Ende der Rollenschnur knüpft man einen weiteren Wirbel mit Karabinerhaken fest und hängt in diesen das eigentliche Vorfach ein. Es sollte ungefähr 1 Meter lang sein. In Gebieten, wo zum Beifang auch Hundshaie gehören, muß das Vorfach mindestens 2 Meter lang sein. Die kräftigen Pflastersteinzähne des Rochens zermalmen jeden dünnen Nylonfaden. Ein Stahlvorfach ist deshalb unumgänglich. Die Hakengröße 3/0 bis 4/0 reicht für die meisten Nagelrochen aus. Dieses Geschirr wird beködert vom verankerten Boot herabgelassen und im Bereich der Duftspur der Anfütterung auf dem Grund festgelegt. Bei leicht gespannter Schnur hält man Fühlung mit dem Blei und dem Köder. Auch der frischeste Köder muß beim Rochenfang alle 20 Minuten ausgewechselt werden.

Anhieb, Drill und Landung

Erfahrene Rochenangler sprechen schon von einem Rochen, der sich für den Köder interessiert, lange bevor der Neuling an der Angel etwas gemerkt hat. In aller Regel schwebt der Rochen ganz knapp über dem Grund auf den Köder zu und legt sich mit seinem ganzen Körper auf die Beute. Mit seinen Flossenflügeln streift der Fisch dabei oft das Vorfach und der gefühlvolle Angler weiß nun, daß ein Fisch auf seinem Köder liegt. Meistens dauert es bis zu einer Minute, bis der Rochen endlich den Köder mit dem Maul packt, zerdrückt und verschlingt. Nicht immer schwimmt er dabei fort, so daß häufig der Anbiß nicht mit Sicherheit gefühlt werden kann. Aus diesem Verhalten geht aber hervor, daß man nicht nur mit äußerster Konzentration erfühlen muß, was sich in der Tiefe abspielt, sondern auch nach dem ersten Verdacht eines Bisses in jedem Fall ausdauernd warten sollte, bevor man den Anhieb setzt. Der Anhieb wird zügig und kräftig ausgeführt. Es gilt, die Schnauze des Rochens vom ersten Augenblick an hochzuhalten, damit das Tier leichter nach oben gehoben werden kann; gelingt es dem Fisch, die Schnauze wieder nach unten zu stellen, dann wird er unweigerlich wieder Schnur zurückgewinnen und vielleicht auch wieder den Boden erreichen. Dort aber besteht die Gefahr, daß der Fisch sich mit seinen Flügelflossen an irgendwelche Gegenstände festklammert und verlorengeht. Der kritischste Augenblick beim Drill ist gekommen, wenn der Fisch an der Oberfläche liegt und der Schnurzug einen Augenblick nachläßt. Meistens nutzt das Tier diese kurze Spanne, um wieder umzudrehen und kopfvoran in die Tiefe zu gleiten. Der Nagelrochen ist nicht so leicht zu ermatten, allerdings ist er auch kein sehr vehementer, harter Kämpfer. Er verläßt sich mehr auf den steten, ausdauernden Zug nach unten. Die Landung eines Nagelrochens sollte mit großer Vorsicht geschehen. Das Tier schlägt mit dem dornenbestandenen Schwanz nach oben und vorn bis zur eigenen Kopfhöhe und kann den Angler böse verletzen. Man wirft den Fisch am besten auf den Rücken und behandelt das Tier nur mit Handschuhen, am besten aus dickem, elastischen Kunststoff.

Rekordgrößen

Bei Helgoland werden pro Jahr beim Haiangeln etwa 50 Nagelrochen erbeutet. Das Gewicht des dortigen größten Fisches ist leider nicht bekannt. Der irische Rekordfisch wog 37 lbs, der größte britische Nagelrochen wurde 1938 gefangen und wog genau 38 lbs.

Barschfische

Lippfische, Meerbrassen, Rotbarsch, Wolfsbarsch

Unter den rund 20.000 bisher bekannten Fischarten stellen die Barschfische mit zahlreichen hochentwickelten und spezialisierten Arten die umfangreichste Ordnung dar. Allein fast 60 Großfamilien gehören in unserem Gebiet dieser Gruppe an. Nur verhältnismäßig wenige Arten dieser Gruppe werden sehr groß, so beispielsweise die Zacken- und Wrackbarsche, die bis zu 2 Meter lang und zentnerschwer werden können, oder die Thune, Schwertfische und Marline, die aufgrund biologisch-systematischer Gesichtspunkte auch in diese Ordnung fallen – im Gegensatz zum Rotbarsch, der, wissenschaftlich gesehen, in die Ordnung der Panzerwangen (Scorpaeniformes) eingereiht wird.

Die Barschfische sind weltweit verbreitet und sind in der Besiedlung der unterschiedlichsten Klima- und Tiefenregionen ungewöhnlich erfolgreich. Dem größten Artenreichtum begegnet man in den Korallengärten der tropischen Meere. Dort haben die Fische einen Farben- und Formenreichtum entwickelt, der unvergleichlich ist. Aber auch im Ausnutzen der kleinsten ökologischen Nischen, dem Erspähen ungenutzter Lebensräume, sind die Barschfische ungewöhnlich erfolgreich. Einige leben hauptsächlich vom Plankton (Meeräschen), andere sind Fischräuber (Wolfsbarsch, Rotbarsch). Andere wieder leben als „Putzerfische“ von den Fischresten, die bei den Mahlzeiten großer Raubfische zwischen deren Zähne hängen geblieben sind und dürfen in die weit aufgesperrten Rachen der Räuber ungehindert ein- und ausschwimmen. Manche Arten meißeln tagaus, tagein mit ihren scharfen Zähnen tiefe Scharten in die steinharten Korallen, verdauen den organischen Inhalt und scheiden die anorganischen Teile als Korallensand wieder aus. Einige Arten bauen Nester, betreiben Brutpflege, vollführen Balzspiele, verteidigen Reviere, leben paarweise oder gar als Hermaphroditen und können sich selbst befruchten. Wieder andere saugen sich an Schiffen und Großfischen fest und lassen sich weit verschleppen oder leben standorttreu für Jahre im selben Revier. Einige der giftigsten Fische sind unter ihnen; so in unseren Breiten das wegen seiner Giftstacheln gefürchtete Petermännchen.

In unseren europäischen Meeresgebieten nimmt der Artenreichtum an Barschfischen nach Süden hin rasch zu. Parallel dazu nimmt von Nord nach Süd die anglerische Bedeutung zu und dies vor allem, weil viele der Fische in den flachen Küstenregionen leicht erreichbar sind. Den besten Sport erlebt man über unterseeischen, felsigen Erhebungen, den „Barschbergen“ der See in 50 bis 250 Meter Tiefe. Portugiesische Fischer fangen beispielsweise zentnerschwere Zackenbarsche rund um die zerklüfteten, bis auf wenige Meter unter die Wasseroberfläche reichenden Lavagipfel, die aus dem über 5000 Meter tiefen Iberischen Becken 100 bis 200 Meilen von der Küste entfernt fast senkrecht emporsteigen (Gettysburgbank).
Solche Großfische erzielen auf den Fischmärkten gute Preise. Dies gilt für fast alle Barscharten, die weltweit eine wichtige Rolle in der Fischerei spielen.

Lippfische

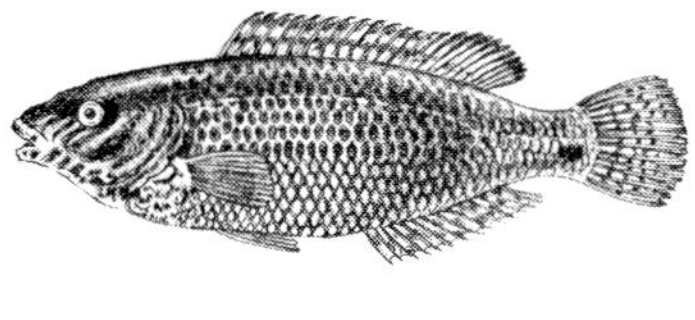

Wissenschaftliche Bezeichnung: Labridae

Erkennungsmerkmale

Die Lippfische umfassen eine große Familie aus der Unterordnung der Barschfische. Die gemeinsamen Erkennungsmerkmale sind der langgestreckte, seitlich zusammengedrückte Körper, der, von der Seite gesehen, durch die nahezu symmetrisch gewölbte Form der Bauch- und Rückenlinie auffällt. Die Fische besitzen eine Rückenflosse, deren vordere Hälfte stachel- und hinterer Abschnitt weichstrahlig ausgebildet ist. Die Afterflosse beginnt immer mit 3 oder mehr Stachelstrahlen. Die Schuppen sind stets deutlich erkennbar. Die Fische haben kräftige, oft wulstige Lippen, und zwar kleine, aber spitz und scharf ausgebildete Vorderzähne sowie kräftige Mahlzähne auf den Schlundknochen. Der Gaumen ist dagegen nicht bezahnt. Fast allen Lippfischen ist das farbenprächtige Körperkleid gemeinsam; die Farben können ganz außerordentlich schwanken und sind abhängig von der Stimmungslage der Fische (Kampfbereitschaft, Laichkleid, Umgebung, Alter). In europäischen Gewässern unterscheidet man 26 Arten; 7 davon leben auch in unseren nordatlantischen Küstengewässern. Die für den Angler wichtigsten 4 Arten seien nachfolgend beschrieben:

Goldmaid, Schwarzäugiger Lippfisch (Symphodus melops (L.)). Ausländische Namen: Engl.: cork wing wrasse; dän.: savgylte; franz.: crénilabre; ital.: cannadeo; jugo.: kosirica; norw.: grönngylt; schwed.: skarsnultra.

Diese Art ist etwas weniger langgestreckt als die anderen und besitzt große, fast 5eckige Schuppen, deren Ecken abgerundet sind. Die Seitenlinie verläuft parallel zur Rückenlinie. Der vordere Kiemendeckel ist am Hinterrand gesägt. Der Fisch wird bis zu 25 cm groß. Die Grundfärbung ist grünlich, der Rücken bläulich, der Kopf gelb mit grünen Linien. Die Schuppenränder sind gelblich. Auffällig ist je ein schwarzer Fleck am hinteren Augenrand und auf der Schwanzflosse. Der Bauch ist oft mit blauen und orangen Linien gezeichnet. Das Vorkommen dieses Fisches beschränkt sich auf das westliche Mittelmeer und im Atlantik von Marokko bis nach Südnorwegen, von dort durch den Skagerrak bis zum Öresund. Im Oslofjord ist der Fisch besonders häufig. Bei uns ist die Art sehr selten.

Kuckucks-Lippfisch (Laburus bimaculatus L. = L. ossifagus, L. mixtus). Ausländische Namen: Engl.: cuckoo wrasse; dän.: blaastaak; franz.: vieille coquette; ital.: tordo fischietto; jugo.: smokva; norw.: blastak; schwed.: blaagylta; span.: gallona.

Diese Art fällt durch besonders harte und dicke Lippen auf. Die Körperform ist verhältnismäßig langgestreckt. Die Zähne sind sehr scharf und relativ groß. Rogner und Milchner sind sehr unterschiedlich gefärbt. Die Grundfärbung des Männchens ist auf Kopf und Rükken kräftig-blau mit vielen hellen Linien; der Bauch leuchtet orange und ist mit blauen Flecken übersät. Die Rückenflosse ist orange und mit blauen Punkten gefärbt, die Afterflosse ist ebenfalls orange mit blauen Punkten auf der Basis und blauem Saum gezeichnet, die Bauchflossen sind hellorange mit blauem Saum, und auch die Schwanzflosse ist blau gesäumt. Die Grundfärbung des Weibchens ist dagegen orange. Rücken-, After- und Schwanzflosse sind blaugesäumt. Charakteristisch sind drei dunkle Flecken auf dem Rükken vom Schwanzstiel bis zum Ansatz des weichstrahligen Abschnittes der Rückenflosse. Der Fisch wird bis 35 cm groß. Er bewohnt den Atlantik vom Polarkreis bis nach Marokko, das Mittelmeer unter Einschluß von Adria und Ägäis. Entlang der Felsküsten Südnorwegens und Schwedens dringt er vereinzelt bis zum Öresund vor.

Gefleckter Lippfisch (Labrus bergylta Asc.). Ausländische Namen: Engl.: ballan wrasse; dän.: berggylt; franz.: vieille; ital.: tordo marvizzo; nor.: berggylt; schwed.: berggylta; span.: vaqueta.

Der Kopf verläuft bei dieser Art zugespitzt, das Maul ist sehr klein mit dicken Lippen. Die Ränder der vorderen Kiemendeckel sind glatt. Entlang der Seitenlinie verlaufen 41 bis 47 große Schuppen bis zum Schwanz. Es ist die bei uns größte Lippfischart (bis 50 cm). Die Grundfärbung ist grün bis grünbraun. Die Bauchseite ist hell mit vielen rötlichen Flecken, auch die helle Kehle besitzt auffällige orange Zeichnungen. Die Schuppenränder sind dunkel gesäumt. Der hintere Abschnitt der Rückenflosse, die Schwanz-, After- und Bauchflossen sind mit schönen hellblauen oder grünlich-blauen Punkten übersät. Die vordere Hälfte der Rückenflosse ist entlang der Stachelstrahlen meistens orange gefärbt. Die Art lebt im Atlantik vom Polarkreis bis nach Marokko und im westlichen Mittelmeer. Im Skagerrak und Kattegat kommt der Fisch regelmäßig vor; durch den Öresund gelangt die Art vereinzelt auch in die westliche Ostsee. Bei Helgoland ist der Fisch selten.

Klippenbarsch (Ctenolabrus rupestris (L.)). Engl.: goldsinny. Dieser kleine, bis höchstens 18 cm lange Lippfisch ist die bei uns häufigste Art und kommt überall dort vor, wo Seegraswiesen und Tange anzutreffen sind, also vor allem bei Helgoland und vor unserer Ostseeküste. Die Grundfärbung ist rötlichbraun, der Bauch ist weißlich. Die Schuppen besitzen einen dunklen Fleck und bilden damit angedeutet Längsreihen. Typisch ist ein tiefschwarzer Fleck auf dem Schwanzstiel und zwischen dem 1. und 6. Stachelstrahl der Rückenflosse.

Lebensraum

Lippfische sind Bewohner der tropischen und subtropischen Meere. Die weitaus meisten Arten leben in den tropischen Seegebieten. Ihrer Ausbreitung nach Norden sind enge Grenzen gesetzt.

Standplätze und Lebensweise

Die geschmeidigen, oft schleimigen Fische sind hervorragend dem Leben zwischen Tangen und Algen angepaßt. Die meisten Arten leben in der Gezeitenzone vom flachsten Tümpel bis hinab auf 20 Meter Tiefe; nur einige wenige, so der Kuckuckslippfisch, wandern bis zu 200 Meter tief. Die Fische bilden nie große Schwärme, sie sind aber auch nie allein, oft findet man sie paarweise. Alttiere bewohnen gern Unterstände in felsigen Regionen. Einige Arten unternehmen nach der Wasserabkühlung im Herbst kurz Wanderungen in etwas tiefer gelegene Gebiete.

Nahrung

Garnelen, vor allem aber Krebse, Krabben, Schnecken und viele andere Schalentiere werden mit den festen Lippen und spitzen Vorderzähnen festgehalten und mit den mahlenden Schlundzähnen zertrümmert. Daneben werden auch Weichtiere aller Art, sicherlich auch kleine Fische, gefressen.

Laichzeit und Fortpflanzung

Die Laichzeit der meisten Arten fällt in die Monate Mai bis Juli. Der Kuckucks- und der Gefleckte Lippfisch bauen Nester. Es sind stets die Männchen, die allerlei Treibsel zuammentragen und laichwillige, umherstreifende Weibchen mit einem Balzspiel zum Ablaichen in die Nester ermuntern. Während der Laichzeit bekämpfen sich die Milchner untereinander. Die mit Eiern gefüllten Nester werden von den Männchen bewacht und gegen Laichräuber tapfer verteidigt. Selbst kleine Kerle greifen dabei Räuber wie den Wolfsbarsch an. Verschleppt man Männchen von ihren Nestern, so finden sie selbst über Strecken von mehr als hundert Metern wieder zurück und nehmen die Brutpflege sofort wieder auf (nach Luther/Fiedler 1961). Die in den Nestern klebenden Eier entwickeln sich nach 4 bis 5 Tagen zu kleinen Larven. Aus den etwa 3,8 mm langen Larven entwickeln sich bis zum Herbst die bis zu 5 cm langen Jungfische.

Lippfische

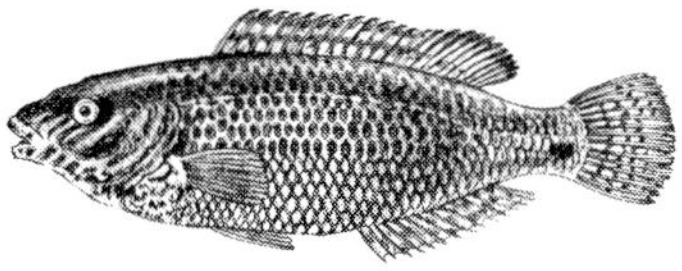

Wachstum, Alter und fischereiliche Bedeutung

In unseren Gewässern haben die Lipfische keine fischereiliche Bedeutung. Sie sind exotisch anmutendes Zierat der Fischmärkte, oft wegen ihrer Farbenpracht bestaunt und bewundert, aber kaum verkauft, denn die Fische schmecken nicht sonderlich gut. In prähistorischen Zeiten haben diese Fische dagegen wohl eine wichtige Rolle bei den ersten Siedlern entlang der Küsten gespielt, denn man fand in der Umgebung solcher Ansiedlungen bei Ausgrabungen viele der typischen Schlundknochenzähne des Gefleckten Lippfisches (Wheeler 1969).

Biologische Besonderheiten

Bekannt ist die Kälteempfindlichkeit aller Arten. Vor allem jene Arten, die keine Winterwanderung ins tiefere Wasser unternehmen, verenden oft in großen Mengen während langanhaltender Kaltwetterperioden. Auch nach einem überraschenden plötzlichen Kälteeinbruch bei schneller Wasserabkühlung verenden die Tiere in den ufernahen Bezirken. Bei einigen Labrusarten hat man beobachtet, daß sie abends regelrecht ‚zu Bett gehen'. Sie schmiegen sich an Steine und Wurzeln, lehnen sich kopfzuunterst an Algen oder vergraben sich im Sand.

Fangzeiten

In den warmen Sommermonaten sind die Lippfische am aktivsten. Beste Voraussetzungen für gutes Beißen herrschen nach Beendigung der Laichzeiten, also etwa ab Juli mit dem Höhepunkt im August/September. Wenn während einer ‚Kaiserwetterzeit' – strahlender Sonnenschein, große Hitze, kein Seegang – einmal gar nichts mehr beißen will, dann ist die beste Zeit fürs Lippfischangeln angebrochen. Geangelt wird nur am Tage entlang felsiger Küsten mit reichlichem Bewuchs bei steigendem Wasser.

Fangmethoden, Geräte und Köder

Die Grundausrüstung für die beiden wichtigsten Angelarten besteht aus einer leichten, etwa 3 bis 4 Meter langen Rute mit einer Stationärrolle und monofiler Kunststoffschnur von 0,30 mm Stärke. Mit dieser Ausrüstung betreibt man in erster Linie das Angeln mit dem G l e i t f l o ß. Man verwendet dafür schlanke, lange Floßformen. Für das Floß wie auch für die gesamte übrige Ausrüstung gilt der Grundsatz: Je feiner, desto besserer Sport. Posen von etwa 7 bis 20 g Tragkraft gehören zur Grundausrüstung des Lippfischanglers. Die Gleitposten werden auf die Rollenschnur gezogen und mit einem an die Schnur geknoteten Gummiband oder einem Stückchen Angelleine gestoppt. Ans Ende der Rollenschnur knüpft man einen kleinen Wirbel mit Karabinerhaken und hängt in den Haken das etwa 60 bis 80 cm lange Vorfach. Auf das Vorfach wird in der Nähe des Wirbels die Bleibeschwerung mit einem Schrot festgeklemmt. Es gibt kaum eine zweite Meeresangelart, bei der die beköderten Haken so unmittelbar über oder sogar mitten in den Tangwäldern angeboten werden müssen. Die dabei unvermeidlichen Hänger verlieren etwas von ihren Schrecken, wenn man nicht immer sogleich mit Gewalt versucht, das festsitzende Geschirr wieder loszubekommen. Meistens ist das Blei irgendwo verklemmt; Haken sitzen viel seltener fest als man meint. Gerade beim Floßangeln bekommt man die festsitzenden Bleie oft dadurch wieder los, daß man Schnur ausgibt und dem Floß die Möglichkeit läßt, in der auf- und abwogenden See davonzutreiben. Dabei verändert sich der Zugwinkel zum Blei, und die Hänger lösen sich von selbst. Aber leider nicht immer. Deshalb wählt man die Vorfachstärke stets etwas dünner als die Rollenschnur. Auf diese Weise gehen nur Haken und Blei verloren; Rollenschnur und Gleitfloß bleiben erhalten. Für die scharfzähnigen Lippfische verwendet man am besten langschenklige Haken in den Größen 2 bis 6 mit extra scharfer Spitze, damit der Haken beim Anhieb auch zwischen den Zähnen sicheren Halt findet. Ein Stahlvorfach ist in der Regel nicht nötig. Die Fische stehen meistens zwischen den oft meterlangen und sehr dichten Ledertangen; die angebotenen Köder müssen zum Fisch kommen, nicht umgekehrt. Die zweite Angelmethode wird mit einem P a t e r n o s t e r g e s c h i r r ausgeübt. Man fischt mit dem Paternoster überall dort, wo Felsen oder Mauern steil in die Tiefe abfallen und dicht bewachsen sind. Oft stehen die Lippfische in Ritzen und Spalten dieser Steilabhänge, so z. B. an Hafenmolen. Mit dem Paternostergeschirr lassen sich solche Hafenmauern viel günstiger befischen, als mit einem einzigen Haken, weil ein größerer Tiefenbereich erfaßt wird. Das Paternostergeschirr besteht aus einem etwa 2,5 Meter langen Vorfach, in das die etwa 10 cm langen Mundschnüre in Abständen von ungefähr 40 cm geknotet werden. Ans Ende des Paternosters befestigt man die Bleibeschwerung, möglichst wieder mit einer ‚Sollbruchleine', die dünner ist als die Rollen- und auch die Paternosterschnur. Man angelt mit dieser Ausrüstung an Ufermauern aus der Hand oder verwendet auch hierfür ein Floß. Beste Köder für beide Angelmethoden sind alle Arten von Würmern, kleine Krebschen und Krabben, aber auch Muschelfleisch und gekochte Garnelen. Lebende Köder sind toten stets vorzuziehen; ganz unwiderstehlich wirken auf Lippfische lebende Garnelen. Man kann die Garnelen meistens ohne große Schwierigkeiten während der anglerisch unergiebigen Ebbezeit mit einem Garnelennetz zwischen den Wasserpflanzen fangen. Das Netz besteht aus einem sehr stabilen Rahmen und feinmaschigem Beutel. Man streift damit die Pflanzen unter Wasser ab. Die Garnelen lassen sich nur im frischen Seewasser für einige Zeit lebend hältern, am besten in feinmaschigen Drahtkäfigen in der See selbst. Zur übrigen Ausrüstung sollte unbedingt noch eine Polaroidbrille gehören.

Anhieb, Drill und Landung

Lippfische sind wenig scheu und stürzen sich erfreut auf die angebotenen Köder. Man spürt den Anbiß deutlich in der Hand. Ein Floß wird meistens mit Vehemenz unter Wasser gezogen oder platt aufs Wasser geworfen. Am leichten Geschirr liefern die Fische einen tapferen Kampf. Da sie nicht zu verwerten sind, sollte man sie nach dem Fang zurücksetzen.

Rekordgrößen

Kuckuckslippfisch: Irischer Rekord 1 lbs 9½ oz; britischer Rekord: 1 lbs 7 oz. Gefleckter Lippfisch: Irischer Rekord 7 lbs 6 oz; britischer Rekord 7 lbs 10 oz. In älteren Listen findet sich auch ein Fisch von 12 lbs 2 oz aus dem Jahre 1912.

Meerbrassen

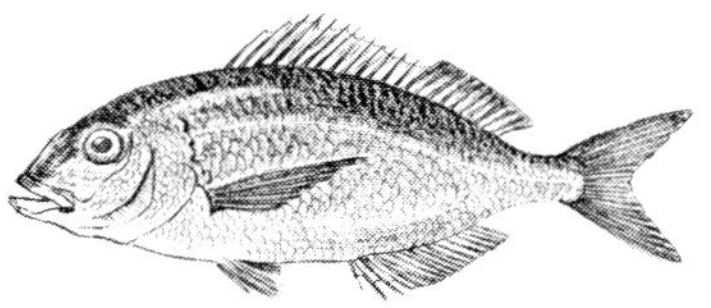

Wissenschaftliche Bezeichnung: Sparidae

Erkennungsmerkmale

Die Meerbrassen gehören zur Unterordnung der barschartigen Knochenfische, die hauptsächlich die warmen Meeresgebiete bewohnen. Allen Meerbrassenarten gemeinsam sind deutliche, meist sehr festsitzende und leicht rauhe Kammschuppen. Der Kiemendekkel ist stets unbedornt. Die Fische besitzen eine lange, wohlausgebildete Rückenflosse, deren vordere Hälfte zu Stachelstrahlen und deren hinterer Abschnitt zu weichen Gliederstrahlen ausgebildet ist. Die Afterflosse und der weiche, gliederstrahlige Abschnitt der Rückenflosse sind meistens annähernd gleich lang. Die Afterflossen besitzen stets am Vorderrand 3 Stachelstrahlen, die Brustflossen stets einen Stachel. Die meisten europäischen Meeresbrassenarten werden im Mittelmeer gefunden; man unterscheidet dort 24 Arten. Die wissenschaftliche Einteilung erfolgt hauptsächlich nach Art der Bezahnung, da sich äußere Merkmale häufig mit zunehmendem Alter der Fische, nach Geschlechtern, bei Laichzeiten oder in bestimmten Fanggebieten ändern können. Die drei wichtigsten Arten, die über das Mittelmeer hinaus ständig den atlantischen Küstensaum von Marokko bis hinauf zur irischen und englischen Küste bewohnen, sind folgende:

Seekarpfen (Graubarsch, Nordischer Meerbrassen) Pagellus bogaraveo (Brün.) = P. centrodontus.

Ausländische Namen: Engl.: red bream; franz.: dorade commune, rousseau; ital.: occhialone; jugo.: arbun velikoga oka; port.: goraz, besugo; span.: besugo; türk.: mandagoz mercan.

Diese Art besitzt sehr große Augen, die obere Schnauzenhälfte wirkt abgerundet. Der Rücken ist rötlichdunkel, der ganze Körper grau-rötlich, die Flanken sind nach unten zunehmend silbern. Die Maulhöhle ist lachsrot gefärbt. Wichtigstes Merkmal ist ein deutlicher dunkler Fleck hinter dem Kopf am Beginn der Seitenlinie. Der Fisch wird bis höchstens 60 cm lang. Diese Art wird in größter Häufigkeit im Westen Irlands gefunden; überdies dringt sie am weitesten nach Norden bis zur mittelnorwegischen Küste, vereinzelt auch ins Skagerrak, vor.

Rotbrassen (Pagellus erythrinus (L.). Ausländische Namen: Engl.: pandora; franz.: pagel, pageau; ital.: pagello, fragolino; jugo.: arbun, rumenac; port.: bica; span.: breca; türk.: kirma mercan. Beim Rotbrassen sind die sichelförmigen Brustflossen sehr lang, sie reichen bis hinter den Ansatz der Afterflosse. Die Maulhöhle ist schwarz und mit vielen kleinen Mahlzähnen besetzt. Fangzähne fehlen. Der ganze Fisch ist rötlich, auch die Bauchseite und sämtliche Flossen mit Ausnahme der hellen Bauchflossen; die Flanken schimmern manchmal bläulich. Die Art lebt über Sandgrund, hauptsächlich im Mittelmeer und auch im Schwarzen Meer.

Streifenbrassen (Spondyliosoma cantharus (L.). Ausländische Namen: Engl.: black bream; franz.: brême de mer, griset; ital.: cantarella, tanuta; jugo.: kantor; port.: choupa; span.: chopa; türk.: sarigöz. Der Fisch besitzt ein auffällig kleines Maul ohne Mahlzähne, aber mit je einer Reihe Schneidezähne auf jedem Kiefer, Vomer und Gaumen sind zahnlos; die Schwimmblase ist hinten gespalten. Die Grundfärbung des Fisches ist grau, oft mit grünblauen Reflexen und zuweilen mit zartem Purpurschimmer am Kopf. Auffallend sind die dunklen Längsstreifen auf den Flanken. Bei Alttieren kommen häufig noch breite, schwach dunkle Querbänder hinzu, die vom Rükken die Flanken herab verlaufen. Die Schwanzflosse ist am Hinterrand blauschwarz gerändert. Die Milchner sind während der Laichzeit fast schwarz. Der Fisch ist häufig in der Biskaya, Bretagne, britische Südküste, von da südwärts bis Angola, überall im Mittelmeer.

Lebensraum

Alle Meerbrassen bevorzugen tropische und subtropische Gewässer. Die weitaus meisten Arten kann man in den Korallengärten des Indischen und Pazifischen Ozeans bewundern. Die hier beschriebenen Arten verirren sich nur ganz selten durch den Ärmelkanal bis vor die holländische Küste oder durch das Skagerrak bis vor die schwedische Küste ins Kattegat. In deutschen Küstengewässern ist noch nie ein Fang mit der Angel bekanntgeworden.

Standplätze und Lebensweise

Manche Arten leben über schlammigen und weichen Gründen, andere bevorzugen felsige Zonen und Korallenbauten. Allen gemeinsam ist die Schwarmbildung und das Leben in Grundnähe. Sie sind fast ständig in ihrem Revier unterwegs, aber relativ standorttreu; wo man sie einmal angetroffen hat, wird man sie meistens auch nach einer Weile wiederfinden. Die Fische leben von der Uferzone bis in 500 Meter Tiefe; ganz allgemein gilt, daß die Tiere um so größer werden, je tiefer das Wasser ist. Beim Rotbrassen ergaben sich folgende Zusammenhänge: Bis 22 cm lange Fische leben im bis zu 50 Meter tiefen Wasser; bis 33 cm im bis 100 Meter tiefen und bis 60 cm große im über 100 Meter tiefen Wasser.

Nahrung

Die hauptsächlichste Nahrung besteht aus Würmern, Schnecken, kleinen Krabben und Krebsen, auch Quallen und große Plankter; daneben werden sicher auch Jungfische verzehrt.

Laichzeit und Fortpflanzung

Die Eier der Meerbrassen werden teils im freien Wasser, teils am Boden abgelegt. Manche Arten, wie z. B. der Streifenbrassen, schlagen im Sand bis zu 1 Meter große Laichgruben aus, in die die Weibchen schichtweise ihre Eier ablaichen. Die Männchen bewachen die Brut und fächeln den keimenden Eiern Frischwasser zu. Andere Arten beanspruchen während der Laichzeit Reviere und die Milchner führen Kämpfe aus, so beispielsweise bei einigen Diplodus-Arten. Die Hauptlaichzeit fällt im Mittelmeer in den Sommer. Im Atlantik wird wesentlich früher gelaicht, wahrscheinlich schon Ausgang des Winters.

Wachstum, Alter und fischereiliche Bedeutung

Die meisten Meerbrassenarten (der Streifenbrassen ist eine Ausnahme) gehören zu den sehr gut bezahlten, wohlschmeckenden Fischarten. Auf den Fischmärkten im Mittelmeerraum spielen sie eine große Rolle; der westeuropäische Jahresfang bleibt im Ertrag dagegen gering: Er beträgt rund 10 000 t. Beimn Zubereiten entferne man stets die schwarze Haut der Bauchhöhle. Das Wachstum ist gering; Fische von 50 bis 60 cm sind Ausnahmen auf den Märkten und dürften mindestens 12 Jahre alt sein.

Biologische Besonderheiten

Meerbrassen sind hermaphroditisch veranlagt. Allerdings sind sie keine echten Zwitter, weil die Tiere merkwürdigerweise im Laufe ihres Lebens sich entweder vom Rogner zum Milchner oder umgekehrt wandeln, aber nie beides gleichzeitig sind.

Fangzeiten

Sturm, Regen und Kälte vertreiben Meerbrassen aus den Küstengewässern. Je ruhiger die See wird

Meerbrassen

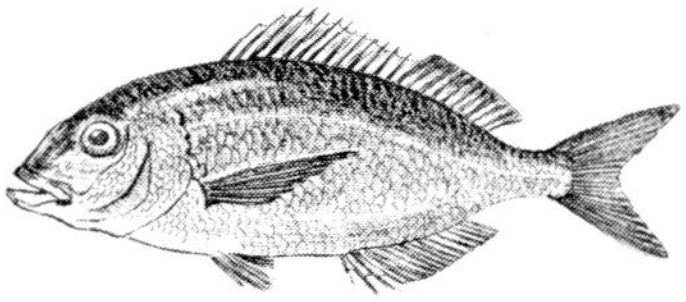

und je heißer das Wetter ist, desto besser beißen sie. Drückende, sommerliche Schwüle ist die beste Voraussetzung für den erfolgreichen Fang. Beim Angeln vom Ufer muß unbedingt noch steigendes Wasser hinzukommen. Fällt die Flut mit den Dämmerungszeiten, am besten mit dem Abend, zusammen, dann ist absolut beste Fangzeit für Meerbrassen. Die Saison beginnt überall im Mai und endet entlang der britischen und französischen Atlantikküste im September, in Portugal Anfang Oktober, in den übrigen Mittelmeerländern im November.

Fangmethoden, Geräte und Köder

Meerbrassen haben eine merkwürdige Vorliebe für Köder, die frei und ungehindert im Wasser driften. Aus dieser Erfahrung resultieren alle Geschirrmontagen und Angelmethoden. Für das Fischen vom Ufer verwendet man in erster Linie das Wasserkugel-Geschirr. Kernstück der Ausrüstung ist eine durchsichtige, möglichst unauffällige kleine Wasserkugel, die soweit mit Wasser gefüllt wird, daß sie sich gut auswerfen läßt und beim Anbiß unter Wasser gezogen werden kann. Anstelle der Wasserkugel kann natürlich auch ein Floß verwendet werden, jedoch erweist sich die unauffällige Wasserkugel oft effektvoller. Kugel oder Floß werden je nach Wassertiefe entweder fest oder gleitend auf der Rollenschnur befestigt. Ans Ende der Schnur knotet man einen kleinen Wirbel; er bildet die einzige Beschwerung des Geschirrs. In den Wirbel hängt man das etwa 1 bis 1,5 Meter lange Vorfach aus monofiler Schnur von rund 0,20 mm Stärke. Ein einziger Haken der Größe 6 bis 10, möglichst langschenklig, vervollständigt die Ausrüstung. Mit diesem Geschirr fischt man vor allem von felsigen Ufern, die an tiefes Wasser angrenzen und deren Abhänge dicht mit Tangen und Algen bewachsen sind. Bei Ebbe sucht man nach geeigneten Plätzen, die dicht mit Kolonien von Muscheln, Schnecken und Seepocken bewachsen sind. Man zerschlägt einige der Tiere und wartet darauf, daß sie mit dem allmählich steigenden Wasser ins Meer gewaschen werden. Besonders günstig sind Stellen, an denen sich selbst bei sonst ruhiger See immer Brandung bildet. Entlang der dabei auftretenden Schaumzone, oft auch unter dem schäumenden Wasser, stehen bei Flut die Meerbrassen. Sie schnappen nach allem, was offenbar hilflos, von der Brandung losgespült, im Wasser treibt. Der Appetit der in dieser Zone meist nur kleinen Raubritter (bis zu ½ kg) kann durch sparsames Einwerfen von fein zerstampftem Anfütterungsgut enorm gesteigert werden. Manche Angler verwenden fein zerriebenes Herings-, Makrelen- oder Sardinenfleisch, andere bevorzugen zerstampfte Krabben- und Krebstiere. Lange, leichte Ruten und entsprechende Stationärrollen garantieren zusammen mit dem beschriebenen Geschirr spannendes, aufregendes und oft sehr erfolgreiches Angeln – solange das Wasser steigt. Bei einsetzender Ebbe hört das Beißen meistens bald auf. Der Anbiß der Fische muß bei dieser Methode teils gefühlt, teils beobachtet werden; erfahrene Angler erkennen schon am Abtrieb der Leine, ob ein Fisch den Köder gepackt hat. Beim Fischen vom Boot erhöhen sich natürlich die Chancen, größere Meerbrassen zu fangen. Unterseeische Berge, vor allem Felszonen innerhalb eines ebenen, sandigen Gebietes, aber auch Seegraswiesen sind besonders geeignete Plätze. Da Meerbrassen unruhige Schwarmfische sind, fischt man am besten vom verankerten Boot und füttert an, um vorbeiziehende Schwärme am Boot zu halten. Feinmaschige Netzbeutel, gefüllt mit zerstampftem Krabben-, Muschel- und Fischfleisch, angereichert mit Kleie und Fischöl, werden vom Boot bis etwa 5 Meter über dem Grund herabgelassen. Die Fische versammeln sich meistens unter dem Beutel und schnappen nach den langsam herabsinkenden Köderbrocken. Die Kunst des Anglers besteht darin, den beköderten Haken in diesem Bereich gleichfalls allmählich sinken zu lassen. In großer Tiefe fischt man mit dem Senkblei und dem french boom, einem ungefähr 15 bis 25 cm langen Drahtarm, der knapp oberhalb des Bleies in die Rollenschnur eingehängt wird. Der boom hat die Aufgabe, das daran befestigte 1 bis 1,5 Meter lange Vorfach aus monofiler Schnur der Stärke 0,25 mm von der Rollenschnur (0,35 mm) freizuhalten. Das Senkblei wird möglichst genau bis zum Futterbeutel herabgelassen und das weitere Geschehen gefühlt. Jede Verlängerung des Vorfaches erhöht die Fangchancen der scheuen Gesellen, aber natürlich auch die Gefahr des Verhedderns mit der Rollenschnur. Für die in diesen Tiefen meist größeren Meerbrassen verwendet man langschenklige Haken der Größen 3 bis 6, möglichst mit Widerhaken am Schaft zum besseren Festhalten der Köder. Denn Meerbrassen sind mit ihren meistens kleinen Mäulern und spitzen Zähnen Spezialisten im Abknabbern von Köderbrocken; relativ kleine Haken und festsitzende Köder sind für das sichere Haken nötig. Da die Fische nicht sehr wählerisch sind, können vom Fischfleisch bis zur Tangassel alle Köder verwendet werden. Am besten haben sich die festfleischigen Teile von Garnelen (gekocht), Krabben, Messermuscheln und Wellhornschnecken bewährt; aber auch Würmer aller Art werden gierig gefressen. Je kleiner die angebotenen Köderbrocken und die darin verborgenen Haken sind, desto leichter wird man die Fische überlisten. Das Fischen mit der rollenden Bleikugel ist eine weitere Methode, die bei den portugiesischen Brandungsanglern beobachtet werden kann. Die äußerst simple Geschirrzusammenstellung besteht nur aus einer genügend schweren, durchlochten Bleikugel, die auf der Rollenschnur gleitet und von einem Wirbel gestoppt wird. In den Wirbel wird ein ca. 30 bis 60 cm langes Vorfach mit einem Haken eingehängt. Die Portugiesen fischen mit dieser Ausrüstung mit langen Brandungsruten watend bei aufkommender Flut in der Brandung sandiger Buchten und erfühlen bei leicht gespannt gehaltener Schnur die Anbisse. Schließlich sei noch auf das Paternoster-Geschirr der französischen Angler hingewiesen, das etwa 10 bis 15 Meilen von der Küste entfernt im bis zu 50 Meter tiefen Wasser vor der Süd-Bretagne verwendet wird. Es besteht aus einem Endblei und 2 bis 3 an french booms montierten, ca. 30 bis 50 cm langen Mundschnüren. Es ist das bei weitem gröbste Geschirr für den Meerbrassenfang und nur in weit von der Küste entfernten Gebieten erfolgreich.

Anhieb, Drill und Landung

Meerbrassen knabbern und zerren oft lange an den Ködern herum – meistens so lange, bis sie mit ihren spitzen Zähnen den Haken blank geputzt haben. Wäre nicht der Futterneid gegenüber den anderen im Schwarm, so würden sie wahrscheinlich nie mit dem Köder abziehen. Sofort beim Abziehen muß angehauen werden. Die Fische wehren sich ganz außerordentlich tapfer; ihr ‚Kampfgewicht' ist meist weit schwerer als ihr Lebendgewicht.

Rekordgrößen

Auf portugiesischen und spanischen Fischmärkten kann man die wohl größten Meerbrassen unseres Faunenbereiches beobachten; Stücke von 5 bis 6 kg sind manchmal darunter. In der britischen Rekordliste wird ein Seekarpfen (red bream) von 9 lbs 8 oz genannt; er ist seit 1925 gültiger Rekord. Der irische Rekord kann sich auch sehen lassen: 9 lbs 6 oz, also ein gut 8pfündiger Fisch, der wohl nur in südlicheren Gewässern überboten werden wird.

Rotbarsch

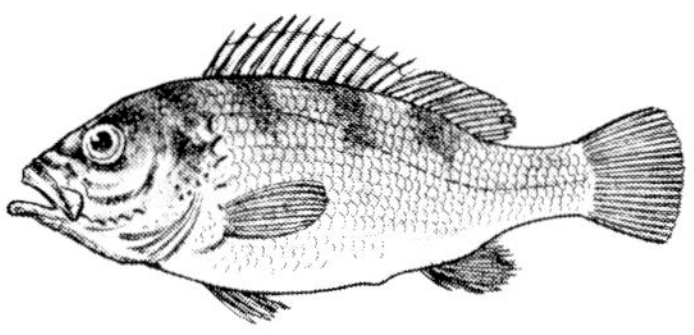

Wissenschaftliche Bezeichnung: Sebastes marinus (L.)

Ausländische Namen: Dän.: rödfisk; engl.: red-fish, rosefish; franz.: grande sébaste; isl.: karfi; norw.: uer; russ.: morskoj okunj

Erkennungsmerkmale

Der barschähnliche Körper ist seitlich zusammengedrückt und vom Kopf bis Schwanz mit deutlich erkennbaren Schuppen übersät. Die Schuppen sitzen sehr fest und besitzen leicht zugespitzte Dornen am Hinterrand, so daß sich der Fisch rauh anfühlt. Der vordere Kiemendeckel ist am Hinterrand zahnkranzartig gesägt, der hintere Kiemendeckel läuft zu einer Spitze aus. Die vordere Hälfte der langen Rückenflosse ist stachelstrahlig, die hintere etwas höher gewachsen und weichstrahlig. Die Maulhöhle ist hellrot gefärbt. Die Grundfärbung gab dem Fisch seinen Namen: Sie ist leuchtend rot mit einigen wenigen dunkleren Marmorierungen gegen den Rücken, mit allmählich heller werdenden Flanken und einem Hauch von Rosa auf dem Bauch. Die Flanken schimmern manchmal gelblich-rot. Der Rotbarsch hat einen kleinen Verwandten, der von Anglern weit häufiger erbeutet wird und von dem er nur schwierig zu unterscheiden ist. Es ist der Kleine Rotbarsch (Sebastes viviparus Kr.). Von einigen Wissenschaftlern wurde er lange Zeit nicht als eigenständige Art betrachtet, und auch heute noch gibt es Zweifel, ob der Kleine Rotbarsch eine selbständige Art oder nur eine küstennahe Rasse des Rotbarsches ist. Die Unterscheidungsmerkmale sind hauptsächlich folgende: Der Kleine Rotbarsch besitzt 70 bis 80 Schuppen entlang der Seitenlinie. Zwischen dem Ende der Afterflossenbasis und der Seitenlinie kann man 11 bis 13 Schuppenreihen zählen. Der hintere Abschnitt der Rückenflosse besteht aus 12 bis 14 Weichstrahlen, die vordere Hälfte aus 17 bis 18 Stachelstrahlen. Die Weichstrahlen der Afterflosse schwanken stets zwischen 6 bis 8 Stück.

Lebensraum

Beide Rotbarsche bewohnen vorzugsweise die arktischen Gewässer mit Temperaturen zwischen 3 und 8 Grad; der Kleine Rotbarsch mag es gelegentlich auch ein bißchen wärmer. Die Fische bewohnen das Europäische Nordmeer von Spitzbergen herab über Island bis nach Grönland, von Nordnorwegen bis zu den Färöern. Auf der amerikanischen Seite wandern die Fische südlich bis nach Kap Cod. Die kleinere Form ist etwas zögernder verbreitet als der große Bruder, geht aber ein wenig mehr südlich bis nach Schottland, dem Westen Irlands und durchs Skagerrak bis zur schwedischen Westküste. Angler, die auf Island, den Färöern oder entlang der norwegischen Küste von Mittelnorwegen nordwärts angeln, werden mit Sicherheit bei ihren Ausfahrten die roten Gesellen an den Haken bringen, denn die Fische sind in diesen Gewässern häufig.

Standplätze und Lebensweise

Die Rotbarsche bevorzugen tieferes Wasser; nur die kleinere Art ist mehr an die Küste gebunden (10 bis 200 Meter). Hauptsächlich fängt man die Fische in den tiefen Senken zwischen den Schären oder weiter draußen in Mulden, die von höheren, unter dem Wasserspiegel liegenden Felsformationen umgeben sind. Bisweilen erbeutet man sie auch direkt über felsigem Grund; in der Regel findet man dann aber in der Nähe solcher Plätze stets sandig-schlammige Abschnitte. Ganz besonders häufig ist der Fisch rings um die Lofoten und den Vesteralen in Nordnorwegen. In den tiefen Fjordbecken zwischen den Inseln ist er zwar kaum anzutreffen, weil er sich offenbar scheut, die flachen Schwellen dorthin zu überschwimmen; wohl aber findet sich der Fisch rings um die Inseln in allen Mulden und Senken ab 40 Meter Tiefe, oft nicht weit vom Ufer entfernt und stets in Grundnähe.

Nahrung

Die kleineren Rotbarsche fressen in erster Linie allerlei Bodentiere, auch kleine Garnelen, Krabben und kleine Fische. Die größeren Rotbarsche stellen ihre Nahrungsaufnahme mit wachsender Größe allmählich auf Fischkost um. Vor allem werden die massenhaft vorkommenden Fische wie Hering, Lodde, Kapelan und Jungdorsche gefressen.

Laichzeit und Fortpflanzung

Gleich der Aalmutter (siehe dort), gehören die Rotbarsche zu den lebendgebärenden Fischen und damit zu den seltenen Ausnahmen unter den Knochenfischen unseres europäischen Angelgebietes. Im Winter findet eine paarweise innere Befruchtung statt. Die Männchen sind leicht von den weiblichen Tieren durch eine lange, spitze Genitalpapille zu unterscheiden. Die Eier reifen im Leib der Fische heran und sind im Eierstock von einer Art Mutterkuchen umgeben. Nach dem Verzehr aller Nährstoffe sind die jungen Fischchen beim Kleinen Rotbarsch etwa 4 mm, beim großen Bruder um 6 mm lang und werden von den Müttern geboren. Ein großes Rotbarschweibchen bringt so bis zu 350 000 Junge zur Welt, während die Geburtenrate beim Kleinen Rotbarsch wesentlich niedriger liegt: bis zu 18 000 Fischchen entschlüpfen dort dem Mutterleib. Die Weibchen des Kleinen Rotbarsches bringen ihre Jungen im Juli und August zur Welt. Vom größeren Verwandten kennt man die Laichverhältnisse auf Grund genauer Untersuchungen für den nordnorwegischen Bereich. Danach versammeln sich im Herbst und Winter die Rotbarsche in der Barents-See. Mit Beginn des Sommers verlassen die trächtigen Weibchen die Weidegründe und schwimmen südwärts bis zu den Schelfhängen westlich der Lofoten. Dort laichen die Fische und kehren anschließend wieder zu den allein gelassenen Männchen zurück.

Wachstum, Alter und fischereiliche Bedeutung

Rotbarsche sind von ganz ungewöhnlich langsamem Wachstum und überraschend hohem Alter. Sie werden höchstens 1 Meter lang, wiegen dann bis zu 15 kg und sind 60 Jahre alt. Der Kleine Rotbarsch wird vermutlich nicht so alt und bleibt auch im Längenwachstum erheblich zurück. Ein Fisch von 30 cm Länge ist schon als reichlich ausgewachsen zu betrachten. Das langsame Wachstum der Rotbarsche wird deutlich, wenn man sich vor Augen hält, daß ein 10 cm langes Fischchen im Durchschnitt bereits 4 Jahre, ein 20 cm langes Fischchen aber schon 12 Jahre alt ist. Damit stehen die Rotbarsche unter den Fischen des Nordost-Atlantiks ziemlich weit unten in der Tabelle der Wachstumsraten. Der Fisch wird in Deutschland sehr geschätzt und hauptsächlich gebraten verarbeitet. Bereits 1934 wurden von deutschen Fischern über 23 000 t auf die Fischmärkte gebracht und der Fang seitdem immer mehr vorangetrieben, weil die Ware willige Abnehmer fand. 1973 holten deutsche Fischer über 50 000 t Rotbarsche aus allen Nordmeergewässern herauf; nur knapp 1 % davon stammte aus der Nordsee. Wie groß die fischereiliche Bedeutung des Rotbarsches weltweit geworden ist, geht aus der Zahl für den gesamten Jahresfang aller am Rotbarschfang beteiligten Länder hervor: 500 000 t. An diesem Gesamtgewicht ist der für den Angler entlang der Küsten leichter zu erbeutende Kleine Rotbarsch nur mit einem verschwindend geringen Anteil beteiligt.

Biologische Besonderheiten

Dieser Fisch fällt in mehrfacher Hinsicht aus dem Rahmen der normalen biologischen Verhältnisse. Neben der Eigenschaft, lebende Jungfische zu gebären, fallen die geringe Wachstumsrate und das hohe Alter auf. Überdies werden Angler den Rotbarsch meistens nur völlig kampfunfähig an Bord holen, denn die geschlossene Schwimmblase ist dem Druckabfall beim Herausholen aus der Tiefe nicht gewachsen und dehnt sich soweit aus, daß dem Fisch nicht nur die Augen hervorquellen, sondern oft auch der Magen und die Eingeweide herausgepreßt werden.

Rotbarsch

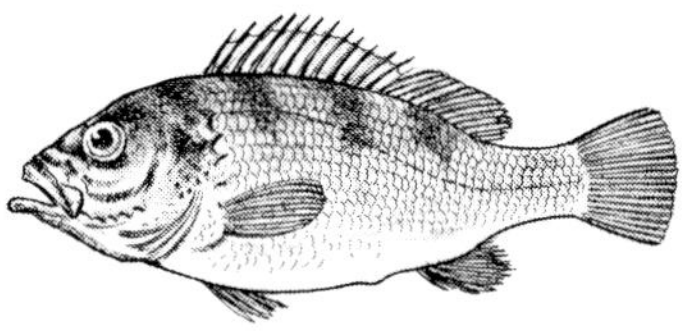

Fangzeiten

Der Kleine Rotbarsch ist das ganze Jahr zu erbeuten. Der größere Verwandte dagegen vor allem im Frühjahr, wenn die Fische zum Laichen näher an die Küste ziehen. Tide und Wetter haben auf das Beißverhalten kaum Einfluß; allerdings gilt auch für diesen Seefisch, wie für viele andere: Dunklere, graue Tagesabschnitte oder Dämmerungszeiten sind meistens besser als heller Sonnenschein mit Windstille und klarem Wasser.

Fangmethoden, Geräte und Köder

Rotbarsche haben regelrechte Lieblingsplätze, auf denen sie sich immer wieder einfinden und für längere Zeit verweilen. Es sind dies die bereits geschilderten Senken und Mulden zwischen Inseln und Schären. Kaum ein zweiter Fisch ist bei der Wahl seines Standplatzes so wählerisch, und die Fangmethoden müssen darauf eingestellt werden. Es gilt also zunächst einmal einen geeigneten Angelplatz durch Loten ausfindig zu machen. Tiefen ab 40, besser ab 70 Meter und mehr sind dafür geeignet. Dann muß das Boot über dem auserkorenen Angelplatz verankert werden und das Geschirr für das reine Grundangeln zusammengestellt werden. Stets benötigt man schwere Senker, insbesondere, wenn man sehr tief oder in Gebieten mit starker Strömung angelt. Gewöhnlich herrscht in den Rotbarschmulden oder ‚Nestern' ein Neerstrom, d. h. also, eine der allgemeinen Stromrichtung gegenläufige Strömung, so daß die vom Boot wegtreibende Leine in tieferen Schichten wieder zum Boot getrieben werden kann. Man benutzt das Paternostergeschirr mit dem Bodenblei. Man benötigt eine sehr kurze, einfache, stabile Rute, die nur als Schnurführer dient. Unsere Nachbarn benutzen beispielsweise eine ‚fiske snelle', eine überdimensionale einfache Rolle, die an der Reling oder Bordwand befestigt wird. Die Rollenschnur wird möglichst dünn gewählt, damit der Widerstand im Wasser möglichst gering ist. Natürlich kann man sich das nur dort leisten, wo man sicher sein kann, daß es keine Hänger gibt. In Gebieten mit häufigen Hängern wählt man monofile Schnüre ab 0,90 mm. Besteht die Gefahr nicht, kann man mit Schnüren ab 0,45 mm fischen. Ist die Strömung außergewöhnlich groß und das Wasser mehr als 100 Meter tief – was beim Rotbarschfang nur von Vorteil ist! – dann verwenden Spezialisten auch monofilen Stahldraht als Rollenschnur. Er hat den Vorteil, wesentlich geringeren Reibungswiderstand gegenüber dem Wasser zu besitzen, aber den Nachteil, daß er ständig gespannt gehalten werden muß, weil sich sonst sofort Perükken durch Verdrallen bilden. Was auch immer verwendet wird: In jedem Fall knüpft man ans Ende der Rollenschnur einen Wirbel mit Karabinerhaken und hängt in dessen Öse das Paternostergeschirr ein. Es besteht aus 3 bis 6 Haken der Größe 1, die an kurzen Mundschnüren im Abstand von 30 cm in die Grundschnur geschlauft werden. Ans Ende des Paternosters knüpft man wieder einen Wirbel mit Einhängeöse und befestigt daran mit einer ‚Sollbruchschnur' von nur wenigen Zentimetern das Blei. Mit diesem Geschirr fischt man unmittelbar auf dem Grund. Als Köder verwendet man halbdaumengroße Fischstückchen, vorzugsweise vom Hering, oder Muschelfleisch und Tintenfische. Rotbarsche stehen nie allein. Wo sich einer der wenig wählerischen und gefräßigen Kerle befindet, sind im Nu noch weitere zu erwarten. Man verspürt die Anbisse als leichtes Zupfen und Zerren und wartet geduldig, bis sich die Fische von selbst verhängen. Kräftiges Anhauen ist wenig sinnvoll, weil die Haken meist nur schlechten Halt im Maul finden. Sobald verstärktes Zappeln signalisiert, daß mehrere Haken besetzt sind, beginnt man mit dem gleichmäßigen, langsamen Aufholen. Dabei darf man keine Pause machen, weil sonst Fische wieder aushaken könnten. Aus Harstadt/Nordnorwegen kommt eine amüsante Variante dieser Angelei, die u e r - p o l e, eine Legangel, mit der die Einheimischen die begehrten Rotbarsche fangen. Sie besteht aus einer Langleine mit 15 bis 25 Haken der Größe 1. Die Haken werden wiederum mit kurzen, etwa 15 cm langen Mundschnüren an die Langleine geknüpft und das mit Heringsstückchen beköderte Geschirr mit einem sehr schweren Gewicht auf den Grund hinabgelassen. Sobald das Gewicht den Grund berührt, hält man die Langleine stramm und befestigt einen Korken so, daß zwischen der Oberfläche und dem Grund eine gespannte Schnurverbindung besteht. Dieser sogenannte ‚Signalkorken' soll nur soviel Auftrieb haben, daß er von beißenden Fischen allmählich unter Wasser gezogen werden kann. Er wird ergänzt durch einen zweiten Korken, der ans Ende der Langleine geknüpft wird. Er ist groß und schwer und dient als Boje zum Wiederauffinden des Geschirrs. Der Abstand zwischen diesem Bojen-Korken und dem ‚Signal-Korken' ist genauso lang bemessen, wie der Abstand des Gewichtes vom obersten Angelhaken. Die Boje wird mit einer Leine und einem Stein am Grund verankert. Der Sinn dieser Kombination wird klar, wenn man erfährt, was die Rotbarsche damit in der Tiefe anstellen. Der erste Rotbarsch löst sich einen Meter vom Boden und ergreift den zuunterst hängenden Köder, verhängt sich und strebt sofort dem Grund zu. Die Eigenschaft des Fisches ermöglicht erst die Geschirrkombination, denn nun zieht der Fisch dabei die Angel so weit zum Grund, daß der nächste Haken für den nächsten Fisch erreichbar wird. Fisch auf Fisch verhängt sich und legt sich auf den Grund. Die Leine bleibt durch den zuerst beschriebenen kleinen Korken immer leicht gespannt, die Fische haken sich dadurch selbst. Mit diesem Geschirr fischen die Norweger im 150 bis 200 Meter tiefem Wasser. Die uer-pole wird am Abend ausgelegt und nur wenige Stunden später wieder eingeholt. Manche Uer-Angler bleiben sogar lieber in der Nähe ihrer ausgelegten Leinen, weil natürlich auch andere Seefische sich über die Haken hermachen können und alles abfressen, lange bevor die kleinen roten Leckerbissen am Grund überlistet werden konnten. Ist der erste Signalkorken weit weggetaucht, dann beginnt man mit dem vorsichtigen Einholen der Leine. Auch bei dieser Angelei sind die Rotbarsche meistens nur ganz leicht gehakt, und man führt die Fische deshalb sehr behutsam aus der Tiefe ans Boot. Sie kommen stets ‚trommelsüchtig', Bauch zuoberst, an die Oberfläche. Nach dem Einholen der Leine empfiehlt es sich, das Gebiet nach weiteren, unterwegs verlorengegangenen Fischen abzusuchen. Sie treiben meistens nach einer Weile auf und können mit einem Kescher eingesammelt werden.

Anhieb, Drill und Landung

Die Rotbarsche sind so stachelig, daß man sie besser nur mit Handschuhen an Bord versorgt. Man sollte stets alle Fische mitnehmen, auch die kleineren, weil die überdehnte Schwimmblase den Tieren keine Chance läßt, wieder gesund an ihren Standort zurückzukehren. Meistens treiben die zurückgelassenen Fische hilflos an der Oberfläche und quälen sich, wenn die allgegenwärtigen Möwen sie zerhacken und fressen.

Rekordgrößen

Rotbarsche finden sich einstweilen noch in keiner anglerischen Rekordliste. Der Kleine Rotbarsch wird nicht sehr schwer; Stücke von 500 g sind die Ausnahme. Wer größere Fische erwischt, hat in aller Regel ein Exemplar des größeren Bruders, Sebastes marinus, gefangen.

Wolfsbarsch

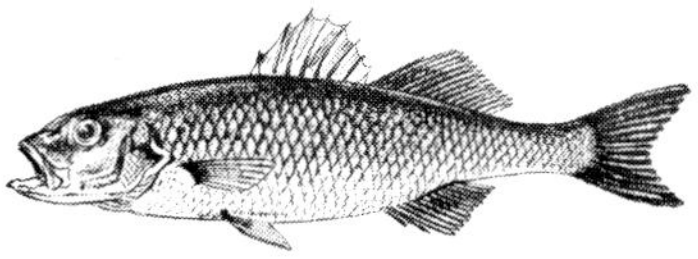

Wissenschaftliche Bezeichnung: Dicentrarchus labrax (L.)

Ausländische Namen: Dän.: bars; engl.: bass, sea bass; franz.: bar, loup, loubine; holl.: zeebaars; ital.: spigola, branzino; jug.: smudut, brancin; port.: robalo; span.: lubina; türk.: levrek

Erkennungsmerkmale

Der langgestreckte Umriß des Fisches wirkt viel weniger barsch- als vielmehr zanderförmig. Der Fisch besitzt zwei voneinander getrennte Rückenflossen; die vordere ist stachelstrahlig. Der brustflossenseitige Rand des hinteren Kiemendeckels läuft in zwei Stacheln aus. Der Hinterrand des vorderen Kiemendeckels ist gesägt und am Unterrand bedornt. Die ersten drei Strahlen der Afterflosse sind zu Stacheln ausgebildet. Wegen der vielen spitzen Stacheln sollte man lebende, zappelnde Fische vorsichtig anfassen. Das Maul des Fisches ist leicht oberständig. Die Grundfärbung des Rückens ist bleigrau, die Flanken silbern, der Bauch weiß. Vergeblich sucht man nach auffälligen farbigen Zeichnungen. Nur ein deutlicher, dunkelbrauner, großer Fleck auf den Kiemendeckeln und zahlreiche dunkle Sprenkel auf dem Kopf und dem Körper, vor allem bei Jungtieren und Rognern, fallen aus der sonst eintönigen Zeichnung auf. Das Maul ist mit kleinen, feinen Zähnen besetzt, auch auf der Zunge befinden sich drei Reihen kleiner Zähne.

Lebensraum

Der Wolfsbarsch bewohnt das gesamte Schwarze Meer, das Mittelmeer in allen Teilen, auch die Adria und die Atlantikküste von Marokko, den Kanarischen Inseln an aufwärts bis in die Biskaya und die westlichen wie südlichen Gewässer Englands und Irlands. Von hier aus verirren sich einzelne Exemplare bis an die Küste Mittelnorwegens oder ins Skagerrak und von dort ins Kattegat. Tromsö im Norden und der Öresund im Osten sind die Endpunkte der sporadischen Ausbreitung dieses Fisches, der gemäßigt warmes Wasser bevorzugt. Sein hauptsächliches Vorkommen ist auf das Gebiet westlich von Irland beschränkt.

Standplätze und Lebensweise

Diese Barschart bewohnt die küstennahen Zonen und zieht sich nur im Laufe des Winters in tieferes Wasser zurück. Die Jungfische bis zu einem Gewicht von etwa ½ kg jagen in kleinen Schulen nahe der Oberfläche. Die Alttiere sind dagegen stets Einzelgänger, die während des Sommers in Küstennähe ein Revier beanspruchen und dort während der Freßperiode im Mittelwasser jagen. Tagsüber halten sie sich zeitweilig in Verstecken auf. Sie leben sowohl über Fels- als auch Sandgründen und zeigen oft eine Vorliebe für stark verschlickte Flußmündungen, Hafenanlagen und Lagunen. Es macht ihnen offenbar nichts aus, von Zeit zu Zeit aus stark salzhaltigem in weniger salzhaltiges Wasser überzuwechseln. Wolfsbarsche sind reine Raubfische, die sich im Alter in erster Linie von Fischen ernähren.

Nahrung

Neben Fischen aller Art fressen Wolfsbarsche auch Garnelen, Krabben und Kleinkrebse, daneben auch Würmer und andere Weichtiere. Eine besondere Vorliebe hegen sie offenbar für Tintenfische und zur Zeit der Aalzüge für Glasaale.

Laichzeit und Fortpflanzung

Die Leichzeit fällt im Mittelmeerraum in den Spätwinter bis einschließlich März, bei den Britischen Inseln in die Zeit von März bis Juni. Die über 1 mm großen Eier besitzen eine große Ölkugel und treiben frei im Wasser.

Wachstum, Alter und fischereiliche Bedeutung

Diese Art wächst im Vergleich zu vielen Arten desselben Gebietes sehr langsam. Fische von etwa ½ kg sind meistens schon 2½ Jahre alt. Mit 7 Jahren beträgt das Durchschnittsgewicht etwa 1,5 kg und ein Fisch von 5 kg ist mindestens 15 Jahre alt. Von den Berufsfischern sind schon bis zu 1 Meter lange und bis zu 10 kg schwere Fische mitgebracht worden. Der Fisch gehört zu den sehr schmackhaften Arten und zählt im Mittelmeer mit zu den begehrtesten und am besten bezahlten Fischen. Das feine, feste Fleisch läßt sich in jeder Weise verarbeiten, am besten, so meinen viele Feinschmecker, mundet der Fisch gekocht. Die Anlandungen sind in den westeuropäischen Fischereistatistiken nicht erfaßt, da die Mengen in keinem Verhältnis zu den anderen, massenhaft vorkommenden Beutefischen der Fischer stehen. Auf südenglischen und portugiesischen Fischmärkten bekommt man den Fisch aber beinahe täglich zu sehen.

Biologische Besonderheiten

Der Wolfsbarsch zählt mit zu den Barschfischen, der umfangreichsten Ordnung unter den Knochenfischen. Man unterscheidet über 150 Familien in allen Ozeanen; allein 40 davon leben auch im Mittelmeer. Die Barschfische zählen mit zu den am höchsten entwickelten Fischen. Die Spezialisierung einzelner Arten ist sehr weitgehend. So können die Umberfische der Familie Sciaenidae trommelnde und krächzende Laute erzeugen; die Drachenfische, zu denen auch unser Petermännchen gehört, sind gefürchtet wegen ihrer Giftstacheln und die Lippfische werden wegen ihrer Farbenpracht bewundert. Einige der Meerbrassenarten sind hermaphroditisch veranlagt; während ihres Daseins verwandeln sich Männchen in Weibchen und Rogner in Milchner. Einige Schriftbarsche der Gattung Serranus sind sogar echte Zwitter. In ihren Körpern werden Milch und Rogen gleichzeitig ausgebildet und Selbstbefruchtung ist möglich. Auffällig und von Tauchern oft beobachtet sind die Balzspiele mancher Riffische und Meerbrassen, wobei die Männchen mannigfache Schwimmfiguren vor den laichreifen Weibchen vollführen. Der Meerbarbenkönig aus der Familie der Kardinalfische nimmt die Eier seines Weibchens nach dem Ablaichen in seine dafür mächtig erweiterte Maulhöhle und schleppt sie mit sich herum, sorgt durch ständiges Wenden für Frischwasserzufuhr und treibt bis zum Ausschlüpfen der Larven Brutpflege. Bei einigen tropischen Buntbarschen geht diese Pflege noch weiter; die Jungtiere dürfen bei Gefahr ins Maul des Elterntieres flüchten. Einige Lippfischarten gehen, wenn es dunkel wird, regelrecht schlafen, lehnen sich Kopf zuunterst an irgendwelche feste Gegenstände oder graben sich im Sand ein. Manche Lippfische bauen Nester und verteidigen diese gegen alle Angreifer. Zu den barschartigen Fischen zählen auch die berühmten, riesigen Wrackbarsche, die in Höhlen und Wracks oft großer Tiefen leben und viele Zentner schwer werden können. Taucher berichten von regelrechten „Freundschaften" mit diesen riesenhaften Tieren, die sich willig filmen und photographieren lassen, wenn sie gefüttert werden.

Fangzeiten

Die Angelsaison beginnt in den britischen Gewässern Ende Mai, wenn die Trupps kleinerer Wolfsbarsche aus ihren Winterquartieren zurückkommen und wieder an der Küste erscheinen. Die Saison reicht hier bis in den Oktober mit dem Höhepunkt im Spätsommer. In Portugal und im Mittelmeerraum beginnt die Saison schon etwas früher und endet mit dem Einsetzen der Winterstürme im Dezember. Oft sind hier die spätherbstlichen Monate für gute Fänge die besten. Ganz allgemein gilt, daß, je weiter das Jahr fortschreitet, die Fänge desto größer werden. Wolfsbarsche jagen in ausgesprochenen Flachwassergebieten am

Wolfsbarsch

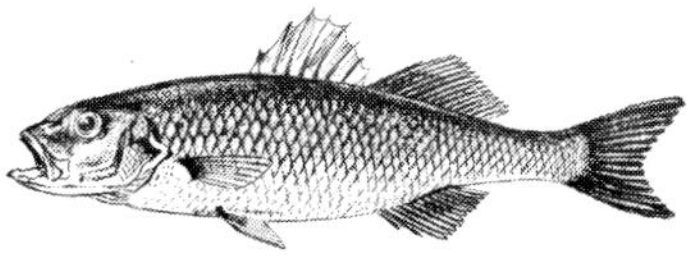

liebsten nachts; man kann sie dann im Schein von Kailaternen in den Hafenbecken rauben sehen. Am Tage meiden sie klares Wasser und Sonnenschein. Trübes Wetter, dunkle Wolken und aufkommende Flut sind weit bessere Voraussetzungen für den Erfolg.

Fangmethoden, Geräte und Köder

Für viele begeisterte Brandungsangler entlang der Atlantikküste ist der Wolfsbarsch von allen angelbaren Fischen „der König". Es gibt kaum einen zweiten Fisch vergleichbarer Größe, der vom Ufer aus zu erbeuten ist und dabei so ausdauernd im freien Wasser kämpft. Für alle Angelarten benötigt man dieselbe Grundausrüstung: Eine leichte, etwa 3,5 bis 4 Meter lange Brandungsrute, dazu eine Stationärrolle mit rund 200 Meter Schnur der Stärke 0,35 mm. Mit dieser Ausrüstung betreibt man die Watfischerei bei aufkommender Flut entlang flacher Küstenstreifen, insbesondere in der Nähe von Süßwassereinläufen oder in sandigen Zonen zwischen felsigen Küstenabschnitten. Bei stark getrübtem Wasser angelt man mit dem Grundbleigeschirr, das als Laufblei- oder Endbleipaternoster montiert wird (siehe unter Flunder und Scholle). Für diese und auch alle folgenden Angelarten verwendet man Haken der Größe 1 bis 3/0 – je nach der Größe der zu erwartenden Fische. Die Bleibeschwerung wird so gewählt, daß sich das Geschirr genügend weit über die ersten – vom Angler aus gesehenen – Brecher hinwerfen läßt. Häufig patrouillieren große Wolfsbarsche im glatten Wasser zwischen den ersten Brechern und den sich weiter draußen von Zeit zu Zeit auftürmenden Wellen. Mehr als zwei Haken werden beim Wolfsbarschangeln kaum gewählt; viele Angler schwören sogar auf eine Grundbleimontage mit nur einem Haken. Als Köder verwendet man das Fleisch von weichen, frisch gehäuteten Krabben, von gekochten Garnelen, oder man ködert zwei bis drei kleine, rohe und ungeschälte Garnelen an. Aber auch Fetzen von Fischen oder Stückchen von Tintenfischen eignen sich gut. Ist das Wasser klar und die Brandung nicht sehr hoch, dann übt man, mit der Wathose bis zu den Hüften im Wasser stehend, das Spinnfischen aus. An die Stelle des Bleies und Paternosters knüpft man an den Endwirbel der Rollenschnur ein kurzes Vorfach mit einem weiteren Wirbel und einem Anti-kink-Gewicht (Exenterblei); ans Ende des Vorfaches schließlich einen kleinen Blinker, Löffel oder Spinner. Auch Gummiaale oder Fischfetzen erfüllen ihren Zweck. Gut bewährt hat sich mancherorts auch der beköderte Buttlöffel (siehe Flunder). Dabei wird ans Ende des Vorfaches ein kleiner rotierender Löffel geknotet, und an dessen Achse wird schließlich mit einer ca. 5 cm langen Mundschnur ein Haken oder ein Zweihakensystem zum Einhängen eines gut im Wasser „flatternden" Fischfetzens befestigt. Natürlich kann man auch auf ganz gewöhnliche Art mit einem eigenschweren Blinker das Spinnangeln ausüben, nur: Wolfsbarsche sind mißtrauische Gesellen, die sich keineswegs blind auf alles stürzen, sondern mit schnellen Schwimmstößen zunächst einmal eine Beute verfolgen und beäugen; plumpe Blinker und Löffel werden dabei oft verachtet. Felsige Küsten mit angrenzendem Tiefwasser und reichlichem Bewuchs eignen sich ebenfalls in manchen Bezirken für das Wolfsbarschangeln. Das Angeln mit dem Bodenblei verbietet sich in solchen Bereichen wegen der Hängergefahr von selbst. Das Angeln von Felsen wird deshalb unter anderem mit der Spinnangel betrieben. Außer den beschriebenen Köderarten empfiehlt sich dabei noch zusätzlich die Verwendung von Bleikopf-Jigs, die, durchs Wasser gezogen, einen fliehenden Tintenfisch darstellen sollen. Zu bestimmten Zeiten sind die Wolfsbarsche ganz verrückt auf Tintenfische und lassen sich mit diesem Köder am besten fangen. Man kann Stückchen von Titenfischen, etwa zeigefingerlang, auch an der Floßangel anbieten, insbesondere, wenn das Wasser bewegt ist. Noch besser sind natürlich lebende Köder, vor allem kleine Fische, die man während der Ebbezeit mit Senken oder Kleinfischangeln in Stillwasserbezirken fängt. Besonders geeignet sind Sandspierlinge und die zahlreichen, in den Tangen der flachsten Uferregionen lebenden Lippfisch- und Meergrundelarten. Die Floßangel mit dem Lebendköder ist für den lauernd umherlungernden Wolfsbarsch unwiderstehlich. Man bietet die Köder stets in halber Wassertiefe an und verwendet lebende Köderfische mit einem kleinen Drillingshaken bei Lippenköderung. Die Größe des gleitenden Floßes sollte so bemessen sein, daß es sich zusammen mit der Bleibeschwerung (die auf der Rollenschnur vor dem Endwirbel sitzt) genügend weit auswerfen läßt, andererseits den scheuen Wolfsbarsch aber nicht irritiert. Schließlich sei noch das Schleppfischen erwähnt, das gerade beim Wolfsbarsch in den abendlichen Dämmerstunden sehr erfolgreich sein kann. Der Schleppköder wird in halber Wassertiefe bei etwa 10 bis 15 Stdk Geschwindigkeit angeboten. Um den Köder auf die gewünschte Tiefe zu bringen, verwendet man einen Paravan oder genügend schwere Schleppbleie. Der Köder – ein Tintenfisch-Jig oder Fischfetzen, Gummiaal oder Blinker – wird in etwa 2 bis 3 Meter hinter dem Paravan durchs Wasser gezogen. Beim Fischen mit dem Paravan steigt das Gerät nach dem Anbiß mit dem Fisch nach oben. Der Nachteil dieser oft sehr erfolgreichen Methode (Portugal) ist der mangelnde Sport, denn ob Schleppblei oder Paravan, in jedem Fall wird der Drill davon sehr beeinträchtigt.

Anhieb, Drill und Landung

Bewegte Köder werden vom Wolfsbarsch meistens mit einem kurzen „Sprung" genommen; alle anderen Köder, vor allem die beim Floßangeln oder Grundangeln angebotenen Krabben, Garnelen oder Tintenfische, werden häufig vom Fisch beschnuppert und beknabbert, so daß der Anfänger manchen Biß übersieht. Sorgfältiges Anködern und konzentriertes Erfühlen der Bisse sind erforderlich; beim Floßangeln sollte man jede längere, verdächtige Bewegung des Schwimmers mit einem Anhieb quittieren. Sitzt der Fisch erstmal am Haken, dann beginnt in jedem Fall ein langer, erregender Drill. Der Fisch ist ein geradezu „idealer" Gegner, denn anders als viele andere Meeresfische, sucht er den Kampf stets im offenen Wasser und geht daher viel weniger verloren.

Rekordgrößen

Bei etwa 10 kg dürfte die Gewichtsgrenze für diesen Fisch liegen. Der irische Rekord steht bei einem Fisch von 16 lbs und 6 oz; der britische Rekordfisch aus dem Jahre 1943 wog 18 lbs 2 oz; also ungefähr 8,22 kg, wurde erst 1976 um 150 g überboten.

Big-Game-Fische

Schwertfisch, Thunfisch

Rund drei Dutzend Fische der hohen See, hauptsächlich aus den Hai- und Thunfamilien, zählen zum „Großwild" der Hochseeangler. Die Faszination, die vom Kampf mit einem der wirklichen kämpferischen Riesenfische unserer Meere ausgeht, ist unvergleichlich. Es ist keine Großwildjagd im Sinne eines Jägers, sondern ein Kampf Mann gegen Fisch, auf Biegen und Brechen, List gegen Kraft und Verstand gegen urwüchsige Gewalt. Es ist ein oft stundenlanges, zähes Ringen, dem meistens ein tage- oder wochenlanges Suchen vorausgegangen ist. Die alte biblische Geschichte vom Kampf Davids gegen den Riesen Goliath oder die Siegfriedsage vom Kampf gegen den Drachen leben wieder auf, wenn man die Geschichten der Großfischfänger liest, die Hemingway so sehr in seiner Erzählung „Der alte Mann und das Meer" verdichtet hat. Geduld, Ausdauer und eine Bärenkondition muß man mitbringen, um einen Kampf mit einem der Riesen der Ozeane nur mit Rute und Rolle und der vergleichsweisen hauchdünnen Schnur zu bestehen. Hier wird Angeln im besten Sinne zum Sport. International wird diese Sparte des Angelns Big Game Fishing genannt. Die Grenzen des Big Game Fishings sind fließend; im allgemeinen wird damit das Angeln auf Fische jenseits der 100-kg-Grenze gemeint. Dazu gehört eine sehr spezialisierte Ausrüstung, vor allem eine erstklassige Rolle, die viele hundert Meter der höchsten Leinenklasse mit 130 Pfund Tragkraft aufnehmen kann, dazu eine Rute, die zentnerschwere Stöße federnd abfängt und schließlich ein Harness, eine „Rüstung", bestehend aus Schultergurt und Rutenhalter. Niemals wird man den Kampf allein bestehen können, stets gehören eine erfahrene Mannschaft dazu, die sich auf das Meistern der schwierigsten Phase des Kampfes, der Landung, gut versteht. In den Big Game Fishing-Zentren sind die erfahrenen Bootsführer nicht weniger berühmt als die erfolgreichen Großfischangler.

Von den „Gladiatoren der Hohen See", wie die kämpferischen Big-Game-Fische genannt werden, dringen nur zwei Arten vereinzelt in die europäischen Gewässer vor: Die Thune und der Schwertfisch. Das Mittelmeer, die südwestatlantischen Küsten Europas und die europäischen atlantischen Inseln bieten alljährlich während des Spätsommers und Frühherbstes die Möglichkeit, einem dieser Fische zu begegnen. Thune und Schwertfische gelten als die Könige unter den Großfischen; das Schwert eines über 150 kg schweren Schwertfisches gilt als die wertvollste Trophäe im Big Game Fishing.

Schwertfisch

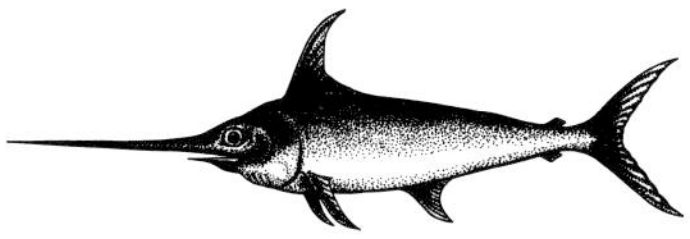

Wissenschaftliche Bezeichnung: Xiphias gladius L.

Ausländische Namen: Dän.: svaerdfisk; engl.: swordfish; franz.: poisson épée; griech.: xifios; holl.: zwaardfisch; ital.: pesce spada; jugo.: jaglun; norw.: svaerdfisk; port.: agulha, espadarte; schwe.: svaerdfisk; span.: pez espada; türk.: kilic

Erkennungsmerkmale

Es gibt nur eine weltweit verbreitete, unverwechselbare Art. Das Hauptmerkmal ist der aus den Kiefern, dem Sieb- und Pflugscharbein gebildete schwertförmige Kopffortsatz. Das knöcherne und stark abgeplattete Schwert erreicht bei erwachsenen Tieren fast ein Drittel der gesamten Körperlänge. Das anfänglich mitwachsende Schwert des Unterkiefers bleibt mit zunehmendem Alter im Wachstum weit zurück und bildet schließlich nur einen schnabelförmigen Fortsatz, der mit sehr feinen, kaum fühlbaren Zähnchen besetzt ist. Auch das Innere des Maules ist nahezu unbezahnt. Auffallend sind die im Vergleich zu anderen Fischen unnormal großen Augen, die vielleicht zum besseren Sehen im Dämmerlicht größerer Tiefen ausgebildet wurden. Der Rücken ist schwarzblau, die Seiten silbergrau, die Bauchseite hell. Nach dem Tod wandelt sich die Grundfärbung des Fisches allmählich zu einem Mattgrau mit bronzebraunem Schimmer; Teile der Kiemendeckel erhalten dann einen metallischen Glanz.

Lebensraum

Alle großen Meere und Ozeane zwischen dem 45. Grad südlicher und nördlicher Breite werden von diesem ruhelosen Wanderer bewohnt. Amerikanische und japanische Angler kennen den „König der Big-Game-Fische" ebenso gut wie die Hochseeangler Australiens, Afrikas oder Südamerikas. Der Schwertfisch meidet kaltes, arktisches Wasser aber auch die ausgesprochenen tropischen Warmwassergebiete. In Europa bewohnt der Fisch bevorzugt das Mittelmeer, vor allem die Straße von Gibraltar, die Umgebung von Sizilien und das Marmarameer. Teile des Schwarzen Meeres werden ebenso bewohnt wie die Portugiesische Küste. Mit dem Golfstrom ziehen die Fische auch vereinzelt über den 45. Breitengrad hinaus an die Küsten Englands und Norwegens, gelangen durch den Kanal in die Nordsee, durchs Skagerrak manchmal auch in die Ostsee. Die Statistik besagt, daß zwischen 1605 und 1935 an unserer Ostseeküste 22 Schwertfische gemeldet wurden, 16 davon wurden teils mit Netzen, teils mit Bootshaken oder mit der Flinte erlegt, der Rest wurde tot aufgefunden. Auffallend in dieser Statistik ist, daß allein 8 dieser Fische in die Travemündung eindrangen. Der größte Fisch wurde am 19. Oktober 1873 bei Heiligenhafen gefangen; er war 3.43 m lang. Vor unserer Nordseeküste wurden zwischen 1567 und 1935 nur 10 Schwertfische beobachtet; die meisten davon fand man gestrandet im Wattenmeer, allein vier davon bei Büsum. In der Ostsee drangen die Schwertfische gelegentlich noch weiter östlich vor: Zwischen 1672 und 1937 wurden sowohl von Gotland wie aus der Danziger Bucht, von der schwedischen Südküste, aus dem Kattegat und vor allem aus dem Öresund insgesamt 36 Funde gemeldet.

Standplätze und Lebensweise

Die meisten Schwertfische werden von Berufsfischern seit Jahrhunderten mit der Harpune gefangen, denn die Schwertfische lieben es, an sonnigen, windarmen Tagen vollgefressen und dösend an der Oberfläche zu treiben. Die dabei steil aus dem Wasser ragenden Rücken- und Schwanzflossen verraten den Fisch schon von weitem. Bei vorsichtiger Annäherung gelingt es oft, den Fisch zu harpunieren aber selten, ihn zum Fressen zu bewegen und damit an die Angel zu bringen. Glaubte man bisher, Xiphias sei ein Bewohner der oberflächennahen Wasserschichten, so weiß man seit einiger Zeit, daß dies nur für Perioden der warmen Jahreszeit zutrifft. Seit 1962 fängt man Schwertfische an speziellen Langleinen in 800 und mehr Metern Tiefe an den Abhängen der Kontinentalschelfe, und dies ganz besonders während der Wintermonate. Xiphias jagt also offenbar auch in sehr großen Tiefen, und tatsächlich liegen die küstennahen Fundorte fast immer in der Umgebung ausgesprochener Tiefwasserbecken. Schwertfische sind nur scheinbare Einzelgänger, weil sie meistens nur allein angetroffen werden, jedoch kann man stets in der Nähe eines Fundortes auf weitere, weit umherstreifende Exemplare hoffen.

Nahrung

Schwertfische sind ausgesprochene Raubfische und ernähren sich hauptsächlich von den pelagisch lebenden Schwarmfischen der offenen See, also von Makrelen, Hornhechten, Heringen und Sardinen. Daneben spielen Tintenfische und andere, massenhaft in größeren Tiefen lebende Arten eine Rolle, so beispielsweise Brachsenmakrelen und Seehechte. Offenbar umkreist der Schwertfisch die in Schwärmen lebenden Beutetiere in immer enger werdenden Spiralen, um schließlich mit wilden Schwertschlägen in die Schwärme einzubrechen und dabei einzelne Fische zu betäuben oder zu verletzen, so daß er sie anschließend in aller Ruhe einsammeln und fressen kann.

Laichzeit und Fortpflanzung

Nur während der Laichzeit rotten sich die Schwertfische zu dichteren Schwärmen zusammen und sind dann auch Gegenstand einer Ringnetzfischerei (Mittelmeer). Auf den Laichplätzen des Mittelmeeres erscheinen die ersten Fische schon im April und zerstreuen sich wieder im August. Bekannteste Laichplätze sind Gebiete östlich von Malta und die Straße von Messina bei Sizilien, die südliche Sargassosee, vermutlich auch Randgebiete des Iberischen Beckens. Die Eier sind 1,6 bis 1,9 mm groß und schon die daraus schlüpfende 10 bis 20 mm lange Larve besitzt ein Schwert; allerdings sind Unter- und Oberkiefer anfangs ähnlich wie beim Hornhecht gleich lang ausgebildet. Die Jungfische sind gefleckt, besitzen deutliche, dunkle Querbinden und durchsichtige Schuppen, die Kiefer sind bezahnt. Die Rückenflosse erstreckt sich zunächst über die gesamte Körperlänge. Ab etwa 80 cm Länge und 2 bis 3 kg Gewicht verändern sich die Fische zusehends und werden den Elterntieren immer ähnlicher: Die Rückenflosse bildet sich zurück, das Wachstum des Unterkiefers läßt nach und das Schwert verlängert sich mehr und mehr.

Wachstum, Alter und fischereiliche Bedeutung

Jungfische von 5 bis 10 kg Gewicht werden von den Berufsfischern am häufigsten in der Nähe der Laichplätze an der Küste mit Langleinen gefangen. Das Fleisch dieser kleinen Schwertfische stellt eine ganz ungewöhnliche Delikatesse dar, schmeckt es doch mehr wie Kalbsfleisch als nach Fisch. Aber auch die größeren Schwertfische erzielen auf den Fischmärkten stets Spitzenpreise. Immerhin wachsen die Schwertfische bei günstigen Nahrungsbedingungen zu Exemplaren von 3 bis 5 Metern Länge heran. Das Durchschnittsgewicht liegt bei 3,5 Meter Gesamtlänge etwa bei 135 kg. Über das Alter der Fische finden sich in der Literatur kaum Hinweise. Ausgewachsene Schwertfische dürften ungefähr 20 bis 25 Jahre alt sein. Der europäische Gesamtfang wird derzeit auf etwa 3000 t pro Jahr geschätzt.
Überall dort, wo tiefe Meeresbekken rasch verflachend an die Küsten heranreichen, scheinen sich die Schwertfische besonders wohl zu fühlen. Das gilt genauso für die Fangplätze in Übersee (Chilenische und Peruanische Küste, speziell Cabo Blanco) wie für den einzigen sicheren Fangplatz in Europa vor der Portugiesischen Küste bei Sesimbra. In Sesimbra treten die Schwertfische so regelmäßig auf, daß sogar die Angler aus den USA hier ihr Glück versuchen. Boote sind in Sesimbra jederzeit mietbar. Auch wurde versucht, die bekannten Laichplätze im Mittelmeer für Hochseeangler nutzbar zu machen, leider bisher ohne nennenswerte Erfolge.

Schwertfisch

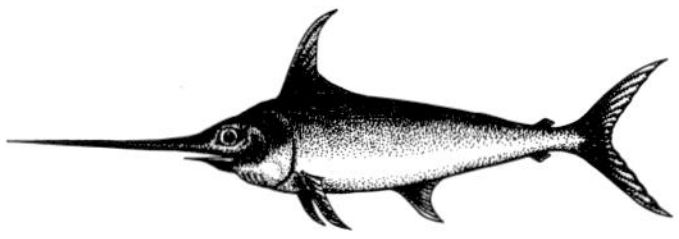

Biologische Besonderheiten

Die drehrunde Körperform mit dem stärksten Durchmesser gleich hinter den Kiemendeckeln und die als „Bugspitze“ fungierenden Kiefer sowie die enorm kräftig ausgebildete Schwanzflosse ermöglichen dem Fisch fabelhaft schnelle Schwimmbewegungen. Xiphias ist möglicherweise der schnellste Schwimmer unter den Fischen.

Fangzeiten

In Sesimbra erscheinen die ersten, meist kleineren Schwertfische im Juli und bleiben bis tief in den November. Die Hochsaison fällt in die Monate September/Oktober. Da die Profis ihre Schwertfische mit Ködern hauptsächlich nachts fangen, scheint es, daß Xiphias hauptsächlich nachts frißt und am Tage ruht. Leider wird aber eine nächtliche Sportangelei nirgendwo ausgeübt.

Fangmethoden, Geräte und Köder

1913 wurde der erste Schwertfisch sportlich gefangen. Er wog 355 engl. pounds. Seitdem sind auf der ganzen Welt nicht viel mehr als vielleicht 1000 Schwertfische von Anglern sportlich mit Rute und Rolle erbeutet worden. Der Grund für diese erstaunlich geringe Zahl ist nicht etwa darin zu suchen, daß der Fisch so selten sei, sondern in der Schwierigkeit, ihn zu überlisten und erfolgreich zu drillen. Nicht ohne Grund wurde der Schwertfisch zum König der Großfische gekürt, denn kein anderer Fisch verlangt vom Angler soviel Zeit, Geduld, Ausdauer, nervliche und körperliche Strapazen und schließlich auch Geld für Ausrüstung, Reisen, Boot und Mannschaft. Das Schwert eines selbst gefangenen über 100 kg schweren Schwertfisches gilt unter Hochseeanglern als begehrteste und wertvollste Trophäe. Während in früheren Jahrzehnten die amerikanischen Angler versuchten, die an der Oberfläche dösenden Schwertfische durch vorsichtig vorbeigeschleppte Köder zum Anbiß zu verleiten und dabei nur in einem von 10 Fällen den Anbiß erreichten, übernehmen sie heute immer mehr die Angelmethode mit lebendem Köderfisch in größerer Tiefe, die Ende der 50er Jahre in Sesimbra von José Pinto Braz und Prof. Arsenio Cordeiro und seinen Freunden entwickelt wurde. Als bester Angelköder hat sich eine lebende, etwa 2- bis 4pfündige Brachsenmakrele (Brama brama) bewährt. Angeködert überdauert dieser Köderfisch nicht nur lebend einen ganzen Angeltag, sondern auch den Druckunterschied bei der Suche nach der richtigen Fangtiefe zwischen 60 und 130 Meter. Überdies strebt der Fisch beständig zum Grund; eine Bleibeschwerung wird dadurch überflüssig. Sind lebende Brachsenmakrelen (portugiesisch Chaputa) nicht zu bekommen, so angelt man mit toten Exemplaren und hat selbst damit Erfolg. Die Köderfische werden auf Haken der Größe 10/0 bis 14/0 gesteckt. Zur übrigen Ausrüstung gehört ein mindestens 10 Meter langes Stahlvorfach von 150 kg Tragfähigkeit, geflochtene Schnur von mindestens 60 kg Tragkraft und wenigstens 400 Metern Länge, dazu eine Rolle vom Typ einer Penn-Senator in der Größe 12/0 bis 14/0 und eine sehr stabile, in der Spitze jedoch etwas flexible Bootsrute von etwa 2,5 Metern Länge. Die letzten 10 Meter Angelleine vor dem Stahlvorfach legt man doppelt und markiert die Leine bei 20, 40, 60 und 100 Metern Länge. Ein Kampfstuhl an Bord, ein Harness (Kampfgurt) und ein Gimpel (Rutenhalter) sind unerläßliche weitere Requisiten für den Schwertfischfang.

Anhieb, Drill und Landung

Die meisten Schwertfische, die endlich nach oft tagelangem Warten den Köder packen, gehen nur deshalb wieder verloren, weil man nie genau weiß, was der Fisch in der Tiefe aufstellt. Alle Experten sind sich darin einig, daß ihre allgemeinen Ratschläge bei jedem zweiten Fisch falsch sind. Im allgemeinen beißt der Schwertfisch mit einem kräftigen Riß, aber es bestehen dabei immer Zweifel, ob der Fisch nun den Köder mit dem Maul gepackt, mit dem Schwert nur zugeschlagen oder sich mit dem Schwert in der Leine verhakt hat. Zieht der Fisch nach dem ersten Riß Leine ab, so sollte man unbedingt wenigstens 10 Sekunden lang Schnur geben und dann den Anhieb setzen. Zieht der Fisch nach dem ersten Riß keine Leine ab, so ist zu vermuten, daß er den Köder zerteilt hat und die frei zum Boden taumelnde Hälfte aufnimmt und frißt. In einem solchen Fall sollte man langsam Leine geben, damit das am Haken verbliebene Stück ebenfalls täuschend ähnlich herabtaumeln kann und gefressen wird. Oft artet diese Prozedur in ein schrecklich spannendes Geduldsspiel aus, denn Xiphias läßt sich mitunter sehr viel Zeit. Es sind Fälle bekannt, wo erst nach über 10minütigem Warten der geschlagene Köder genommen wurde. Meistens quittiert der Fisch den Anhieb mit sofortiger heftiger Gegenwehr, aber man weiß auch hier nie, was er tun wird. Manche Fische stehen zunächst unbeweglich, andere rasen mit Vehemenz zur Oberfläche und liefern dort mit rasenden Kreisen, Kapriolen unter Wasser und vereinzelten Sprüngen aus dem Wasser sowie mit kurzem heftigem Abtauchen einen unvergleichbaren, grandiosen Kampf, der an Urwüchsigkeit nicht zu überbieten ist. Für die erste Stunde des Kampfes lasse man dem Fisch soviel Leine wie möglich, damit die Elastizität der langen Schnur die furiosen Stöße und rasenden Fluchten besser auffangen kann, erst dann beginne man ganz allmählich mit der verstärkten Trommelbremsung bis an den Rand der Schnurbelastbarkeit. Andere Fische wiederum flüchten nach dem Anhieb sofort in die Tiefe. Einmal am Grund angelangt, bleiben sie dort fast unbeweglich liegen und lassen sich, je nach Größe und Temperament, für eine halbe oder eine Stunde nicht einen Zentimeter hochpumpen. Kraft, Geduld und Ausdauer des Anglers werden auch hier auf eine harte Probe gestellt, bis endlich nach endlos langem Gegendruck der Fisch langsam nachgibt und zum Kampf im offenen Wasser übergeht. Der Drill eines großen Schwertfisches ist selten nach einer Stunde zu Ende; Kämpfe von 10 bis 12 Stunden sind schon vorgekommen und haben dem Fisch auch den Beinamen „Gladiator der See“ eingetragen. Wenn schon die Chancen für das Freikommen des Fisches beim Anhieb 4:1 für den Fisch stehen, so stehen sie während des Drills für ihn nicht viel schlechter, denn jeder zweite bis dritte Fisch geht wieder verloren. Schon das geringste Lockerlassen der Schnur kann das Ausfallen des Hakens herbeiführen. Zum Landen eines endlich ermatteten Schwertfisches bedarf es der Hilfe einer erfahrenen Mannschaft; man versucht, mit fliegenden Gaffhaken und Schwanzschlingen den Fisch am Bord zu halten und endlich aufs Deck zu hieven. Der dabei oft wild mit seinem Schwert um sich schlagende Fisch hat schon manchen Angler verletzt.

Rekordgrößen

Die berühmtesten und erfolgreichsten Schwertfisch-Matadoren sind Michael Lerner vom Meereslaboratorium auf Bimini/Bahamas, der fast vor der Haustür bis heute 23 Fische fing, gefolgt vom Amerikaner C. Glassell aus Houston mit 19 Fischen und dem Portugiesen Prof. Arsenio Cordeiro mit 14 Fischen aus den Gewässern vor Sesimbra. Der größte, je sportlich gefangene Schwertfisch wog 1182 engl. pounds und wurde 1953 bei Inquique vor der chilenischen Küste gefangen. Sein Bezwinger, der Amerikaner Lou Marron, mußte den fast 5 Meter langen Fisch elfmal ans Boot drillen, bevor die Gaffhaken endlich hielten.

Thunfisch

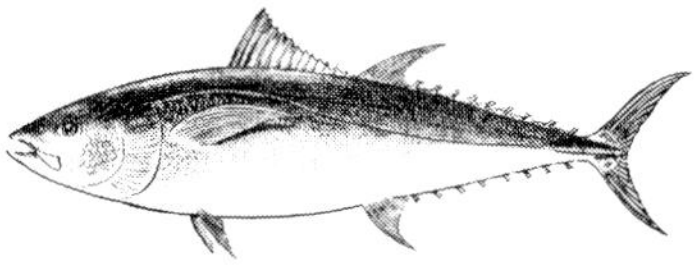

Wissenschaftliche Bezeichnung: Thunnus thynnus (L.)
Weitere deutsche Namen: Roter Thun

Ausländische Namen: Dän.: tunsfisk; engl.: bluefin tuna; franz.: thon rouge; holl.: tonijn; ital.: tonno; jugo.: tunj; norw.: tunsfisk, storje; port.: atum; schwed.: tonfisk; span.: atun; türk.: orkinos

Erkennungsmerkmale

Unter allen Thunfischarten, die durch ihre vollkommene, dem schnellen, ausdauernden Schwimmen und Gleiten im Wasser angepaßte Spindelform bestechen, ist der Thunfisch oder Rote Thun (Ehrenbaum 1936) mit seiner stattlichen Größe das ‚Oberhaupt' der Thunfischfamilie. Er wird bis über 3 Meter lang. Dieser Thun unterscheidet sich von seinen nahen Verwandten durch die sehr eng zusammenstehenden Rückenflossen; der Abstand zwischen ihnen ist geringer als der Augendurchmesser. Auch auffällige Körperzeichnung fehlt dieser Art. Im Vergleich zum großen, muskelbepackten Körper wirkt das endständige Maul ziemlich klein. Die Zähne sind spitz, nicht sehr groß und in je einer Reihe auf beiden Kiefern angeordnet. Die Gaumenknochen und das Pflugscharbein sind ebenfalls bezahnt. Der Rücken ist dunkelblau gefärbt, die Seiten sind grau mit schwachem rosafarbenem Perlmuttglanz und vielen kleinen, schwach silbrig leuchtenden Flekken gezeichnet. Die Flösselchen sind, wie bei allen Thunen, mehr oder weniger gelblich, die Brustflossen meistens dunkel, zuweilen aber auch heller gefärbt, manchmal mit gelblich-blassem Schimmer. Verwechslungen mit anderen Thunen sind in europäischen Gewässern wie folgt möglich: A.) Weißer- oder Langflossenthun (Th. alalunga Bonna.), engl.: long-fin tunny, albacore. Dieser Thun besitzt auffällig lange, sensenblattförmige Brustflossen, die bis an den hinteren Ansatz der 2. Rückenflosse reichen. Der Fisch wird bis 1 Meter lang und im Schnitt mit 70 cm Länge erbeutet. B.) Gelbflossen-Thun (Th. albacares (Bonna.)), engl.: yellowfin tuna. Hervorstechend ist bei diesem Thun die goldgelbe Streifung des Rückens, die auffällige Gelbfärbung der meisten Flossen und der Flösselchen. Die untere Hälfte der Flanken ist meistens übersät mit hellen Punkten, die häufig zu senkrechten Streifen angeordnet sind. Die 2. Rückenflosse und die Afterflosse sind bei Alttieren ganz ungewöhnlich lang entwickelt und reichen fast bis zum Ende des Schwanzstieles. Im Gegensatz zu den anderen Thunarten reichen die Brustflossen bis an den Vorderrand des Afterflossenansatzes. Der Fisch wird bis 2 Meter lang. C.) Großaugen-Thun (Th. obesus (Lowe)), engl.: bigeyed tuna. Dieser Thun ist in jüngeren Jahrgängen schwer vom Gelbflossen-Thun zu unterscheiden; die 2. Rücken- und die Afterflosse sind im Alter nie so lang wie dort, auch die Punktierung der Flanken fehlt. Sicherstes Unterscheidungsmerkmal ist die Leber; die untere Seite ist bei Th. obesus gerieft, bei Th. albacares glatt.

Lebensraum, Standplätze und Lebensweise

Der Thunfisch ist weltweit verbreitet. In unserem Bereich bewohnt er vor allem die wärmeren Gewässer von den Kanarischen Inseln bis nach Irland, von den Azoren bis ins äußerste östliche Mittelmeer. Durch den Bosporus wandern die Fische alljährlich ins Schwarze Meer ein, durch die Nordsee zuweilen auch ins Kattegat. In unseren Gewässern sind Thunfische seltene, sommerliche oder herbstliche Irrgäste. Zwischen 1930 und 1960 gab es in der Nordsee eine professionelle Thunfischangelei, bei Skagen und im Öresund trafen sich alljährlich die Sportfischer zum Thunfischfang. Seit Beginn der 60-er Jahre ist das vorbei. Der Thun ist ein Fisch der weiten, hohen See, ein Fernwanderer der Ozeane, der nie in Gewässern mit weniger als 10 Grad Temperatur gefunden wird. Die Fische schwimmen mühelos weite Strecken mit 50 km/h und überqueren dabei den Atlantik von der amerikanischen Ostküste bis nach Europa. Im Winter verschwinden die Fische in den Tiefen der offenen See, im Frühsommer nähern sie sich in Schwärmen zum Laichen den Küsten und verbleiben hier bis in den Spätherbst. Sichere, saisonbedingte Thunfischangelplätze sind zu finden in Madeira, Kanarische Inseln, Straße von Gibraltar, Biskaya (Lequeitio, Biarritz); Rhone-Mündung (Port de Bouc), Bosporus (Istanbul), Sizilien (Straße von Messina).

Nahrung

Die Schwarmfische der hohen See und der Küstenbereiche werden stets von kleinen Thun-Trupps (etwa 10 bis 100 Fische) eingekreist und gejagt. Die Thune treiben ihre Beutetiere (Makrelen, Sardinen, Hornhechte) von unten an die Oberfläche; Möwenschwärme verraten schon von weitem raubende Thune. In tieferen Wasserschichten werden vielfach auch Lengfische, Brachsenmakrelen und andere, in Schwärmen auftretende Fische gejagt. Während der winterlichen Ruhepause ernähren sich die Thune auch von Fischlarven und anderen großen Planktern, die sie mit dem Atemwasser einsaugen und mit den Kiemen ausfiltrieren.

Laichzeit und Fortpflanzung

Die Laichzeit fällt in die Monate Juni/Juli. Aus den pelagischen Eiern entwickeln sich schon nach wenigen Tagen die 4 mm langen Larven. Die Zahl der Eier ist unbekannt.

Wachstum, Alter und fischereiliche Bedeutung

Der Thunfisch wird höchstens 18 Jahre alt; am Querschnitt des Rükkenwirbels sind die Jahresringe gut ablesbar. Die Fische sind unerhört schnellwüchsig. Aus den im Juni geschlüpften Larven haben sich nach 3 bis 4 Monaten bereits Fische von ½ kg entwickelt. Nach einem Jahr sind die Thune bereits auf 65 cm abgewachsen, mit 4 Jahren haben sie eine Länge von 1,2 Metern erreicht. Alle Thunarten spielen in der Fischerei weltweit eine bedeutende Rolle, vor allem Japan ist am professionellen Fang stark beteiligt. In manchen tropischen Gebieten, insbesondere den Inselgruppen des Pazifischen und Indischen Ozeans, spielen Thunfische die wichtigste Rolle beim Fischfang. Der europäische Gesamtfang ist stark schwankend und hängt sehr vom Geschehen im spanischen Bereich ab. Pro Jahr werden 20 000 bis 50 000 t Thunfische angelandet. Die Fische werden teils mit Ringnetzen, teils mit treibenden Langleinen und teils mit Sperrnetzen (an der Küste) erbeutet. In manchen Gegenden (Madeira, USA, Japan) werden die Thune noch mit lebenden Ködern und Stockangeln von Thunfangbooten aus gefangen. Der Weltfang an Thunfischen wird auf 800 000 t geschätzt.

Biologische Besonderheiten

Der Kreislauf der Thunfische ist im Gegensatz zu anderen Fischen so gut entwickelt, daß die Fische im Erregungszustand die Bluttemperatur gegenüber der Wassertemperatur bis zu 12 Grad steigern können. Ein gut Teil ihrer Kraft, Wildheit und Ausdauer beziehen die Fische aus dieser Fähigkeit.

Fangzeiten

Die Thunfischsaison beginnt in den meisten euorpäischen Gewässern im Juli und endet im November. Hochsaison ist im September. Rund um die Atlantik-Inseln unterscheidet man zwei Hauptfangzeiten. Die erste reicht von Februar bis Juni (Roter Thun, Großaugen Thun), die zweite von November bis Februar (Weißer Thun).

Thunfisch

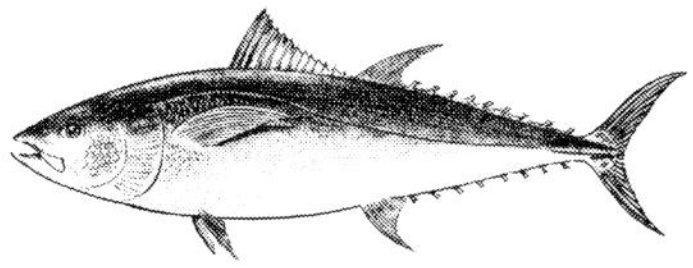

Fangmethoden, Geräte und Köder

Thunfische gehören mit zu den stärksten und ausdauerndsten Gegnern eines Hochseeanglers. Obendrein sind die Fische aufmerksam und mißtrauisch und nicht leicht zu überlisten. Diese Eigenschaften der Thune bestimmen die Angelmethoden und die Ausrüstung. Ganz gleich, ob man nun auf die kleineren Weißen Thune oder auf die drei anderen, größeren Arten angelt, zur Grundausrüstung gehören immer folgende Teile: Eine 2,1 bis 2,5 m lange Rute stabilster Bauart mit Rollerringen und Kranrollen-Endring, dazu eine Multirolle in der Größe 9/0 für kleine Thune und 12/0 bis 14/0 für Großthune (z. B. Typ PENN-Senator), 500 bis 600 Meter Schnur von 36 bis 60 kg Tragkraft und ein Harness, bestehend aus einem breiten, gepolsterten Rückengurt und einem großen, gut gepolsterten Rutenhalter. Die Rolle wird zusätzlich am Rückengurt befestigt. Große Thune kann man nur in einem Kampfstuhl sitzend bekämpfen; die Rute wird stets in den Gimpel des Stuhles gesteckt, damit der Druck vom Unterleib genommen wird. Nur Boote mit solchen Stühlen und einer erfahrenen Besatzung kommen für eine Charterung infrage; erstklassige flying gaffs und Leinengabeln (zum Wegfieren der Angelleine von der Bordwand beim Drill und beim Gaffen) müssen unbedingt an Bord sein. Mit dieser Grundausrüstung wird die Schleppangelei betrieben, wenn die Thune entweder in einem großen Areal gesucht werden müssen oder aber in großen Trupps rauben (auf Möwen achten!). Man verwendet ein etwa 7 bis 9 Meter langes Vorfach, das so unauffällig wie irgend möglich gewählt werden muß; die meisten Angler bevorzugen monofile Kunststoffschnur ab 0,80 mm bis 1,5 mm Querschnitt und verknoten sie mit einem erstklassigen Seewirbel an der Rollenschnur. Das Vorfach wird entweder direkt an den Haken geknotet oder ca. 40 cm vor dem Haken noch einmal mit einem Wirbel unterteilt (besonders bei Verwendung von rotierenden Ködern). Die ersten 6 bis 10 cm Schnur hinter dem Haken sollten stets doppelt verlaufen; manche Angler schützen diese am meisten gefährdete Stelle noch durch zusätzliches Umwickeln mit Kunststoffschnur. Die Köderhaken müssen stets so klein wie möglich gewählt werden und von größter Stabilität sein. Die Thunfischer der Biskaya fischen auf Thune bis zur 80-Pfund-Klasse mit Haken der Größe 3/0; für Großthune müssen natürlich größere Haken verwendet werden. Geschleppt wird stets mit einer Geschwindigkeit von etwa 20 bis 25 km/h. Die Köder werden in 30 bis 100 Meter achteraus an der Oberfläche ohne Bleibeschwerung gehalten und so geführt, daß sie von Zeit zu Zeit, einem fliehenden Fischchen ähnlich, aus dem Wasser springen. Als Köder werden alle Arten von Jigs, Löffel, Federn und besonders erfolgreich die in Japan entwickelten Tintenfisch-Imitationen aus Weichplastik verwendet. In manchen Gebieten und zu bestimmten Zeiten ist das Schleppen eines lebenden oder toten Köderfisches erfolgreicher. Aus toten Köderfischen wird möglichst das ganze Rückgrat herausgenommen, damit der Fisch beim Schleppen besser schwänzelt, denn die natürlichen Bewegungen eines Köders sind die wichtigste Voraussetzung für den Anbiß eines Thunfisches. Fast jeder Angler hat eine spezielle Methode, die Köder (frische Makrelen, Bastardmakrelen, Lengfische, Hornhechte u. a.) am Haken zu befestigen. Der Vorteil beim Schleppen von toten Köderfischen liegt vor allem darin, daß größere Haken verwendet werden können. Stets wird so angeködert, daß die Fischnase in Fahrtrichtung gezogen wird; die Haken werden meistens mit einer Ködernadel vom Rücken durchs Maul geführt und das Maul anschließend mit dünnem Draht zugebunden. Das Angeln mit lebenden Köderfischen ist meistens die erfolgreichste Methode. In unseren Breiten werden dazu vor allem Makrelen (Madeira) oder Brachsenmakrelen (Portugal) verwendet. Die ½ bis 1pfündigen, hochrückigen Brachsenmakrelen sind mit Abstand der beste Lebendköder. Findet man im Angelgebiet jagende Thunfische, dann angelt man in der Nähe eines solchen Schwarmes vom driftenden Boot in etwa 7 Meter Wassertiefe. Es ist unbedingt notwendig, die Thune zu interessieren. Bestes Lockmittel sind weitere lebende Köderfische, die einzeln von Zeit zu Zeit achteraus eingeworfen werden. Das gleichzeitige Peitschen der Wasseroberfläche mit langen, hellen Riemen oder Bändern soll fliehende Fische vortäuschen und lockt die Thune zusätzlich an; Fischöl reizt den Geruchssinn der Räuber, es wird in kleinen Portionen rund ums Boot ins Wasser geschüttet. Oft beißen die Thune erst zu, wenn der Köderfisch zur Hälfte aus dem Wasser gezogen wird. Stehen die Fische in größerer Tiefe, dann angelt man ebenfalls vom driftenden, ebenso gut aber auch vom verankerten Boot. Hauptfangtiefe ist der Bereich zwischen 60 und 90 Meter. Dabei ist ständiges Anfüttern unerläßlich. Das Anfütterungsgut sollte aus zerkleinerten, frischen Fischen bestehen, vor allem ‚ölende Sorten' wie Sardinen, Heringe, Anchovis, Sardellen und Makrelen. Die kleinen Köderbrocken werden beständig eingeworfen und der lebende Köder in der Duftspur ausgelegt. Während sich die Thune beim Schleppen oder beim Lebendköderangeln in geringer Tiefe am Boot meistens ungestüm selbst haken, wird beim Fischen in großer Tiefe stets mit ausgekuppelter Rollentrommel geangelt. Durch Befühlen der Leine wird das Geschehen in der Tiefe kontrolliert. Man kann die Rute auch in eine Halterung stellen und die freilaufende Rolle nur durch die Knarrenbremse sperren. Das Geschirr wird in solchen Fällen stets mit einer Sicherheitsleine am Boot festgebunden.

Anhieb, Drill und Landung

Die drei großen Thunfischarten zählen mit zu den absolut stärksten, kämpferischsten Big Game Fischen. Ein großer Thun ist ein einziges, stiernackiges Muskelpaket von unglaublicher Kraft und Ausdauer. Wer den Kampf mit einem Thunriesen bestehen will, benötigt nicht nur ein sehr sorgfältig zusammengestelltes Geschirr, sondern beste, körperliche Kondition. Stets wird nach dem Anhieb ein Kampf auf Biegen und Brechen beginnen, und die großen Fische sind in der Lage, alles zu zerbrechen und zu zerreißen, was sie am Davonjagen hindern will. Der Fisch läßt sich nur durch ständigen, pausenlosen und der Reißfestigkeit der Leine angepaßten Gegendruck ans Boot bringen. Dabei wird der Fisch nur sehr langsam matter; erste Zeichen sind gegeben, wenn er das Boot in immer enger werdenden Kreisen umschwimmt. In der Regel wird man den Fisch nicht total ermatten können, sondern versuchen, ihn am Boot vorbeizuführen und dabei zu gaffen. Einen tobenden Thun sicher zu gaffen, ist eine Kunst, die lange nicht von allen Skippern beherrscht wird, und man sollte bei guter Zusammenarbeit mit Anerkennung und Respekt nicht sparen.

Rekordgrößen

Der erste, mit einer Handleine ohne Rute und Rolle von einem Ruderboot aus gefangene Thunfisch wurde 1871 von einem Angler namens Thoma Pattilo, Lehrer in Neu-Schottland/Kanada, erbeutet. Ein Jahrhundert später, 1970, wurde nicht weit von diesem Platz entfernt bei den Prinz Edward-Inseln, ein neuer Weltrekordfisch von 1040 lbs bezwungen. Der britische Rekord steht bei einem Fisch von 851 lbs; Fische zwischen 200 und 400 kg werden alljährlich in Europa erbeutet.

Namenregister

Aalmutter

Wissenschaftliche Bezeichnung: Zoarces viviparus (L.)
Weitere deutsche Namen: Aalquapp; Aalputen (Fehmarn); Jelmodder (Föhr); Tug (Helgoland)
Ausländische Namen: dän: aalekvabbe; engl: eelpout, greenbone; finn: kivinilkka; franz: loquette; holl: puitaal; poln: wegerzyca; russ: beldjuga; norw: alekvabbe, alekone; schwed: tanglaken, alkusan

Blauhai

Wissenschaftliche Bezeichnung: Prionace glauca (L.)
Ausländische Namen: dän: blaahaj; engl.: blue shark; franz.: requin bleu; holl.: blauwehaai; ital.: verdesca; jugo.: zupka; norw.: blaahai, menneskeeterhai; port.: tintureira; span.: tintorera; schwed.: blahaj

Conger

Wissenschaftliche Bezeichnung: Conger conger (L.)
Weitere deutsche Namen: Meeraal, Seeaal
Ausländische Namen: dän: havaal; engl.: conger eel; franz: congre; holl: zeepaling; ital: grongo; jugo: ugor; norw: havaal; port: congro; schwed: havsal; span: congrio

Dornhai

Wissenschaftliche Bezeichnung: Squalus acanthias (L.)
Ausländische Namen: dän: pighaj; engl: spur-dog, spike-dog; franz: aiguillat; holl: doornhaai; isl: háfur; ital: spinarolo; jugo: koscenjak; norw: pighai; port: cacão galhudo; russ: koljuchaja akula; schwed: pigghaj, han; span: mielga, galludos

Dorsch

Wissenschaftliche Bezeichnung: Gadus morhua (L.)
Weitere deutsche Namen: Kabeljau (bei den Fischern gebräuchlich für die laichreifen großen Exemplare)
Ausländische Namen: amerik. und engl: cod; dän: torsk; finn: turska; franz.: morue, cabillaud; holl.: kabeljauw; isl.: thorskur, fiskir; poln.: watlusz; russ.: treska; norw.: torsk, skrei (laichreife D.), gjedd (jüngere D. im Norden); schwed.: torsk, kabeljä

Flunder

Wissenschaftliche Bezeichnung: Platichthys flesus (L.)
Weitere deutsche Namen: Graubutt, Rauhbutt, Struffbutt, Elbbutt, Strombutt u. a.
Ausländische Namen: dän.: skrubbe; engl.: flounder; finn.: kampela; franz.: flet commun; holl.: bot; ital.: passerea; poln.: fladerka, stornia; russ.: kambala; schwed.: skubbskäddan, flundra

Gestreifter Katfisch

Wissenschaftliche Bezeichnung: Anarhichas lupus (L.)
Weitere deutsche Namen: Seewolf, Steinbeißer
Ausländische Namen: dän: havkat; engl: catfish, sea-cat; franz: loup de mer; holl: zeewolf; isl: steinbitur; norw: steinbit; port: gata; russ: polosataya zubatka; schwed: havkatt

Glattrochen

Wissenschaftliche Bezeichnung: Raja batis (L.)
Weitere deutsche Namen: Fleten, Tepen
Ausländische Namen: dän: skade, sletrokke; engl: common skate, blue or grey skate; franz: pocheteau gris; holl: vleet; isl: skata; ital: razza bavosa; norw: glattrokke, storskate; port: raia oirega; schwed: slätrocka

Grauer Knurrhahn

Wissenschaftliche Bezeichnung: Eutrigla gurnardus (L.)
Ausländische Namen: dän: graa knurhane, gnading; engl.: grey gurnard; franz.: grondin gris; holl.: kleine poon, knorhaen; norw.: knurr; schwed.: knorrhanen, knoten

Heilbutt

Wissenschaftliche Bezeichnung: Hippoglossus hippoglossus (L.)
Ausländische Namen: dän: helleflyndre; engl: halibut; franz: flétan; holl: heilbot; isl: flydra; norw: kveite; russ: paltus; schwed: hälleflundra

Hering

Wissenschaftliche Bezeichnung: Clupea harengus (L.)
Weitere deutsche Namen: Spitze (kleine, etwa 8 cm lange Jungheringe); Strömling (kleine Heringsrasse der östlichen und mittleren Ostsee)
Ausländische Namen: dän: sild; engl: herring; franz: hareng; holl: haring; isl: sild; norw: sild; port: arenque; russ: sel'dj; schwed: sill

Heringshai

Wissenschaftliche Bezeichnung: Lamna nasus (Bonn.)
Ausländische Namen: engl: porbeagle; dän: sildehaj; franz: taupe; holl: neushaai; ital: smeriglio; jugo: kučina; norw: haabrand; port: sardo; schwed: haabrand; span: cailón

Hornhecht

Wissenschaftliche Bezeichnung: Belone belone (L.)
Weitere deutsche Namen: Hornfisch
Ausländische Namen: engl.: garfish, garpike, greenbone; dän: hornfisk; finn: nokkahauki; franz: orphie; holl: geep; poln. u. russ: belóna; ital: aguglia; norw: horngjel; schwed: horngäddan, näbbgäddan; span: aguja

Hundshai

Wissenschaftliche Bezeichnung: Galeorhinus galeus (L.)
Weitere deutsche Namen: Grundhai, Bithai (Helgoland), Sierhai (Nordseefischer), Gashai
Ausländische Namen: dän.: graahaj; engl.: tope; franz.: milandre; holl.: steenhai, ruwe hai; ital.: canesca; jugo.: pas butor; norw.: graahaj; port.: cacão; schwed.: grahaj, bethaj; span.: mozuella, tolla

Kleingefleckter Katzenhai

Wissenschaftliche Bezeichnung: Scyliorhinus canicula (L.)
Ausländische Namen: dän: smaaplettet rödhaj; engl: small-spottet dogfish; franz: petit roussette; holl: zeehond; ital: gattuccio; jugo: mačka; norw: samplettet rödhai; port: pintarroxa; schwed: smafläckiga rödhaj; span: pintarroja; schwed: smafläckiga rödhaj; span: pintarroja; türk: kedi

Kliesche

Wissenschaftliche Bezeichnung: Limanda limanda (L.)
Weitere deutsche Namen: Scharbe, Limande (Nordsee), Pladen (Niendorf/Ostsee), Schäning (Mecklenburger Küste)
Ausländische Namen: dän: ising, slette; engl: dab; franz: limande; holl: schar; norw: sandflyndre; russ: ershovatka, limanda; schwed: sandskädda

Köhler

Wissenschaftliche Bezeichnung: Pollachius virens (L.)
Weitere deutsche Namen: Seelachs, Kohlfisch
Ausländische Namen: dän: sej; engl: saithe, coalfish; franz: lieu noir, colin; holl: koolvis; isl: ufsi; norw: sei; russ: saida; schwed: grasej

Leng

Wissenschaftliche Bezeichnung: Molva molva (L.)
Weitere deutsche Namen: Lengfisch
Ausländische Namen: dän: lange; engl: ling; franz: lingue; holl: leng; isl: langa; norw: lange; port: donzela; russ: molva; schwed: länga

Lippfische

Wissenschaftliche Bezeichnung: Labridae

Makrele

Wissenschaftliche Bezeichnung: Scomber scombrus (L.)
Ausländische Namen: engl.: mackerel; finn: makrilli; franz: maquereau; holl: makreel; isl: makrill; norw. u. dän: makrel; port: makrela, cavala; russ: skumbnija; schwed: makrill; span: caballa

Meeräsche

Wissenschaftliche Bezeichnung: Mugilidae
Ausländische Namen: engl: mullet; dän: multe; franz: mulet; holl: harder; ital: muggine; jugo: skočac; norw: multe; schwed: multen; span: mugem; port: tainha

Meerbrassen

Wissenschaftliche Bezeichnung: Sparidae

Nagelrochen

Wissenschaftliche Bezeichnung: Raja clavata (L.)
Weitere deutsche Namen: Stachelrochen; für die Milchner: Klöter, Keulenrochen
Ausländische Namen: dän: sömrokken; engl: thornback ray, roker; franz: raie bouclêe; isl: dröfnuskata; ital: razza chiodata; norw: piggrokken; port: raia lenga; span: raya de clavos; schwed: knaggrocka

Pollack

Wissenschaftliche Bezeichnung: Pollachius pollachius (L.)
Weitere deutsche Namen: Wrackfisch, Steinköhler, Heller Seelachs
Ausländische Namen: dän: lubbe; engl: pollack; franz: lieu jaune; holl: witte koolvis; norw: lyr; port: abadejo; schwed: lyrtorsk, bleka

Rotbarsch

Wissenschaftliche Bezeichnung: Sebastes marinus (L.)
Ausländische Namen: dän: rödfisk; engl: red-fish, rosefish; franz: grande sébaste; isl: karfi; norw: uer; russ: morskoj okunj

Schellfisch

Wissenschaftliche Bezeichnung: Melanogrammus aeglefinus (L.)
Ausländische Namen: dän: kuller; engl: haddock; franz: eglefin; holl: kuller; isl: ysa; norw: hyse; russ: piksha; schwed: kolja

Scholle

Wissenschaftliche Bezeichnung: Pleuronectes platessa (L.)
Weitere deutsche Namen: Goldbutt
Ausländische Namen: dän: rödspaette; engl: plaice; finn: puna kampela; franz: plie, carrelet; holl: schol; norw: rödspette; poln: gladzica; isl: skarkoli; schwed: rödspöttan

Schwertfisch

Wissenschaftliche Bezeichnung: Xiphias gladius (L.)
Ausländische Namen: dän: svaerdfisk; engl: swordfish; franz: poisson épée; griech: xifios; holl: zwaardfisch; ital: pesce spada; jugo: jaglun; norw: svaerdfisk; port: agulha, espadarte; schwed: svaerdfisk; span: pez espada; türk: kilic

Seeskorpion

Wissenschaftliche Bezeichnung: Acanthocottus scorpius (L.)
Weitere deutsche Namen: Seeteufel; Ulker (Heiligenhafen); Kuuschen (Neustadt)
Ausländische Namen: dän.: almindelig ulk; engl.: sea scorpion, fatherlasher; finn.: iso simppu; franz.: sculpin; holl.: zeedonderpad; norw.: almindelig ulke; isl.: marhnutur; poln.: kur; russ.: bytschock; schwed.: ulken

Steinbutt

Wissenschaftliche Bezeichnung: Psetta maxima (L.)
Ausländische Namen: dän.: pigvarre; engl.: turbot; franz.: turbot; holl.: tarbot; ital.: rombo chiodato; jugo.: buturac; norw.: pigvarr; port.: pregado; schwed.: piggvar; span.: rodaballo

Stöcker

Wissenschaftliche Bezeichnung: Trachurus trachurus (L.)
Weitere deutsche Namen: Bastardmakrele, Stachelmakrele, Hanspeter
Ausländische Namen: dän: hestemakrel; engl: scad, horse mackerel; franz: saurel, chinchard; griech: savridi; holl: marsbanker, horsmakreel; ital: suro, sugarella; jugo: sar un; norw: taggmakrell; port: carapao; span: chicharro; schwed: taggmakrillen; türk: istavrit

Thunfisch

Wissenschaftliche Bezeichnung: Thunnus thynnus (L.)
Weitere deutsche Namen: Roter Thun
Ausländische Namen: dän: tunsfisk; engl: bluefin tuna; franz: thon rouge; holl: tonijn; ital: tonno; jugo: tunj; norw: tunsfisk, storje; port: atum; schwed: tonfisk; span: atun; türk: orkinos

Wittling

Wissenschaftliche Bezeichnung: Merlangius merlangus (L.)
Ausländische Namen: dän: hvilling; engl: whiting; franz.: merlan; holl: wijting; isl: iysa; ital: merlano; norw: hvitting; port: badejo; russ: merlang; schwed: vittling; span: merlan

Wolfsbarsch

Wissenschaftliche Bezeichnung: Dicentrarchus labrax (L.)
Ausländische Namen: dän: bars; engl: bass, sea bass; franz: bar, loup, loubine; holl: zeebaars; ital: spigola, branzino; jugo: smudut, brancin; norw: havaborre; norw: havaborre; port: robalo; span: lubina; türk: levrek